中国出版家丛书
ZHONGGUO CHUBANJIA CONGSHU

国家出版基金项目
NATIONAL PUBLICATION FOUNDATION

Zhongguo Chubanjia
Xia Ruifang

中国出版家
夏瑞芳

柳斌杰 主编　黄嗣 著

人民出版社

出版说明

　　出版不仅仅是一个充满竞争的商业领域，同时，它也深深打上了"文化"和"思想"的印记。在这个文化场域中，交织着多种力量的动态关系，通过出版物的呈现和出版活动的开展，描绘了一个时代的文化风貌；而回旋折冲于其间者，则是那些幕后活跃、台前无闻的各类出版人。他们自喻"为他人做嫁衣裳"，事实上，却是国家文化传承和历史记录的主要担当者，有出版发展的参与人和见证者甚至称他们所起的作用为保存民族记忆的千秋大脑。虽然扼据出版要津之地，却少见自家行当的人物传记出版。本丛书是第一次规模化地为这个群体中的杰出者系列立传，从一个人到一群人的出版事功中，折射出近代以降出版业的俯仰变迁，同时也见证着出版参与时代文化思想缔构及其背后深广的社会历史内容。那些曾经彪炳于时的出版人，一方面安身于这个行业，以其敏锐犀利的时代洞察，在市场、经营与创意中躬行实践，标领乃至规划了这个行业的发展，并使之成为国民经济的一个重要门类；另一方面又在"安身"之外，显现出面向社会的公共性关怀与"立命"的超越性关怀，从职业而志业的追求中，服务于民族解放、思想启蒙与文化进步的社会性经营，书写了出版人生的风采、风骨与风流。

本丛书所传写的 50 余位出版人，均为活跃于 20 世纪并已过世的出版前辈。中国古代也曾涌现了陈起、毛晋等出版大家，只是未纳入本书的传主范围。丛书在体例上，有单人独传与多人合传之分，但这并不必然意味着对传主出版贡献及其历史地位的轻重判别，许多情况下的数人合传，乃困于传主史料的阙如而不得已的选择，某些重要出版人如大东书局总经理沈骏声、儿童书局创办人张一渠等，也囿于同样情形而未能列入本丛书的传主名单，殊觉憾事。虽说隐身不等于泯灭，但这个行业固有的幕后特征多少带来了出版人身份上的隐而不显、显而不彰。本丛书的出版，固然是想通过对前辈出版事迹的阐幽发微、立传入史，能让同样为人做嫁衣者的当今出版人不至于觉得气类太孤，内心获得温暖，并昭示后来者在人生目标上，在家国情怀上，在出版境界上，追步于前贤，自觉立起一面促人警醒自鉴的镜子；同时更希望通过一个个传主微历史的场景呈现，让更多的人认识到出版在产业之外，更是一项薪火相传的社会文化事业，它对时代文化的接引与外度，使其成为一种任何人都不可忽视的"势力"，在百余年来的社会发展进程中，发挥了不可替代的作用。

故此，我们推出这套"中国出版家丛书"，以展示中国文化创造者的风采，弘扬他们的优良传统和崇高的职业精神，发掘出版史史料，丰富出版史研究和编辑史研究。

"中国出版家丛书"编辑委员会

人民出版社编辑部

二〇一六年四月

目录

前　言

当代出版人，无人不知张元济，但鲜有人知道夏瑞芳，更别说了解他的生平事业。这是至为遗憾的一件事。《读书》2017年第2期刊载有卢仁龙先生的一篇文章，题为《寻找现代出版史的失踪者——记商务印书馆创始人夏瑞芳》，"失踪者"三字，道出了这种深切的遗憾。熟知夏瑞芳生平事业的范军先生认为："作为职业出版家的夏瑞芳不应该被历史遗忘，不仅在于他奠定了百年商务的稳固根基，更在于他是中国近现代新式民营出版业的领军人物，对现代书业企业制度的建立、对转型期中国教育和出版新风气的开创皆有重要功绩。"[①] 此言诚为持论公允的评价。

夏瑞芳，是不应该在现代出版史上失踪的人，他是中国现代出版史上当之无愧的出版巨擘，创造了巨人出版成就的出版企业家。

夏瑞芳的一生，多姿多彩，绚丽短暂。

[①]　范军、欧阳敏：《中国近代出版大家夏瑞芳的企业家精神》，《出版广角》2017年第15期。

他创造了诸多奇迹。他从一个乡下放牛娃，经不懈努力，成为上海滩的一名印刷工人，又从工人变身为出版创业者，最后成为成绩卓然的大出版家。这一路的传奇经历和拼搏故事，值得后人追溯、解读和学习。夏瑞芳的个人传记，实际上就是一部商务印书馆早年的发展史。

对于夏瑞芳的评价，本书有如下定位：第一，他是创办商务印书馆的发起人；第二，他是商务印书馆商业帝国的总设计师；第三，他是商务印书馆运营的总指挥；第四，他是爱企护馆的殉道者；第五，他是百世流芳的出版家。

一、商务印书馆的创办人

夏瑞芳在极困难的条件下创办了商务印书馆。

商务印书馆刚创办时，就是一个家族式印刷小作坊，仅有不到4000元的资金，设备简陋，资源缺乏，人手短缺，几个合伙人都沾亲带故，夏瑞芳最年轻，也最能干，担任经理。因为人手少，几位创业者事事都得亲力亲为，夏瑞芳作为总经理，什么活都做，家人也要抽空帮忙。

这样的规模和业务，再怎么辛苦，也不会有多大的前景。然而发展契机就在夏瑞芳的努力下出现了。

夏瑞芳善交际，人脉广，因联系印刷业务，与时任南洋公学译书院院长的张元济熟识，与上海纱厂老板印有模亦成为朋友，并成功劝说二人出巨资加盟商务印书馆，既实现了公司的第一次股份制改造，又引进了两位重量级战略资源股东。正是这两位杰出人物，帮助夏瑞芳和商务印书馆摆脱家族式小作坊的经营思路，步入了现代出版企业的行列。

二、商业帝国的总设计师

夏瑞芳短时间内就办成了几件奠定商务长远发展基础的大事，他是建立商务印书馆庞大商业帝国的总设计师。

商务成立三年后，由印有模引荐，斥资收购了一家设备先进但经营不善的日资印刷企业修文书馆，商务的印刷设备、技术和业务有了实质性的改观。从此以后，商务硬件设备的升级换代和印刷技术的提升改良从来没有停止。

1898 年，夏瑞芳策划出版《华英初阶》一举成功，该书成为超级畅销书，商务的出版业务开始发端。

同年，夏瑞芳请张、印二人入股商务后，立即组建编译所，聘请蔡元培兼任编译所所长，并决定编撰新式教科书。蔡元培因故离开上海后，张元济正式进馆主掌编译所，开始形成巨大的优秀编辑人才集聚效应，商务印书馆因此逐步成为上海乃至全国的出版文化中心。

1903 年，印有模再次为商务印书馆引进优质战略资源。夏瑞芳审时度势，决定与来华投资出版业的日本金港堂股东原亮三郎等人合资，开启了中国现代出版史上最为成功的一次与外资的合作。此次合作，商务印书馆不仅完成了第二次股份制改造，成为中外合资企业，最为重要的是，商务印书馆从此成为一家具备现代企业要素的公司制企业，建立起较为完备的法人治理机构，日方的资金、技术、人才，以及成熟的教科书编撰经验、先进的出版思路、现代企业经营理念纷至沓来，为商务的迅猛发展积攒了充足的内部驱动力。

夏瑞芳与张元济堪称商务领导层的黄金搭档，两人"意气相投"，合作之初就达成共识："以扶助教育为己任"。二人同心聚力，主导商务出版主业在很短时间内全方位超越同行，领先全国。

1904 年底，由张元济、高梦旦等人主持和精心编撰的商务版最新小学教科书出版，大获成功。提及商务印书馆对于中国近现代教育的贡献，这套教科书就是最佳代表作。

在出版业务方面，夏瑞芳放手让张元济擘画其事：张要办"涵芬楼"，夏瑞芳鼎力支持；张欲购绝版藏书，夏瑞芳愿倾其所有；张意欲出版何种图书，夏瑞芳从不干预。张元济学贯中西，思想开放，以开启民智、提升国民素质为己任，同时善于吸纳优秀人才进入编译所，商务印书馆的书刊质量很快就居于全国之冠。短短几年间，商务印书馆的书刊已在全国产生巨大影响，商务成为全国首屈一指的文化重镇。学者杨扬说："假如没有商务印书馆，假如没有商务印书馆出版的《东方杂志》、《小说月报》、《妇女杂志》、《学生杂志》，假如没有夏瑞芳、张元济、高梦旦等一批又一批商务文化人呕心沥血的经营，假如没有商务版的《四部丛刊》、《百衲本二十四史》、《辞源》、林译小说以及众多新式教科书的出版，真不知道二十世纪中国文学、文化的发展历史会是一副什么模样。"[①]

夏瑞芳领导下的商务印刷所与发行所，印刷质量和发行能力与其

---

① 杨扬：《起步于上海的商务印书馆》，《读书》2007 年第 10 期。

优秀出版物正相匹配，也是该行业当之无愧的领军者。

商务的印刷设备和技术不断升级，求新求变，引领时代潮流。其印制技术在全国乃至全世界，都达到一流水准。在中华书局的印刷产业崛起之前，无人能与之争锋。

夏瑞芳自 1903 年开始在汉口设立第一家分馆，从此将商务印书馆的分馆、支馆以上海为中心辐射全国，并开设到国外多个国家，建立起遍布全国、跨越国界的强大发行网络。

三、日常运营的总指挥

夏瑞芳并不满足于已有的成绩。商务的资本和产业达到一定的规模，更激起夏瑞芳做大做强的雄心，他鸿业远图、多方筹措、收购兼并、多业开拓，担当起商务印书馆日常运营的总指挥，一步一步夯实商务的发展根基。

在夏瑞芳的主导之下，商务印书馆先后收购了直隶官书局、乐群书局、国学扶轮社、中国图书公司等出版机构，投资入股《中外日报》等报馆。夏瑞芳进行资本运作的手法多样，成效显著，不仅扩大了商务印书馆的实力，消除了行业竞争对手，更增强了企业的社会影响力。这些开拓创新之举，在近代民营出版企业之中实不多见。

夏瑞芳在拓展印刷和发行产业链方面也多有建树。1910 年前后已能承接印制钞票这类对印制工艺、质量和企业信誉度要求极高的印刷业务。在印刷业务之外，商务还经营纸张、铸卖活字、售卖印刷机器。商务印书馆还利用自身的销售门店代售各种古旧图书、外版书籍、文具等多种商品，甚至作为多家国外出版机构的书籍代售点，将发行业务逐步拓宽。

然而商务印书馆的发展并非一帆风顺。由于夏瑞芳的冒险精神和不安分的性格，加上竞争对手的强势打压，自 1910 年开始，夏瑞芳和商务印书馆经历了三大考验。

第一大考验是 1910 年发生的"橡皮股票"① 风潮，致使商务印书馆和夏瑞芳个人损失惨重。在张元济等人的支持和帮助下，夏瑞芳重振精神，在债务缠身的情况下仍然继续管理着商务印书馆的日常事务。

第二大考验是 1912 年 1 月中华书局成立，推出筹划已久的中华版教科书，将商务版教科书市场夺走近半。夏瑞芳和张元济等人临危不乱，稳扎稳打，并及时补救，重新推出"共和国教科书"，遏制住了中华书局咄咄逼人的竞争态势。

第三大考验是商务有日本股份的事被竞争对手炒作，招致舆论纷纭，给商务的声誉和教科书市场带来极大威胁。夏瑞芳等决策层决定收回日股，并由夏瑞芳亲任其事，历经两年的艰苦谈判方将日股收回，使商务印书馆重新变成"完全华商自办"之公司，不再授人以柄。

夏瑞芳以其纵横捭阖的运作能力和敏锐善断的商业智慧，在短短的十多年间，就将商务印书馆运营得生气勃勃，声名远播。在 1914 年之后，商务印书馆的经营规模和业绩已经跻身于亚洲第一、世界第三的位置。②

---

① 上海人称"橡胶"为"橡皮"，故把"橡胶股票"称为"橡皮股票"。

② 于殿利：《始终不变的文化担当——写在商务印书馆 120 岁生日之时》，《全国新书目》2017 年第 3 期。

张元济曾经说过："商务印书馆十年来能臻此地步，虽有种种之原因，而得力于夏君冒险之性质者亦甚不少。"① 经受住严峻考验的商务印书馆，在收回日股之后，又站上了一个更高的发展起点。为商务印书馆塑造如此成长根基和发展高度的领导者，正是夏瑞芳。"成功的企业家肯定是不安分的，不满足的，他的格局和气魄决定着企业的高度和前景。从这个角度来看，正是夏瑞芳的远见卓识、雄才大略，加上勤勉苦干、敬业务实，决定了商务后来几十年的走向和命运。他的那种冒险精神、不满足精神、英雄主义精神，正是我们这个时代的出版人所需要继承和弘扬的。"②

四、爱企护馆的殉道者

夏瑞芳卓越的创造热情和惊人的活动能量还辐射到多种社会公益事业之中。他为人正直、处事公正，被选为闸北商会议董，积极为商会的事业奔走斡旋。他捐建小学、创办幼儿园、组建培训学校，为上海公益事业贡献良多。

夏瑞芳敢于任事、不知惧怕的勇毅性格，他爱护公司、虽死不辞的护馆情结，最后也为他带来厄运。在二次革命期间，夏瑞芳为了消弭战事，避免商务印书馆和闸北商业毁于战火，积极带领闸北商会的

---

① 《夏瑞芳亏蚀之处理意见》，《张元济全集》（第 4 卷·诗文），商务印书馆 2008 年版，第 287 页。

② 范军：《夏瑞芳：中国近现代出版企业第一人——从〈典瑞流芳：民国大出版家夏瑞芳〉谈起》，《中国出版》2018 年第 11 期。

企业主出面，商请租界工部局派兵进驻闸北，驱逐陈其美领导的二次革命武装，从此埋下祸根。二次革命失败后，夏瑞芳屡被陈派势力勒索恐吓，但他不为所动，1914 年 1 月 10 日，被陈派势力收买的凶手暗杀，留下一段惊世冤案和无尽遗憾。夏瑞芳 26 岁起就担任商务印书馆总经理，在任 17 年，被暗杀时年仅 43 岁。

英才出而出版兴，可叹天不假年。即使是短暂的一生，夏瑞芳也过得异常精彩。民国时期著名新闻人士李文权说："夏公者，朝闻道而夕死也。虽然，若更假以十年，有益于我中华国民教育界、实业界者，正未可限也。"① 夏瑞芳既是商务的创造者、发展者，也是商务的守护者，更是文化精神的殉道者。他所守护的，不是个人私产，而是中国近现代的一座文化重镇。他所殉之道，是商务印书馆所担负的传承文明、扶助教育的历史使命，是奋发自强、教化国民的爱国主义情怀。

五、百世流芳的出版家

个体生命消殒，文化精神永存。出版先贤的光辉业绩，为后来者照亮前行之路。夏瑞芳对于教育文化事业的贡献，理应为后人所铭记。严复称赞他"手创公司，有大功于教育"②；蔡元培为夏瑞芳作传时说，"于是印刷之业，始影响于普通之教育，其创始之者实为商务

---

① 李文权：《哭夏瑞芳》，《中国实业杂志》1915 年第 3 期。
② 宋路霞：《从放牛娃到中国出版界先驱——记商务印书馆创办人夏瑞芳》，《江淮文史》2011 年第 4 期。

印书馆"①；蒋维乔评价他"君豁达大度，性果断，知人善任，喜冒险进取，百折不回，故能以微细资本，成极大之公司，于我国工商及教育事业，影响绝巨"。② 夏瑞芳与张元济相约"以扶助教育为己任"，此理想，在夏瑞芳去世前，已有大成，其后百年间，商务人代代传承而初心不变，仅此足可告慰九泉之下夏公之英灵。

缅怀先贤，令人感奋。无论是百年前，还是百年后，像夏瑞芳这样杰出的出版企业家，都属凤毛麟角。夏瑞芳虽然英年早逝，但是他所创造的巨大文化财富，如同滔滔江河之水，在中华大地上不断润泽后世，永久流芳。

---

① 蔡元培：《商务印书馆总经理夏君传》，《商务印书馆九十年》，商务印书馆 1987 年版，第 2 页。

② 蒋维乔：《夏君瑞芳事略》，《商务印书馆九十年》，商务印书馆 1987 年版，第 5 页。

第一章

少年行止

　　1871 年的一个平常日子，在江苏省青浦县① 沈巷乡南库村的一户农家屋子里，一名健壮的男婴呱呱坠地，洪亮的哭声让初为人父的男主人喜上眉梢。这家的主人姓夏，世代务农，到他这一辈，仍是地道的农民。后因战乱频仍，生存艰难，为了养家，他放弃务农，做了一名挑担卖糖的小贩，勉强维持生计。

　　父亲为这个男孩起名夏瑞芳。贫寒人家，得男婴固然欣喜，可欣喜之余仍需面对生活的重压，看着新生的儿子，夏父又陷入对生计的忧虑之中。谁也不曾料到，就是这个降生于贫寒之家的小男婴，在不久的将来，创办了矗立

---

　　① 青浦县位于长江三角洲太湖平原东侧（现属上海市），因其东北面有青龙镇，东有五浦（赵屯、大盈、顾会、盘龙、崧子）同汇于吴淞江，故名青浦。

后世一百多年仍然基业长青的商务印书馆。

一、青浦到上海

在夏瑞芳出生的那个年代，清政府苟延残喘，百业凋敝，民生维艰，单靠勤劳解决不了温饱。瑞芳 9 岁时，家里愈发贫困，收入微薄，不敷家用。父母商议后卖掉田宅，父亲不再做走街串巷的小贩，到上海的董家渡开了一家小商铺；母亲也赴上海打工，在一家美国人开办的教堂帮佣。父母都不在家，小瑞芳被寄养在伯父家，早出晚归专事放牛，成了那个年代名副其实的"留守儿童"。可以想见，只有十来岁的瑞芳，父母都不在身边，他心里有多孤苦。不过瑞芳并没有因此心生怨怼，反倒在艰难的生活磨砺中养成了勤劳朴实、坚毅果敢的性格。当他渐渐长大，对村外的世界有所了解，粗糙的牛缰绳再也拴不住小小少年的心。"至年十一，辄以己意，谓乡里客儿，盲无知识，非久计。"① 做一辈子放牛郎绝不是瑞芳的理想，他要改变自己的命运。

夏瑞芳 11 岁那年夏天，母亲回到家乡，小瑞芳不愿再留在乡下，要跟母亲一起走。母亲本无带瑞芳去上海的打算，就没答应他，并趁其不注意时独自走了。瑞芳发现后，不哭不闹，但心里打定主意，一定要跟去上海。他断定母亲必定取道珠家阁去上海，于是辨清方向一直尾追，直到有河拦住去路。当瑞芳正在河边犹豫时，有老乡划船经

---

① 孟森：《夏君粹方小传》，《商务印书馆九十五年》，商务印书馆 1992 年版，第 18 页。

过，他便向船家求助，希望载他过河。船家见他年纪这么小，也不知什么来路，不愿载他。小瑞芳顿时恼了，大声说："你不载我过河，我就跳进河里去！"十来岁的孩子，竟这样决绝果敢，令船家刮目相看，赶紧连声答应，将船靠岸，渡他过河。到了珠家阁的船码头，瑞芳果然找到了母亲。母亲见瑞芳心意如此坚决，大老远追踪至此，心疼不已，终于同意带他到上海。

二、清心学堂

夏瑞芳如愿来到上海，但这样一个家境贫寒的懵懂少年，在繁华喧闹的上海滩该如何立足，还是一个未知数。

（一）范约翰牧师和他的教会学堂

在上海，母亲必须做工，瑞芳过了开蒙入学的年龄，母亲也无钱供他上学。如何安顿瑞芳，着实让母亲为难。

母亲打工的这家主人是美国基督教长老会派到中国的一位传教士，叫范约翰（1829—1917），英文全名"John Marshall Willoughby Farnham"，1829 年 9 月 30 日生于美国缅因州，1860 年来华，在中国整整待了 57 年。就是这位范约翰先生，他不仅为中国人民、中国教育事业做了很多好事并青史留名，而且也以他的善心和仁爱，为夏瑞芳铺就了成长和成才之路。

中国近代印刷出版事业的序幕是由外国来华传教士拉开的，范约翰就是其中的开拓者。他和夫人在清末民初的中国，为中国近代教育做了很多开风气之先的事。

1859 年 10 月 29 日，范约翰牧师携夫人由美国东海岸出发赴华，几经辗转才到上海。作为美国基督教长老会的一名传教士，范约翰的任务就是到中国传教，这也是他从青年时期就立志从事的事业。范约翰在华将近 60 年，积极地从事中小学教育、创办报刊、筹备并参加传教士大会、建立礼拜堂等各种活动，与其他传教士保持密切联系，利用各种方法传播基督教教义和文化，心诚志坚，且成效显著。

来中国之前，范约翰一直在做教育工作。到中国后，他首选的传教方式就是办学。他坚信，教育对于传教的巨大作用是其他任何方式都不可比拟的。更重要的是，他心里还揣着一个宏大的愿望，那就是在中国的社会精英中普及基督教。他说："吾心房之中，默想此校蒸蒸日上，不数年而见英俊少年，团聚一室，以求实学，……吾尤欲见吾长老会中行止端正、学术渊博，为教会所信任，为社会所器重之人，辈出不绝。然则此种人才，果将何自而来哉？苟借往事以作来镜，则观于今日教中之牧师、长老，其少年之时，曾游于清心之堂者，实繁有徒，亦可以知日后人才之由来矣。"[①]

作为"行动派"的典范，范约翰不仅仅停留在怀揣美好愿望和想法的阶段，而是采取一系列的实际行动，努力实现自己的传教理想。

范约翰初到上海时是 1860 年，正值战乱，老百姓生活困苦，大量流民涌入上海。范约翰就在上海大南门外陆家浜（今陆家浜路 597 号）创办学校，收容各地流民的小孩上学，其学校命名为"娄离华学

---

① 范约翰：《上海清心书院滥觞记》，载朱有瓛、高时良主编：《中国近代学制史料》（第四辑），华东师范大学出版社 1993 年版，第 275 页。

堂"(Lowrie Institute)，1880 年更名为"清心书院"①。在学堂成立之前，范约翰成立了"上海长老会第一会堂"。开办学堂后，教堂与学堂合一，直到 1919 年教堂才分开另建。

娄离华学堂创办第二年，收容的学生越来越多，范约翰的妻子玛丽又创办了一所"清心女塾"(the Mary Farnham Girl's School)，这是中国教育史上最早的女校之一。②

瑞芳来到上海，首先面临的是居住问题。当时的上海，用人的孩子一般不可能到雇主家居住，然而范约翰宽厚善良，见这对母子困苦无依，便收留了他们。穷人的孩子勤快懂事，瑞芳在范约翰家并不白吃白住，小小年纪便显示出良好的生活和劳动习惯，每天黎明即起，洒扫庭除，很快获得范约翰和夫人的好感。他们看这孩子机灵勤快，做杂役恐被埋没，遂决定让他进入基督教长老会设在南市的教会小学读书。

这是一个无比英明的决定，它不仅改变了夏瑞芳的一生，也开启了商务印书馆创办的最早源头。

（二）受益教会新教育

在教会小学，夏瑞芳勤奋好学，三年后以优秀的成绩升入相当于

---

① 1860 年（清咸丰十年），范约翰设立学堂自任堂长，夫妇俩兼任教师，但经费短缺。女教士娄离华（Mrs. Lowrie）在美国组织远东救济会，在经济上对学堂的创办给予了大力的支持，因此，学校创建初期初名 Lowrie Institute，译名娄离华学堂，招收中、小学生（见"上海市市南中学官网"之《校史沿革》）。

② 清心女塾于 1918 年更名为"清心女子中学"。1953 年 6 月，人民政府接管该校后改名为"上海市第八女子中学"，1969 年起兼收男生，遂改称"上海市第八中学"。

中学的清心书院继续读书。清心书院除了普通的知识传授，还教一些简单的印刷、园艺等技术，学生在这里相当于半工半读。书院这样办学，是有原因的。一是因为当时的中国，科举还在延续，新学尚未普及，外国人在中国开办的学堂与科举无关，但一般是公益性质，如果再能学很多实用的技艺，便能吸引众多贫民子弟到教会学校读书。二是因为时值美国国内南北战争，基督教长老会北美分会的经费在战争期间无从筹措，范约翰等人只得自己想办法，他们的最好办法就是将学堂改为半工半读的性质，既教知识，也承接一些对外的印刷或相关业务，以维持日常用度，学生们也可自食其力。三是因为范约翰的教学理念。他认为不仅要授学生以知识，更重要的是教给他们独立的观念和安身立命的本领，"生于世贵能自立，与其逸而仰给于人，则反不若劳而能独立不倚人"。这个观念现在不新鲜，但是与当时中国的教育理念格格不入。传统的中国知识分子大都注重孔孟之道、三纲五常，不事劳动。范约翰及其夫人通过观察和对比中西方的差异，得出结论：中国只有放弃留长辫和穿长袍，才有可能和西方国家站在同一起跑线上竞争。范约翰夫妇更深层的用意是，中国知识分子只有摒弃"万般皆下品，唯有读书高"的观点，通过劳动实践来锻造独立人格，中国才有希望赶上西方国家。

对于清心书院的课程设置，除了教会学校必有的教义内容外，范约翰始终坚持一个原则，就是学以致用。清心书院所开设的课程包括国文、天文、地理、格物、算数等；范约翰及其夫人坚持男女平等、男女接受同等教育的观点，女校除多设立音乐一科外，其他科目与男校全部相同，后增设了一门工艺，或教耕稼之劳，或事洒扫之役，男生栽种耕稼并在厨房帮厨，女生则裁剪缝补全校的衣服；之后根据实际需要，工艺课又增加了出版印刷的内容。范约翰还在校内设立了一个小型印刷所，称之为"清心书馆"。后来范约翰接手主管美华书馆，使得清心书院的学生有了更为专业的出版印刷实践场所。清心书院的学生和毕业生都可以在清心书馆及美华书馆学习出版印刷技艺，不少有志于从事印刷出版的优秀毕业生就留在美华书馆工作。

从夏瑞芳日后的经历和成就看，他在清心书院学到的知识、技艺以及各方面积累，在很大程度上为他未来的人生成就奠定了基础。其超出一般人的眼界和魄力，可说是清心书院给予了重要的涵润滋养。

事实证明，范约翰的办学成果是显著的。商务印书馆的四位创始人夏瑞芳、鲍咸恩、鲍咸昌、高凤池均为清心书院的毕业生，在校期间都学过印刷技术。鲍、高等人毕业后又都跟随范约翰在清心书馆或美华书馆做事，并且都受洗礼成为基督教长老会的信徒。无论是在学业基础、为人处事，还是在出版印刷的技艺方面，他们都受范约翰影响颇深。清心书院是现在上海市市南中学的前身，校友中出过不少杰出人物，除了夏瑞芳，还有黄楚九、郭秉文、董显光、李政道等，其教育理念和教育质量受到社会普遍赞誉。

（三）清心书院的朋友圈

清心书院带给夏瑞芳的另一个重要收获，是他在这里结交了几位终身挚友，其中包括一起创办商务印书馆的多位股东，有几位还是姻亲关系，并先后加入商务担任要职。

夏瑞芳清心书院的朋友圈，最重要的有如下几位。

1. 鲍咸恩（1861—1910），鲍家长兄，人称"大鲍"，浙江鄞县人。

因父亲鲍哲才是清心堂牧师，并参与开办清心书院，故鲍家兄妹都在清心书院读书，与夏瑞芳是同窗。鲍咸恩后来成为商务印书馆的创办人之一。大鲍在学校学习过排版和印刷技术，起初在商务印书馆主要负责书籍印刷工作，担任印刷所所长，是印刷技术专家。在商务，他与二弟鲍咸昌一起改进了印刷排版技术，大大提高了书籍印刷品相。在他任所长期间，商务印书馆 1900 年使用纸型印刷书籍，1904 年使用著作权印花，均为中国印刷出版业的首创。鲍咸恩于 1910 年去世，是最早离世的一位商务创始人。

2. 鲍咸昌（1864—1929），鲍家二子，鲍咸恩之弟，人称"二鲍"，与夏瑞芳也是同窗好友，但不及大鲍与夏交情深厚。早年与哥哥咸恩在商务一起主持印刷方面的事务，哥哥任所长，弟弟协助工作。初期，他们积极从事铅印、石印等新方法的探索和实验，为提高印刷品质量作出不少贡献。1910 年，鲍咸恩去世后，鲍咸昌主持印刷所工作。他精通业务，熟悉工艺，且长于管理。1913 年，他曾到欧洲和日本考察印刷技术和业务，回国后致力于革新技术、扩充印刷所，使商务在珂罗版、雕刻铜版、照相锌版、凹凸版、影写版、影印版等印刷技术方面处于全国领先地位。1920 年 4 月，鲍咸昌任商务印书馆总经理兼印刷所所长。在他担任总经理的 10 年间，商务取得了长足进步。

3. 高凤池（1864—1950），字翰卿，祖籍上海。幼年生活艰苦，父亲早逝，由母亲抚养长大。11 岁时，入清心学堂学习，成为夏瑞芳和鲍氏兄弟的同窗好友，毕业后入美华书馆工作。夏瑞芳等提议创办商务时，他不仅赞成并积极出资。不过当时他仍在美华书馆任职，到商务业务扩大、人手不够时才离开美华加盟商务。他在商务主要主持发行方面的业务，1915—1920 年出任商务印书馆第三任总经理，因与张元济理念不合，后改任监理。他一生乐善好施，每有积余就赞助社会慈善事业，曾发起创办上海龙华孤儿院。

4.张桂华，字蟾芬，出身贫苦，父亲是棉花店职员，在张桂华 5 岁时就已去世。张桂华 8 岁入清心学堂，与夏瑞芳、鲍家兄弟和高凤池都是同学，毕业后考入电报局，1889 年分到九江工作，临行前与鲍家大女儿结婚，成为鲍氏家族的一员。5 年后夫妇同返上海。张起初在电报局高等学堂教授电学和英文，商务发展壮大后，他也加入商务，一直担任经济开支的核复工作。[①]

就是这几位亦亲亦友的清心书院同学，在最年轻的夏瑞芳的带领下，即将施展拳脚，开辟草莱，在上海滩演绎一幕幕出版企业的精彩篇章。

三、辍学打工

正当夏瑞芳在清心书院潜心学习之时，噩耗传来，他的父亲去世了。这一年夏瑞芳 18 岁。如果条件许可，他本可以继续上学，但他还有一个年幼的妹妹。[②] 为了帮母亲减轻家庭负担，夏瑞芳不得不放弃学业，开始找工作。

---

① 汪家熔：《商务印书馆史及其他》，中国书籍出版社 1998 年版，第 9—10 页。

② 宋路霞：《从放牛娃到中国出版界先驱——记商务印书馆创办人夏瑞芳》，《江淮文史》2011 年第 4 期。

（一）徘徊在歧路

夏瑞芳找到的第一份工作是在同仁医院当护士。这份工作也与清心书院有点关系。父亲去世，夏瑞芳想找份工作，先做到自立，于是他找清心堂的吴虹玉牧师帮忙，介绍去同仁医院工作。同仁医院是基督教会创办的一家慈善医院，规模很小，而且对于入院工作的人，没有什么资格限制，同时医院也没有供学员学习深造的医科科目。虽然当时行医是非常有保障的职业，但是只有极少数受过医学专业训练的人，才可能做一名医生。夏瑞芳没有学过医，在这家医院唯一能做的，就是当一名助手，大致相当于男护士。在同仁医院大约干了一年，他便辞职了。辞职的原因，一是看不到职业的前途，二是遭遇洋人欺凌而奋起反抗，不得不辞职。

在与夏瑞芳同时代的一位著名人物、"宋氏三姐妹"的父亲宋耀如的传记里，记载了夏瑞芳在同仁医院离职的故事，显示出他不畏强权的刚烈个性："同仁医院有个男护士工作十分勤勉，但是脾气却强项不怕欺。一天一个洋人病员硬说他端去的开水不干净，将开水泼在他的脸上，还当众辱骂他'中国猪猡'。他忍无可忍，挥拳将洋人击倒在床上，发誓一辈子再不伺候洋人。吴虹玉见他是有志气的刚烈汉子，虽说闯了祸，同仁医院不能再呆下去了，但并不责罚他，反而介绍他去英文《文汇报》当排字工人。这个人就是夏瑞芳。"①

做排字工人是夏瑞芳干的第二份工作。文汇报馆是英国人在上海开办的一家报馆，编辑出版英文晚报《文汇报》（*Shanghai Mercury*），

---

① 于醒民、唐继无、高瑞泉：《宋氏家族第一人》，北方文艺出版社 1986 年版，第 358—359 页。

是上海第一家使用煤气引擎印报机的报馆。这家报馆还曾经出过《晨刊》(*Shanghai Mercury Morning Issue*)。在当时，做英文排字的收入要高于中文排字。夏瑞芳在清心书院学习过英文，做英文排字工作驾轻就熟。不过他在文汇报馆干的时间并不长，不久又跳槽了。

这次他找到了一个规模更大的外资报馆——《字林西报》，仍是做英文排字。《字林西报》亦称《字林报》，因是英国字林洋行创办而得名，英文名 *North-China Daily News*，是当时英国在华最重要的一份报刊，也是发行时间最长的英文报刊。《字林西报》的前身是字林洋行 1856 年创刊的《每日航运新闻》(*Daily Shipping News*)，当时是字林洋行的报纸《北华捷报》的附刊，1862 年改为《每日航运与商业新闻》(*Daily Shipping and Commercial News*)，1864 年改为《字林西报》。结果创办后不久，《北华捷报》反成了《字林西报》的附刊。

《字林西报》是一家大报，实力雄厚，夏瑞芳在这里的薪水比原来高，生活渐渐可以自给，生活境况有所好转。

（二）成为鲍家女婿

1894 年，夏瑞芳 23 岁了，已到成家的年龄。

当年在清心书院，夏瑞芳与鲍家兄弟成了好友。鲍家兄妹五个都在清心书院上过学，与夏熟识。鲍家二女鲍钰，与夏瑞芳年龄相当，二人渐渐产生了感情。现在夏瑞芳有了一份较稳定的收入，两个年轻人开始考虑婚事了。

鲍钰，又名鲍翠玉，在鲍家排行第四。有两个哥哥，就是鲍咸恩（大鲍）和鲍咸昌（二鲍）；一个姐姐鲍大姑，嫁给了张桂华（蟾芬），都是清心书院的同学；一个妹妹鲍懿，后来嫁给了郭秉文，郭是民国时期教育界的风云人物；鲍钰还有一个弟弟鲍咸亨（三鲍），后来也在商务印书馆工作。

在清末民初，能识文断字的女子较为罕见。鲍钰出生于牧师家庭，在清心书院上过学，家教和个性修养都很好，而且性情温良，容貌清秀，知书达理，有主见，对于立志要干一番事业的夏瑞芳来说，贤妻良母型的鲍钰正是他终身伴侣的最佳选择。

可惜雄才多磨难。就在夏瑞芳和鲍钰结婚的前一天，一直对夏瑞芳呵护有加的母亲突然去世了。喜事和丧事交织，给了年轻的夏瑞芳一次巨大的刺激和考验。母亲的遽然去世，冥冥中似乎有一种暗示，夏瑞芳人生的每一次进阶，终须经受一番磨难，付出一定的代价。

不过夏瑞芳从来不是一个向命运低头服输的人，只是他的勇毅和雄心，还没到展露的时候。

（三）罢工去职

在《字林西报》做了一段时间，夏瑞芳业务渐精，才能渐长，他看准时机又跳了一次槽，转到了《北华捷报》（《字林西报》附刊）。这次是升职了，做到了排字工人的领班。

《北华捷报》，也是英国字林洋行的报纸，1850 年创办。后来《字林西报》创刊后影响日盛，《北华捷报》成为其附刊，但影响力和发行量还不错。

夏瑞芳频繁换工作的原因，不外两个方面：一是有没有发展前途，二是收入如何。夏瑞芳在捷报馆是排字工人的领班，过了不久又升职，做印刷厂的"跑街"①。当时所谓"跑街"，相当于现在的业务经理，为印刷厂联系业务。这份工作难度大于排字工人，需要出色的口才和交际能力，薪水自然也高于排字工人领班。

这一年夏瑞芳 24 岁。按当时的社会标准看，夏瑞芳年轻有为，又在外企，收入可观，已经很不错了。寻常人从社会底层奋斗到这个样子，会倍加珍惜这样的职位，即使遇到什么不顺，忍忍也就过去了。可夏瑞芳不是忍气吞声的老好人，当他遇到捷报馆的经理对中国工人颐指气使、处处歧视、事事刁难的时候，他决定出手教训教训这个报馆老板。

1895 年，因不满捷报馆克扣工人工资，夏瑞芳率领排字工人罢工，致使当天的报纸未能出版，给了倨傲粗暴的英国老板一次有力的警告，工人们自己也出了一口恶气。

夏瑞芳早就不愿在洋人的公司里任人摆布、受人欺凌，所以罢工之后，他毅然决然地离开了捷报馆。

这次离职，事关重大，因为此时的夏瑞芳，不愿再给别人打工了。他有了一定的工作经验，有了一些积蓄，也有一帮朋友。更为可贵的是，他在洋人的歧视中悟出了一个道理，那就是中国人必须要自强，如果我们的国家比他们富强，技术比他们先进，企业比他们强大，他们还敢这么颐指气使欺负中国人吗？不服输的夏瑞芳，从此将自己心中的愤懑化作了一股勇往无前的创业激情。具备了这些，夏瑞芳不再隐忍，他要开创一片新的属于自己的天地。

---

① 汪家熔：《论早期商务印书馆领导层的互补机制》，《济南大学学报（社会科学版）》2011 年第 5 期。

第二章

商务初创

在百年未有之大变局来临之际，在中国最大的港口城市上海，商务印书馆极不起眼地在一个小弄堂里诞生了。小弄堂里的小印刷作坊，是怎样一步一步发展壮大起来的？沿着夏瑞芳的创业轨迹，我们就能找到答案。

一、西风东渐与文化传播

商务印书馆的创立时间，正是戊戌维新运动的前两年。1896 年前后，中国大地正在酝酿和上演思想启蒙、民族独立和变法图强的时代风云。

（一）甲午之后的西风东渐和民众觉醒

19世纪末的中国，民生维艰，百业待兴。自1894年甲午之战以来，积贫羸弱的清政府终于使自己的民望和威信跌到了谷底，广大民众再也不能忍受故步自封、夜郎自大、闭关锁国的鸵鸟国策，稍有良知和智识的民众，都要求睁眼看世界，尽快改变帝国弱不禁风的严酷现状，变法强国的呼声日渐高涨。与此同时，与西方列强的坚船利炮相裹挟而来的，还有其价值观念、思想体系和最新的科技成就等。中西文明的交锋日趋激烈，在洋务运动等朝廷行为的带动下，中国的近代化历程开始起步。在这种情势下，西方文化典籍和科学著作的引进势在必行，中国古老的出版业也因为有先进印刷技术的引入作铺垫，为环境所迫，开启了近代化转型。

中国近代出版业的起步和发展，在这个被晚清政府折腾得风雨飘摇、尾大难掉、多灾多难的国度中，终于艰难而迟缓地来临。

（二）近代出版业的起步

然而中国近代出版业的滥觞不是起于行业发展的内生性生长，而是由外国传教士迈出了关键的第一步。

19世纪上半叶，清政府统治下，文化凋敝，出版业落后于时代的发展，社会上无论官刻私刻，所印书籍或古旧过时，或粗制滥造，难于普及，教化世人的作用有限。太平天国之后，清政府在全国新设的一些官书局，如金陵官书局、江楚书局等，仍以经史子集为主要刻印内容，内容陈旧；民间刻坊也是只以逐利为目的，占卜星象、奇闻异事之类占据主流。

19 世纪 60 年代以后，洋务渐兴，朝廷办洋务者，开始设立新式翻译馆译印西书。如 1862 年京师同文馆成立，1868 年江南制造总局设翻译馆，上海同文馆、广州同文馆、北洋制造局、福州船政学堂、自强学堂等也纷纷设立出版机构。[1] 这些官设机构拥有先进的印刷机器和设备，出版资源较为易得，因此出版了一批西学新书，颇为知识界所重。

但是官办译书局与西方教会的出版机构相比，太过逊色。据统计，19 世纪 40 年代到 90 年代间，全国各地有 17 家基督教会创设的出版机构，分布在上海、宁波、汕头、汉口、香港、澳门等商埠重地。[2] 在此期间，外国人在中国创办了 170 种中外文报刊，占当时全国报刊总数的 95％。[3] 这个时期，中国出版业的主体，都是外国人在掌控操持。外国教会出版机构展示给国人的，不仅有先进的观念、异域的宗教教义，更有先进的机器设备和印刷技术。师夷长技，发奋图强，是可行之法。西方出版机构的进入和扩张，客观上为民营出版业的兴起创造了物质条件。

（三）上海成为近代民族出版业的发源地

19 世纪中叶，上海还是一个小城镇。鸦片战争之后，上海被迫开埠，作为一座城市终于迎来巨大的发展机遇，得益于江河大海的滩

---

[1] 史春风：《商务印书馆与中国近代文化》，北京大学出版社 2006 年版，第 13 页。
[2] 中国近代现代出版史编纂组编：《中国近代现代出版史学术讨论会文集》，中国书籍出版社 1990 年版，第 53—69 页。
[3] 方汉奇：《中国近代报刊史》，山西教育出版社 1981 年版，第 18 页。

头之便和欧风美雨的快速熏染，迅速崛起为"中国最早具有近代化品格的城市"，[①] 在 19 世纪末，更成为全国经济、文化中心，引领全国之风气。

首先是对外贸易的迅猛发展，带动上海很快成为全国对外贸易重镇。据相关资料记载，19 世纪中叶以后，上海的直接对外贸易总值呈现强劲增长趋势，1865 年为 67857399 海关两，1885 年为 87070958 海关两，1900 年则为 204129362 海关两。再看进出口船只与吨位的数据，1871 年为 3510 艘，1901755 吨；1890 年为 5853 艘，5443179 吨。[②]

其次，洋务运动几次大手笔的布局建厂，上海是重点。1865 年，江南制造总局在上海成立，这是近代中国最大的军械和造船企业；1890 年，上海机器织布局投产，这是中国最早的机器棉纺织企业；1892 年，轮船招商局在上海成立，这是中国近代最早的航运企业。

与此同时，快捷的信息沟通和交通运输方式也深刻地改变了上海人的生活。1861 年，上海与香港、长崎之间已有海底电缆联通；1876 年，怡和洋行修筑了中国第一条铁路——淞沪铁路；1881 年，上海出现了电话。

这些由政府投资、规模初具的工业制造产业和交通运输产业的发展，成为上海迅猛发展为近代都市的主要推动力，大机器化的生产和经营方式带来的不仅是物质和技术的变革，还有人们的观念和意识的革新。

商业繁盛，工业兴起，上海经济贸易的快速发展，产生巨大的聚

---

① 史春风：《商务印书馆与中国近代文化》，北京大学出版社 2006 年版，第 22 页。

② 转引自乐正：《近代上海人社会心态（1860—1910）》，上海人民出版社 1991 年版，第 42—43 页。

合效应，商业带动人流，人流带来各种需求。商业之繁荣，也为文化事业的起步奠定了较好的基础，特别是人、财、物三方面。

人的因素尤为重要。出版业要有所发展，首先要有写书、编书和译书的人，这个条件，当时的中国，只有上海最具优势；还有更重要的，就是要有买书和读书的人——读者。据统计，20世纪初，上海市区人口已达100万人，现在看只相当于一个徐汇区的人口数量，在当时却已是全国第一大人口的城市，读者群主要就在这100万人口中产生。

由此可见，上海作为近代出版业的滥觞之地，已具备得天独厚的优势。

二、印刷世家

追溯商务印书馆的创业史，不能不提及为商务初创提供了极重要支持的三个家族，即鲍家、郁家和谢家。商务创立时的7位发起人，鲍氏和郁氏家族的人占了5位，分别是鲍咸恩、鲍咸昌、郁厚坤、夏瑞芳、张桂华。尤其是鲍家，一直是商务印书馆初创时期的强大后盾。再加上谢家，则三个家族中至少有9人在商务工作，且多身居要职。这三个家族对商务的创建和发展各有贡献，三个家族之间复杂的姻亲关系，也是解读商务早期发展历史的重要线索。

（一）无鲍家即无商务

最早的源头得从夏瑞芳的岳父鲍哲才说起。

鲍哲才，字华甫，宁波鄞县人，出生于鄞县陈婆渡镇鲍家耷村（今属宁波鄞州区钟公庙街）。鲍哲才早年求学于宁波崇信义塾，他有两位重要的同学，即郁忠恩和谢元芳，其弟鲍哲华也是崇信义塾同学。郁忠恩是商务创业股东之一郁厚坤之父，谢元芳是商务第一位重要作者（译者）谢洪赉之父。

鸦片战争后，宁波被辟为"五口通商"口岸之一。1844 年 1 月 1 日，宁波港以"条约口岸"正式开埠。自此，英、法、美、德、俄、西班牙、葡萄牙、瑞典、挪威、荷兰等国相继来甬，设置领事署或选派领事，宁波也成为西方传教士来华传教的重要城市。崇信义塾正是在此背景下，于 1845 年由美国北长老会传教士麦嘉缔（Divie Bethune McCartee，1820—1900）创办。麦嘉缔出生于美国费城，先后就读于哥伦比亚大学和宾夕法尼亚大学并获得医学博士学位，是当时不可多得的人才。麦嘉缔来宁波行医传教，事业做得风生水起，其创办的崇信义塾建址于宁波江北岸槐树路，是浙江省内最早的男子洋学堂。

崇信义塾教学上中英文并重，尤为难得的是还参用宁波话授课，受到宁波人的肯定和支持。该校先后开设过圣经、"四书"、"五经"、作文、书法、算术、英语、天文、地理、唱歌等多门课程，故由此校毕业的学生，其眼界和知识面在当时社会属出类拔萃。崇信义塾于 1868 年迁杭州，更名为"育英义塾"，是之江大学的前身。

鲍哲才自崇信义塾毕业后来到上海，在沪南清心堂（负责人即范约翰）担任牧师，并积极参与筹办清心书院。因鲍哲才在清心堂和清心书院逐渐成为骨干，其家人也逐次迁来上海。鲍哲才有三子三女，后来都有所作为，成就了鲍氏家族的荣耀。

不过鲍家子女的成长之路并不顺利。鲍哲才生活清苦，加之体质较弱，特别是到上海以后为清心堂的事务劳力劳心，鞠躬尽瘁，在子女都未成人时，竟一病不起，过早地告别人世。由于鲍哲才对清心书院的建设和发展出力甚多、贡献非凡，1910年该校曾建礼堂一所，命名为"思鲍堂"，专为纪念鲍哲才对教会事业的贡献。

幸运的是，鲍哲才的长女鲍大姑得到清心堂牧师照顾，率先来到上海清心堂书院学习。鲍大姑聪明伶俐，成绩优良，毕业后留校教书。鲍家大姐稳定下来后，先后把鲍家弟妹送进清心书院读书学习，鲍家三兄弟在此半工半读，前后持续近十年。就是在清心书院读书期间，他们与同学夏瑞芳结下了深厚友谊。三兄弟毕业后，都由书院介绍到美华书馆当学徒，分别学刻字、排字和印刷，生活上逐渐自立。美华书馆还有一位夏瑞芳的青浦同乡，就是高凤池，在美华书馆工作期间，他与鲍家兄弟也成为好友。

（二）郁家与商务的渊源

鲍哲才在崇信义塾的同学郁忠恩，是宁波鄞县陈婆渡镇郁家村人。1864年，美国长老会在宁波鄞县鲍家奔礼拜堂成立鲍家奔支会，由郁忠恩担任支会之治长，与鲍哲才一样，都为美国长老会的教会做事。郁忠恩家族与鲍家渊源颇深。因鲍哲才和郁忠恩年轻时既是同乡又是同学，成家立业以后又成为同行，两家子女长大后，有机缘再结为姻亲，鲍家次子鲍咸昌娶了郁家的长女郁舜英，成为郁忠恩的大女婿。因鲍咸昌长期在商务工作，由此，郁家也与商务有了更多渊源。

商务创办之初,最早的几位股东中就有郁忠恩长子郁厚坤,占半股(出资 250 元)。郁厚坤的成长经历,与鲍家兄弟类似,在学校也是学习印刷技术,后长期跟随其姐夫鲍咸昌从事印刷工作,是商务的创业元老和业务骨干。

(三)谢家与商务的渊源

鲍哲才在崇信义塾的第二位同学谢元芳,看似与商务关系不大,其实与商务也有不少交集,特别是谢元芳之子谢洪赍,对商务的特殊贡献尤为重要,为商务初创时的夏瑞芳等人帮了大忙。

谢元芳于崇信义塾毕业后,任巡回牧师,在浙江余姚一带传教。其子谢洪赍深受家庭影响,自幼信奉基督教。谢洪赍毕业于苏州博习书院(即后来的东吴大学),英文好,曾翻译《八线备旨》等数理化课本,担任过上海中西书院教授。他为商务印书馆编译的《华英初阶》,是商务出版的第一本书,出版后即成为畅销书。谢洪赍 1903 年成为商务的股东,前后为商务编译了 11 种数理化教科书和《瀛寰全志》等书。谢元芳次子谢宾赍也曾在商务印书馆印刷所的庶务部工作,并担任过闸北堂执事。①

谢家与郁家因为父辈的同学情谊,亦有子女联姻,郁家长子郁厚坤 22 岁时娶谢家女儿谢罗大为妻,成为谢元芳的女婿。

---

① 谢振声:《鄞县鲍家、郁家与初创时的商务印书馆》,《宁波大学学报(人文科学版)》2010 年第 5 期。

三、大上海的小作坊

夏瑞芳在捷报馆带领一帮工人罢工后，愤然辞职。其实在辞职之前，夏瑞芳与鲍咸恩等同事已思谋过自己创业了，只是因为困难重重，尚在等待时机。这次大家一起罢工辞职，自主创业之事已如箭在弦上，不得不发。

（一）志同道合自创业

据商务创办人之一高凤池（翰卿）在《本馆创业史》中回忆："商务印书馆是于公历 1897 年（清光绪二十三年）正月开办的……创办的缘由，晓得的人不多。当时的动机，又好像细微勿足谈。真正的发起人是夏瑞芳先生同鲍咸恩先生二人。"① 该文对创办经过也有记载："捷报总经理兼编辑是英人 Mr.O'Shea，脾气极坏，对于工友非常看轻；待慢之事，又是常有。……夏鲍二先生在捷报馆里，极为痛苦。我与夏鲍二先生是幼小时候的同学，又以宗教信仰相同，星期日做礼拜，常常在教堂里会面；午后又常常在城隍庙湖心亭吃茶，有时上小饭馆吃饭，真是少年知己，无话不谈。他们所感到的痛苦，常常告诉我，同我商量，想谋一条出路。这样谈谈，后来谈到创办印书房上面，当时我就问他们'有没有计划和依靠的基础？'照夏鲍二先生的计划，每月如果有六七百元的生意，足敷开支……大家盘算盘算，觉

---

① 高翰卿：《本馆创业史》，《商务印书馆九十五年》，商务印书馆 1992 年版，第 1 页。

得可以做得，我也很赞成。"①

发起人之一张桂华（蟾芬）的《余与商务初创时之因缘》记载："发起本公司之议约，于光绪二十二年阴历三月初三日订定，系在三洋泾桥某小茶肆楼上。"②

三位少年知己，夏瑞芳、鲍咸恩和高凤池，都是小学同学，基督教友，星期天做完礼拜后，常常一起去城隍庙湖心亭吃茶，在小饭馆吃饭，无话不谈。1896年间，他们谈得最多的是关于工作的苦恼和未来的打算。

因前几年工作较为稳定，夏瑞芳和鲍咸恩等略有积蓄，已有能力思谋创业之事。

关于倡议自己出来单干的缘起，一说为鲍咸昌岳母卢氏（郁厚坤的母亲）的建议。郁厚坤其时也在捷报西文排字间工作。据记载，郁厚坤曾将母亲接到上海居住，卢氏是一位有见识的女性，她看到自己的儿子郁厚坤、女婿鲍咸昌以及夏瑞芳等人有做印刷的能力和经验，但都在洋人报馆干活，并常听到他们对洋人报馆的不满和憎恨。卢氏有一次忍不住问女婿鲍咸昌，你们几个为什么不自己办一个印馆呢？鲍咸昌答，当然想，不过这事难度大，我们都很穷，要从长计议。卢氏提议可以找人集资，请大伙一起商量怎么办。③这就给这帮有技术、有经验的年轻人指明了一条可行的出路。

---

① 高翰卿：《本馆创业史》，《商务印书馆九十五年》，商务印书馆1992年版，第2页。

② 张蟾芬：《余与商务初创时之因缘》，《商务印书馆九十五年》，商务印书馆1992年版，第14页。

③ 谢振声：《鄞县鲍家、郁家与初创时的商务印书馆》，《宁波大学学报（人文科学版）》2010年第5期。

有了这些铺垫，这几位年轻人开始了谋划。创始人之一张蟾芬对发起议约建立印刷所的时间记得非常准确，光绪二十二年阴历三月初三，换算成公历时间是 1896 年 4 月 15 日。这一天，夏瑞芳、高凤池、鲍咸恩、鲍咸昌四位年轻人相聚于上海三洋泾桥旁的一家小茶楼，商议筹措印刷所的大事。他们的基本想法是，与其寄人篱下受洋人的气，不如自立门户；自己筹建印刷所就按筹资额折算股份，建一个股份合伙的小厂。经测算，建一个小型的印刷所，最起码的资本大约需要 4000 元。每个月能有六七百元的生意，就基本可以支撑下去。生意的来源也有点眉目，因为都在报馆干过，有些人脉，一是可以接一些小生意如印传单之类，二是因为基督教友的关系，承接圣书会、圣经会、广学会这些机构的教会印刷品没有问题。合计下来，大家觉得这件事可以做，于是夏瑞芳领头拍板，决定自己开印刷所。

创办之初还有一件命名的趣事。夏瑞芳和鲍氏兄弟决定筹办印刷所之时，想不出一个合适的名字。由于当时的主要业务就是承印商务类账簿、表册和广告之类的印件，鲍大姑当时任教于清心书院，识文断字，又懂英文，她为印刷所起了一个英文名字"The Commercial Press"，译成中文就是"商务印书馆"。[①] 只是这位命名者当初肯定没想到，这个名字能存活一百多年，世界知名，至今仍在。

这个印刷所自诞生之日起，便是股份合伙制企业。股东有 8 人，筹集股份 7.5 股，总股本 3750 元。股份构成如下：

---

① 陈应年：《涵芬楼的文化名人》，《商务印书馆一百年》，商务印书馆 1998 年版，第 477 页。一说是鲍咸昌夫人、郁家长女郁舜英起的名字。见谢振声：《鄞县鲍家、郁家与初创时的商务印书馆》，《宁波大学学报（人文科学版）》2010 年第 5 期。

沈伯芬二股，计洋 1000 元

夏瑞芳一股，计洋 500 元

鲍咸恩一股，计洋 500 元

鲍咸昌一股，计洋 500 元

徐桂生一股，计洋 500 元

高凤池半股，计洋 250 元

张蟾芬半股，计洋 250 元

郁厚坤半股，计洋 250 元[①]

这些股份的筹集，颇费周章，亲戚好友齐上阵，才勉力促成。股东们集不起一股，就只认购半股。即便这样，也还没有凑到 4000 元的整数。

最大的股东沈伯芬，是鲍家大女婿张桂华在电报总局学堂的同事，天主教徒，沈伯芬的父亲当时在苏松太道署做法文翻译，家境不错，故认购两股，是最大的股东。[②]不过这位大股东非常低调，从未参加过股东会，也不曾干预过商务印书馆的决策和事务，倒是为夏瑞芳等经理层的决策和管理省去了很多牵绊。

有几个股东的资金，是借来的。夏瑞芳的 500 元，是夫人鲍翠玉变卖自己的首饰，并找同学借贷而来。鲍家兄弟的资金，大部分也都是借来的。张蟾芬说："咸恩先生亦已告贷。"[③]高凤池也说："咸昌先生

---

① 高翰卿：《本馆创业史》，《商务印书馆九十五年》，商务印书馆 1992 年版，第 2—3 页。

② 高翰卿：《本馆创业史》，《商务印书馆九十五年》，商务印书馆 1992 年版，第 2 页。

③ 张蟾芬：《余与商务初创时之因缘》，《商务印书馆九十五年》，商务印书馆 1992 年版，第 15 页。

的半数是由我借出的。"①

高凤池回忆,商务"当时仅置备三号摇架(即四开机,本书作者注)三部,脚踏架三部,自来墨手扳架三部,手揿架一部,其余略办中西文铅字器具,所有3750元资本几乎完全用完了"②。受制于资金的限制,不仅设备是东拼西凑,厂房也是极为简陋之地。不过也别小看这点设备,其中有一大亮点,就是那三部"四开机",价值不菲,印刷能力强,是小作坊印刷业务的"台柱",日后发挥作用极大。当时国内印刷机构所用印刷机,还停留在人手驱动等小型制作模式,③夏瑞芳熟悉印刷设备,一开张即不惜重金,购买三部先进的四开机,足见其办印书馆确有雄心,绝不是只想小打小闹养家糊口。

商务印书馆创办之初的地址是江西路南首的德昌里末弄三号,从这地址的名称即可想见其偏僻。他们租用了三幢两厢房及后连披屋,这种房子相当于现在连缀在一起的几间平房而已。印书馆的中西文排字车间就设在后连披屋内。开业之初,还招收了几名职工。

就这样,上海江西路德昌里末弄的一家小小印书房,120年前的商务印书馆,在夏瑞芳、鲍咸恩和郁厚坤三人的张罗下,于公元1897年2月11日正式开业了!

因为是印刷厂,商务印书馆的业务就是承接一些排字印刷业务。当时主要做的是承印商业表册、账本、名片和教会图书,以这些零星的业务,勉强支撑着这个小厂。创业股东里面,夏瑞芳、鲍咸恩和郁

---

① 高翰卿:《本馆创业史》,《商务印书馆九十五年》,商务印书馆1992年版,第3页。
② 高翰卿:《本馆创业史》,《商务印书馆九十五年》,商务印书馆1992年版,第3页。
③ 庄玉惜:《印刷的故事——中华商务的历史与传承》,三联书店(香港)有限公司2010年版,第41页。

厚坤三人在印书馆工作，高凤池、鲍咸昌当时还在美华书馆，高凤池已做到美华书馆的中方经理。张桂华仍在电报总局学堂任教。

草创时期，一切都是亲力亲为。夏、鲍、郁三人本是懂技术的印刷工人，排字和印刷都是自己动手。由于未设编辑部，鲍咸恩还兼做文字工作。夏瑞芳更是总揽全馆事务，不知疲倦。他们量力而行，只雇用了几名工人，这个小小的印书馆就这样正常运转起来了。

（二）求生发展大不易

借了亲朋好友这么多钱，这几位操持商务印书馆的年轻人心头并不轻松。特别是作为领头人的夏瑞芳，对此有着清醒的认识和担当。鲍咸恩在购买设备时看到有限的资本转眼花光，心中惴惴，对夏瑞芳说："你我所有的一点积蓄已尽数放在这上面，拉入的亲戚朋友也是不少，如果失败下来，自己果然受不了，又如何对人呢？"[1] 夏瑞芳深以为然，对此的回应则是全身心投入公司的生产和经营，不计辛劳、不计报酬、全力以赴。

夏瑞芳之子夏鹏回忆："那时夏鲍两家家眷，都住在顺庆里，关于装订折书的工作，是女太太的义务职。鲍府上的二位大公子，放了暑假，要上摇架做工。"[2] 此时与夏瑞芳有过业务交往的著名畅销书作家包天笑，后来曾进入商务工作，他在回忆录中提到夏瑞芳时也说：

---

[1] 长洲：《商务印书馆的早期股东》，《商务印书馆九十五年》，商务印书馆1992年版，第645页。

[2] 汪家熔：《商务印书馆史及其他》，中国书籍出版社1998年版，第38页。

"业务繁忙时，他也能卷起袖子，脱去长衫，在字架上工作的。"①

夏瑞芳当时的工作状态，高凤池在回忆中有生动的记述："一身兼几个职务，从总经理，校对，'式老夫'，买办，出店为止，一个人都得做。如何说做'式老夫'呢？那时到了月底需要开支，就由夏瑞芳先生亲自一家家去收账款。如何说做出店呢？那时要用纸张，需到浦东栈房去取，从黄浦滩乘舢板打浦东来回，约一角钱。有一次黄浦江发大风，非常危险，瑞芳先生回到公司时，所有衣服被风浪打得湿完湿完。"②

据高凤池等人回忆，商务创办之初，夏瑞芳经常工作到晚上八九点钟，而其月薪只有 24 元，根本不敷家用。繁忙工作之外，他不得不兼职为保险公司兜揽一点保险生意，以补贴自家的生活经费。夏鲍两家的家眷，都住在印书房附近，一有空就过来义务劳动，以节省馆内开支。

这个时期最为困难的事，是资金周转困难，无钱承接业务。张桂华回忆："最初一二年中，兜揽承印最感困难。原因系添办材料，均无现金。幸有发起人高翰卿先生代渠等担保。"③ 高凤池对此也有具体的记述："起初一二年接到生意，最感困难的事，是临时添办材料。那时我在美华书馆已任华经理，经手进货事务，情形较为熟悉，关于商务添办材料的事，常常帮一点小忙，稍微可以便宜些，有时代他们办一二条青铅，有时配数件连史纸，数量总是很微小的。没有现钱由

---

① 包天笑：《钏影楼回忆录·钏影楼回忆录续编》，三晋出版社 2014 年版，第 173 页。
② 高翰卿：《本馆创业史》，《商务印书馆九十五年》，商务印书馆 1992 年版，第 12 页。
③ 张蟾芳：《余与商务初创时之因缘》，《商务印书馆九十五年》，商务印书馆 1992 年版，第 15 页。

余担保。"[①]

印书馆内务由夏瑞芳等人支撑，对外的困难有高凤池襄助解决，几位创业股东"皆抱破釜沉舟百折不挠之志"[②]，齐心协力，不辞劳苦，一年时间，生意即渐有起色，最感困难的时期就要过去了。

四、初创大手笔

商务初创，夏瑞芳的几次出手，如迁址扩建、尝试出书、盘入修文书馆等，都堪称奠基之作，从此奠定了商务印书馆发展的第一期基础。

（一）迁址打基础

商务创办之初，创始人再怎么努力，因只有印刷一项业务，堪能勉力支撑而已。夏瑞芳作为负责人，开始多方筹划谋发展，他的远见卓识和敢想敢干的性格，此时开始显露。

夏瑞芳对印刷质量非常重视，商务在他的领导下，逐渐建立起良好的口碑和信誉，超越了一家印刷小作坊的能力和见识。商务开业才七八个月，因印刷设备不敷使用，夏瑞芳和鲍咸昌便亲赴日本考察印刷设备，选购机器，添置必备铅字等。为了省钱，他们乘坐条件最简

---

① 高翰卿：《本馆创业史》，《商务印书馆九十五年》，商务印书馆 1992 年版，第 3 页。
② 张蟾芬：《余与商务初创时之因缘》，《商务印书馆九十五年》，商务印书馆 1992 年版，第 15 页。

陋、费用最便宜的三等舱前往日本，当时一等舱票价 70 元，二等舱 47 元，三等舱 14.6 元。1898 年夏，德昌里旧房子多处坍塌，空间也已容纳不下渐渐扩张的业务，夏瑞芳和朋友们决定迁址，将印刷厂房迁到北京路顺庆里，在这里租下 12 幢房屋，排字房、印书房有了单独的处所，业务的发展更见起色。

关于商务印书馆迁址到北京路顺庆里，还有一桩与当时上海印刷达人宋耀如相关的逸闻，可说明商务印书馆创业的艰难和夏瑞芳四处寻找机遇的不易。在于醒民等人所著的宋耀如传记《宋氏家族第一人》中，对宋耀如如何帮助夏瑞芳有一段生动的描写：

……刚刚创办商务印书馆的夏瑞芳来拜访宋耀如。

……因为知道宋耀如是沪上华人西式出版业的肇始人，又经营有方，名声很响，所以特意来请他指导帮忙。

夏瑞芳是个很耿直的人："我们投资印刷出版业，为的是替中国教徒争一口气，别让外国人笑话，我们在中国地界上印刷还搞不过外资。"

宋耀如当即驾起马车来到夏瑞芳的商务印书馆。

商务印书馆只是在一幢两层砖木结构的老房子里租了两间屋子作为印刷车间。夏瑞芳兴奋地在门口大声喊：

"快开门，查理牧师来了。"

里面叽叽轧轧的嘈杂声骤然停了下来，露出了正干得满头大汗的鲍氏三兄弟。他们显然没有想到声名很大的查理·宋竟一点架子也没有，一请就到，所以一时不知怎样接待。

宋耀如一眼就看清，这里的设备太简陋。靠外壁是两部手摇小印机，靠里壁是三部脚踏圆盘机，三部手板压印机。都是旧的机器，怪不得用起来像铜匠摊子似的晃动。唯一的一部新机器——煤油发动机，却躺在一边。他四处走了一圈，又抬头看看房子，柱子已呈倾颓的样子，在这个散发出油墨味的屋子里，墙壁开始剥落，露出了斑斑驳驳的砖头，完全是一座危险房屋，真是创业维艰啊！

夏瑞芳介绍说："我们是三同，清心书院同学，同是苦出身，同是基督徒。"他现在主持商务印书馆，鲍家老大刻字，老二排字，老三和青浦同乡高凤池印刷。不过老三和高凤池还不得不留在美华印书馆做工，不然不足以糊口，况且还得积蓄些资金。

老三鲍咸亨说到美华印书馆就忿忿不平："美华印书馆叫名是外国人办的，其实从写文章到印刷出版，差不多全是中国人。"

"所以你们就自己集资办商务印书馆！"宋耀如很赞许这几个有志气的汉子。

"是的，我伲就是不领盆。""领盆"是青浦方言，意思是服帖、折服的意思。

宋耀如深知这几个一心创业的人，现在需要切切实实的帮助。他问：

"你们现在有资金多少？"

"五千元。"

"嗯，我懂了，所以你们借用这样危险的房屋。这样吧，我和你们合资，怎么样？假如你们赞成，可以搬到北京路顺庆里，那里还有十几间房子空着，华美印书馆来不及印的圣经都交给你们印。我再给你们几部机器。"

这几个人简直觉得像在梦里一样，面面相觑，一时不知怎么说好！

宋耀如笑了："看你们的样子，不要大惊小怪，将来你们办得好，华美也可以给你们。"按宋耀如的本意，他是多么愿意摆脱这些工商业事务，让他专心从事基督教的传教和民主革命。看到有人能把这种事情担当起来，他是巴不得早些能自由呢。当然夏瑞芳诸人当时是无法理解的。宋耀如也觉得不必多加解释。

"来，今天先把这台煤油发动机装好，省掉你们的人力，多印点书！"说完他就脱去西装干起来了。不多时，机器就隆隆地轰鸣起来，把夏瑞芳感激的谢声淹没了。[①]

这个故事的主体和情节，在逻辑上是成立的。宋耀如是宋氏三姐妹的父亲，一位民族主义者，他经营的印刷企业与外资所办的"美华印书馆"针锋相对，取名叫"华美印书馆"。在商务印书馆创办之前，华美印书馆已发展得很好，宋耀如后来亦成为商务的股东。1902年，宋耀如与夏瑞芳、高凤池、谢洪赉、张桂华等13人一同发起组织了上海最早的基督教自立会——中国基督徒会。[②]夏瑞芳之子夏鹏成婚

---

① 于醒民、唐继无、高瑞泉：《宋氏家族第一人》，北方文艺出版社1986年版，第358—361页。

② 罗元旭：《东成西就——七个华人基督教家族与中西交流百年》，生活·读书·新知三联书店2014年版，第149页。

之时，宋耀如三女宋美龄是婚礼上的伴娘，这说明宋氏家族与商务印书馆、与夏家都有一定的交谊。至于北京路顺庆里的厂房是不是宋耀如赞助的，宋耀如是否还给了商务印书馆几部机器和印刷业务，还有待更多的史料予以佐证。

在北京路，夏瑞芳和鲍氏兄弟们不断想办法扩大业务，改进设备和技术，很快使商务在上海的印刷行业有了一片立锥之地。他们新置备的多种印刷机器，可以印刷各种中西文书籍。后来又新设木工部，添置火油引擎和铸字炉，除了扩大印刷业务外，还开始卖铅字。

在此前后，夏瑞芳发现其他书店用木板印古籍定价很贵，便尝试用有光纸铅印，成本大大降低，书价可以便宜很多，印制的图书畅销一时。原来一部《御批通鉴辑览》售价一二十元，铅印本只需要二元几角，这样就吸引了各书坊群起效仿。原来印制古籍用的是毛边纸、毛太纸、连史纸三种，出数少，价格高，那些书坊老板不知道去何处购买有光纸，只有托夏瑞芳代购，商务印书馆于是又增加了售卖有光纸一项业务。

此时夏瑞芳已经在充分利用报纸广告宣传商务印书馆并推广自己的产品。目前查到商务印书馆在报纸上最早刊载的一次"形象宣传"，是 1898 年 9 月 12 日在《中外日报》刊登的《迁移告白》。该则广告说：

> 本馆向在江西路德昌北里，专铸大小新式活字、铜模、铅板，精印中西书籍、日期报章、一切仿单，并代办各项印书机器，价廉物美，中外驰名。如代印之《昌言》《格致》《无锡新闻》等报，纸张精洁，字画润秀，素蒙鉴家称许。近各省大宪所办机器、铜模、铅字，大半购自本馆，足见货物精良，远来近

说，源源不绝。现因生意日旺，原屋尚嫌太隘，特另赁高大市房，以扩贸易。今迁北京路美华书馆西首秋字第四十一号，如欲办铅字及托印报章，订日取件无误，赐顾者请来面议，价值公道，藉广招徕。此布。

上海商务印书馆启

商务印书馆创办仅一年多时间，就刊登了此则"迁移告白"。这则告白透露出商务印书馆经营方面的多种信息。一是商务印书馆此时不仅承接多种印刷业务，并开始铸卖活字、铜模和铅板，包括代购印刷机器等，业务多元；二是商务正在代印三家报纸，这三家报纸的全称分别是《昌言报》、《格致新报》和《无锡新闻》，其印制"纸张精洁，字画润秀"，虽为广告语，但亦可见出夏瑞芳在办馆之初就非常重视印刷质量，对机器性能和用纸都很讲究；三是商务印书馆此时经营状况不错，"生意日旺"，原来的房屋不够用，故需另租房屋，迁址营业；四是此则广告亦可见出夏瑞芳的精明，虽是一则迁移广告，实则是在做产品广告和形象宣传：其生产和售卖的物品"价廉物美，中外驰名"，"各省大宪所办机器、铜模、铅字，大半购自本馆"，印刷的报纸"素蒙鉴家称许"。这样的广告，是容易引人注意的。

在《中外日报》刊登迁移告白之后，商务印书馆自10月开始，连续刊登产品广告近两个月，其内容与迁移广告中的文字大同小异，分别以"专铸铜模铅字"、"专售大小活字"、"精印中西书籍"、"代印日期报章"、"代售各种机器"等为题，形成了反复广而告之的宣传效应。

商务印书馆创业之始经费有限，但是在产品宣传上毫不吝啬。当时中国影响力最大的报纸当属《申报》，商务印书馆在《申报》上刊登产品广告的最早时间是 1899 年 10 月 21 日。该则广告云：

专售各种印书机器、活字、铜模、洋纸

本馆专售印书机器、大小活字、铜模，并代印中西书籍、报章，价廉物美。早经海内驰名，今有唐林老牌四十磅、四十五磅及五、六、七、八十磅新文纸并各种夫士纸出售。赐顾者请至上海北京路。

商务印书馆启

该则广告持续刊登至 11 月底止。

开展多种经营，毕竟只是小打小闹，彼时小印刷企业如雨后春笋般出现，竞争更趋激烈。要想在竞争中求生存，求发展，非有强基固本的长远计划和措施不可。夏瑞芳和几位创始人一直不断寻找机遇。在北京路的四年左右时间，他们做成了几件大事，铸就了商务长远发展的基础。

（二）《华英初阶》和《华英进阶》

商务的底子薄，起步低，经营上颇让夏瑞芳费思劳神，但他心眼活泛，做事不囿于那些规规矩矩，而且交游广泛，朋友多，路子广，对市场变化又非常敏感，精明的商业头脑和开放的胸怀，促使他一步步向更高远的目标迈进。

熟悉图书市场的夏瑞芳很快意识到，只做印刷多受制于人，成本偏高，利润也受限，他的目光转向了出版上游环节，要自己策划和编印图书，自己卖，才能有更好的前景。

随着西方文化逐渐进入中国，当时社会学习英语的风气渐盛，连光绪皇帝都号召大臣们学习英语。上海是开放口岸，十里洋场，自然得风气之先。上海市民学习英语的需求很大，市场上也有不少英语教材，但是这些教材都是外国人编写，编者不懂中国人的学习习惯和需要，教材没有中文译注，对于初学英语的人，用起来极为不便。

夏、鲍几人毕业于清心书院，学习过英文。他们凭自己的经验，意识到英语教材市场有很大的潜力。特别是夏瑞芳，他自己曾苦学英文，有亲身体验，所以能够了解英语学习者的需求。"夏瑞芳的女儿夏璐德说，他的父亲会深夜读英文报纸来学习英语，甚至为了使外国人更容易发音，将自己的姓由流行的 Hsia 改成了 How。"①

如果自己策划，编印什么书才好卖呢？夏瑞芳经过市场考察，有了自己的判断。他找到一本英语学习的初级教材《华英初阶》，请谢洪赉重新译注。

谢洪赉（1872—1916），祖籍浙江绍兴，字鬯侯，号寄尘。因体质偏弱，中年时因肺病常年寄居庐山，又自号庐隐。受父亲影响，谢洪赉自幼信奉基督教，11 岁时被选送到苏州博习书院（东吴大学前身）读书，21 岁时毕业。谢洪赉不是一个普通的英语翻译者，他勤奋好学，中西学问都很扎实。在博习书院毕业时，受到书院院长潘慎文（Alvin Pierson Paker）博士的赏识，被潘留在身边帮助他和夫人做翻译。谢洪赉曾经翻译过数理化课本，其中最有名的是《八线备旨》

---

① 刘骥、李瑞恩编著：《郭秉文——教育家、政治家、改革先驱》，上海远东出版社 2015 年版，第 13 页。

（即三角函数），曾被梁启超等在《西学书目表》、《东西学书录》著录。1895 年潘慎文调任上海中西书院院长，谢随至，担任图书管理员，并开始学习日文。中西书院是外国教会在华举办学校中规模最大的一所，人员众多，藏书甚富，这样的工作环境对谢的见识和学问增长极有助益。谢洪赉到中西书院的第二年即升为教授，仍帮助潘慎文做翻译。业余时间他开始为上海各杂志写稿，多是依据外国报刊进行摘译的文章。谢洪赉家族与鲍家、郁家都有亲缘关系，且都是教会中人。有此机缘，夏瑞芳找谢洪赉为商务编译《华英初阶》，是顺理成章的事。自此，谢洪赉助力商务，使之顺利开启了出版之门。

《华英初阶》一书的内容来源于印度，是英国人编写给印度人学英语的初级教材，传入中国后，有不少初学者使用，但是没有中文译注，购买者寥寥。按照夏瑞芳的策划，谢洪赉将此书加以中文注释，英汉对照，非常适合当时英语初学者的需要。改版后的《华英初阶》于 1898 年由商务印书馆印行。该书本子薄，定价低，因其方便了读者，广受欢迎，"行销一时，利市三倍"[1]，为商务印书馆的出版业务淘到了第一桶金。

夏瑞芳初涉出版，就一炮打响，奠定了商务印书馆由印务向出版转型的第一块基石。《华英初阶》，作为商务印书馆历史上的第一本出版物，因其开创性的意义，被后人视为商务出版的"图腾"，后来又多次重印，获得极大成功。

《华英初阶》牛刀小试之后，尝到甜头的夏瑞芳一鼓作气，请谢洪赉继续担纲，进行翻译和编写，陆续推出《华英进阶》多册，销路

---

[1]　蒋维乔：《创办初期之商务印书馆与中华书局》，载张静庐辑注：《中国现代出版史料丁编》（下），上海书店出版社 2003 年版，第 395 页。

仍然很好。英语学习类书籍畅销，夏瑞芳再接再厉，后续又出版了
"将皇家课本加注的《华英国学文编》及其首册《华英国学文编训蒙篇》，
以东方课本加注的《华英亚洲课本》及其首册《华英亚洲课本启悟集》。
另外还有加注的初级英语语法"①。1901 年出版的英汉双解词典《华英
音韵字典集成》也是由谢洪赉编译，"篇幅极大，达 25 开 2000 面"②。
这些产品形成了商务早期的英语教材系列图书，除了经济上获利之
外，在社会上亦产生了不小的影响。

　　谢洪赉在商务印书馆初涉出版的时期，发挥了特别重要的类似
"总编辑"的关键角色，夏瑞芳聘请谢洪赉担纲这段时期的英语系列
教材的"总编辑"，可谓慧眼识英才。谢洪赉的女儿回忆："时商务印
书馆草创伊始，凡有关译著之事，莫不就先君详为磋商。而先君则以
发行书籍，为推进教育之利器，编撰译述，乃启迪民智之前驱，辄不
辞劳瘁，乐于臂助。是以该馆刊印各书，均先送先君过目审定。虽不
居总编辑之名，而任其实，后始推荐邝富灼先生担任英文部总编辑。
至先君所编之《华英初阶》、《华英进阶》等书，实为国人学习英国语
文之最早课本。商务印书馆后来形成我国书业界巨擘，先君与首事诸
公，实有同等之劳绩。"③

　　《华英初阶》尚未上市，商务印书馆便开始在《中外日报》刊登
新书预告。1898 年 9 月 17 日的《新出〈华英初阶〉》广告语说：

　　　　是书原名《英猎列虚泼列茂》（即 English Primar，本书作

---

① 汪家熔：《商务印书馆史及其他》，中国书籍出版社 1998 年版，第 189 页。
② 汪家熔：《商务印书馆史及其他》，中国书籍出版社 1998 年版，第 189 页。
③ 朱谢文秋：《敬述先君谢公洪赉行谊》，《传记文学》1973 年第 22 卷第 4 期。

者注），惜无华解，学者恐难领悟。爰请西学名儒增注华字，其中句语明晰，释解精详，凡初习西文者所必读。盖此书既中西并列，不但使教习便于指授，并使学者易于揣摩，速于进境，诚属西书中之善本。倘将此书检阅一通，乃知益人匪浅。现书寄存本馆代售，零购每本实洋一角五分，批发格外从廉，以广销行。仕商惠顾请至上海北京路美华书馆西首秋字四十一号。另有代售处○上海广学会总局○华英大药房○美华书馆○格致书室○六先书局○格致汇报馆○光照书局○杭州体仁医院○求是书院○下城信一堂○无锡萃新时务书室○宁波崇新书塾○竹根斋○苏州博习书院及各处华英药房。二本即日出书。此布。

商务印书馆代启

《华英初阶》一书不仅简明实用，定价便宜，而且方便购买。其代售点在上海、江浙一带多达14处，加上各处"华英药房"，已形成了成片的销售网点。商务还将报馆、药房、医院等开辟成图书代售点，颇有"借鸡生蛋"的商业智慧。这种不拘一格、直达目标的行事方式，明显就是夏瑞芳的做派。9月17日的这则广告持续在《中外日报》刊登了多次，旨在为新书造势。

1898年11月4日，商务印书馆又在《中外日报》刊登新书广告《新辑〈华英进阶初集〉》，其广告语为："《华英进阶》　书，即原名《English First Reader》是也。今特聘博通西学名儒详译，西文旁加华字句语，则明晰易晓，注解亦精细无讹，不但使教习便于教授，并使学者易于揣摩，速于进境，实为华人习洋文之要书。前曾辑《华

039

英初阶》，成书以来购者络绎不绝，颇蒙称善，爰续辑一编，以益后进。"1899 年 10 月 3 日的《中外日报》，又刊登了"新出合订《华英进阶全集》广告"。11 月 25 日的《申报》，也刊登了商务印书馆宣传《华英初阶》、《华英进阶》的图书广告，该广告云："此书早经中国官绅及教会之书院、学塾藉以课授生徒，均称便益。现将《华英初阶》及《华英进阶》初、二、三、四、五集合订一本，精致异常，每本零售实洋三元，批发格外公道。初学英文者，固当备，即英文已入门者，亦宜家置一编，俾资参考而期精进。"

《华英初阶》、《华英进阶》的巨大成功绝非偶然。一则，夏瑞芳和鲍咸恩等人不仅懂英语，而且了解图书市场和读者需求；二则，谢洪赉的翻译和编辑加工水准堪称一流，可谓点铁成金。他译著《华英初阶》等书不是简单地照译照抄，而是从便利英语初学者出发，进行了必要的调整和改编，采用英汉对照的编排方式，已初具近代英语教科书的模型，其编译方法有首创性，成为后来中国人自编英语教材的良好范例。有学者称《华英初阶》等书的成功，是"商务创办人的'市场调研'与英语专家谢洪赉'学术分析'的双重选择的结果"①，可谓洞见。

《华英初阶》及《华英进阶》读本对于当时英语学习者的影响，可谓全民覆盖。无论是皇亲贵胄、学者名流，还是庶民百姓、青少学子，无不将之作为学习英语的必备教材，称颂喜爱，赞誉有加。《华英初阶》至 1917 年已印行 63 版，1921 年达 77 版，直至 1946 年

---

① 邹振环：《创办初期的商务印书馆与〈华英初阶〉及〈华英进阶〉》，《疏通知译史——中国近代的翻译出版》，上海人民出版社 2012 年版，第 211 页。

还在重印。①《华英初阶》及《华英进阶》的销售不限于国内，商务后来的分馆和售书处遍及世界各地，该系列图书也远销新加坡、日本等国。该套书曾被张元济送到宫廷之中，成为光绪皇帝学习英语的重要读本。②周作人、胡适、梁漱溟等人回忆自己初学英语时使用的课本，都清楚地记得是商务印书馆的《华英初阶》和《华英进阶》。更让夏瑞芳欣喜的是，这套书逐渐成为当时小学和中学学堂教授英语的主要教科书，被誉为"真教科之善本、译学之模范"。可见高度灵敏的市场嗅觉和高质量的图书内容，是一本书畅销不衰的制胜法宝。

《华英初阶》、《华英进阶》等书的出版，不仅大大增强了商务印书馆的市场影响力，一举改变了商务印书馆的"印刷作坊"形象，也坚定了夏瑞芳进军出版的信心和决心，可以说是商务印书馆由一个印刷企业转型为综合性出版企业的重大契机。

（三）"收购"修文书馆③

商务初创，夏瑞芳等人殚精竭虑，劳有所获，小有积蓄。《华英初阶》试水成功，积累了出版经验，产生了一定影响。夏瑞芳和创业的股东们没有在这点小成绩面前沾沾自喜，裹足不前，他们把这点小

---

① 邹振环：《创办初期的商务印书馆与〈华英初阶〉及〈华英进阶〉》，《疏通知译史——中国近代的翻译出版》，上海人民出版社 2012 年版，第 219 页。

② 邹振环：《光绪皇帝的英语学习与进入清末宫廷的英语读本》，《清史研究》2009 年第 3 期。

③ 修文书馆的名称多不统一，也称"修文书局"、"修文印刷局"、"修文印书局"，本书采用"修文书馆"称谓。

积蓄派上大用场，以小钱办大事。夏瑞芳作为企业家的胸襟和能力，开始进一步显现。

商务历史上的第一次收购，发生在 1900 年。当然这不是现在资本运营意义上的收购，而是一次低价收购高级设备的成功买卖，对商务设备的升级换代和业务拓展，起了至关重要的作用。更重要的是，还借此引来了商务历史上的第一次增资扩股。

这次收购的牵线人，是当时上海最大的纱厂老板之一印有模。

印有模（1863—1915），字锡璋，嘉定人。父亲印子华，1861 年经营海盐人陈理耕开设的日新盛布摊。布摊最后发展成为大型零批店。印子华去世后，印有模担任日新盛经理。印有模的产业做得较大，还是上海闸北的纱厂老板，与日本商人有较多商业联系，特别是与三井洋行上海支店长山本条太郎在商业方面有很深的合作和交往，所以对日本人在上海的商业信息较为了解。①

1900 年，印有模得知日本人经营的修文书馆因为经营不善，行将倒闭，要把全部机器设备卖掉。印有模因为印刷广告单据等业务往来，和夏瑞芳熟识，就介绍夏瑞芳去接盘。

修文书馆是当时上海设备最完备的印刷公司，也是日商最早在上海创办的工厂。1884 年在三井物产的支持下，东京筑地活版所来沪，于四川路设立此厂，由松野直之助负责经营。该馆在经销筑地体汉语和英语活字的同时，也经营印刷业务和活字铸造。1889 年 3 月，松野直之助去世，松野平三郎继续经营。1890 年，为扩大业务，修文书馆迁址至苏州路，同年 6 月，创刊并印刷发行上海最早的日文报纸

---

① 长洲：《商务印书馆的早期股东》，《商务印书馆九十五年》，商务印书馆 1992 年版，第 647 页。

《上海新报》。由于该报发表的有关文章引起"日清贸易研究所"学生的强烈不满，并受到攻击，松野平三郎不得已于 1891 年 5 月停止发行《上海新报》，决定日后专心经营铸造活字和印刷等工作。[①] 不过，松野平三郎的工作并不顺利，修文书馆的经营在 1900 年前的几年连年亏损，最后不得不低价转让。

创业元老高凤池在《本馆创业史》一文中记载："约一年之后，适有日本人所开印书馆，名修文书馆者，因营业不佳，难以维持，决将全盘生财出售，以办结束，乃由印锡璋先生介绍，归商务收买，价钱极廉，凡大小印机，铜模，铅字切刀，材料，莫不完备，于是大加扩充，宛然成一有规模之印书房，除自用之外，随时零售，赚钱不少。商务基础之稳固乃发轫于此。"[②]

接盘修文书馆，大大改善了商务的印刷设备。除了齐备的各种材料，最重要的一点是，商务还通过接盘修文书馆学到了如何用纸型印书。王益先生的研究表明，"近代印刷术引进的历史上，值得一提的是商务印书馆从修文印书局学会了制作纸型的技术。活字印刷术的发源地在中国，历时 800 年而不能代替雕版印刷，是有技术上的原因的。1859 年姜别利（W.Gamble）用电镀铜模浇铸活字成功，解决了雕刻活字效率低的难题，但活字版随印随拆，不如雕版之能反复使用，推广仍有障碍。自从有了纸型制作技术，活版的优越性才得以充分发挥，终于打破了雕版技术称雄印刷界的局面。纸型制作技术，是法国人谢罗（Claude Genoud）1829 年发明，由西方传至日本，又由日本传至中国，其中媒介实为修文印书局。中国之能制纸型，是从

---

① 　许金生：《近代上海日资工业史（1884—1937）》，学林出版社 2009 年版，第 51 页。
② 　高翰卿：《本馆创业史》，《商务印书馆九十五年》，商务印书馆 1992 年版，第 4 页。

1900 年开始的"[1]。

夏瑞芳成功收购修文书馆，实现了中国印刷企业首次使用纸型印刷技术，具有重要的开创意义和商业价值。从此商务印书馆的技术、设备得到极大改善，发展的后劲更足。

印有模当时身家不低，又有实业，却有兴趣涉足印刷行业，并热忱帮助夏瑞芳等人，也说明一点，当时的印刷业，尚是"朝阳产业"，行将蓬勃发展。

（四）祸兮福兮："北京路馆屋失慎"

商务印书馆早期的快速发展，还可能有一层原因，就是曾经因为厂房失火，领到了一笔可观的保险赔偿金。

据商务印书馆《本馆四十年大事记（1936）》记载："（1902 年）7 月（农历，本书作者注）北京路馆屋失慎（失火，本书作者注），乃自建印刷所于北福建路海宁路，设编译所于唐家衖（弄，本书作者注）。"[2] 这次印厂失火，由于夏瑞芳防患于未然，买了保险，所以虽有损失，但据说领到了一笔可观的保险赔偿金，用于易地再建房屋、添置设备，"营业逐渐发达"[3]。对此说法，也有学者如樽本照雄持不同意见。不过可以确定的是，夏瑞芳之前买了保险，火灾后确实领到了一笔保险金。但是这次火灾究竟投保的是新机器还是旧厂屋？保险

---

① 王益：《中日出版印刷文化的交流和商务印书馆》，《编辑学刊》1994 年第 1 期。

② 《本馆四十年大事记（1936）》，《商务印书馆九十五年》，商务印书馆 1992 年版，第 678 页。

③ 张孝基：《商务印书馆开办之初》，《20 世纪上海文史资料文库》(6)，上海书店出版社 1999 年版，第 209 页。

赔偿金额有多少？与商务印书馆的重新建厂和营业发达是否有直接关系？研究者说法不一，这里试作梳理。

商务印书馆的火灾发生于 1902 年 8 月 22 日深夜，具体起火原因不清楚。《申报》次日就对火灾情况进行了报道：

> 昨晚十二点钟时，北京路至河南路转角处某姓家大戒于火，致兆焚如，经瞭望台鸣钟报警，救火会西人驰往灌救，旋即熄灭，焚去房屋若干，及如何起火，俟明日探闻再录。[1]

《申报》第二天又对火灾情况进行了跟踪报道，极为简略，该新闻说：

> 前晚北京路失火情形已纪。昨报兹悉，火起于商务印书馆。幸救火会各西人竭力施救，仅焚去房屋四幢，殃及邻右德泰客栈。[2]

同一天的《同文沪报》对火灾情况进行了较为详细的报道，并提到商务印书馆保有火险：

> 前晚钟鸣十二点，捕房蒲牢乱吼，旋分三下访知，火起于北京路塊商务印书馆四十一号门牌，发时烈烈轰轰，冒穿屋顶。英法美三界洋龙各驱皮带车驰至，汲水狂灌，祝融君势方不敌，旋

---

[1] 《英界火警》，《申报》1902 年 8 月 23 日。
[2] 《英界火警续闻》，《申报》1902 年 8 月 24 日。

即敛威而退。是役也，共焚毁房屋三幢，闻均保有火险云。①

从以上报道来看，商务印书馆的这次火灾，造成的损失并不大。因为租界的灭火设备来得快，灭火威力大，救火及时，很快就将火势扑灭，没有殃及重要库房和重要设备。商务印书馆为此还在9月16日的《外交报》上刊登广告，讲述了虽有火灾但是很快能够复业补印报纸的情形：

> ……虽不幸于上月间忽遭回禄，尚幸栈房、铸字房、书板房等均未殃及，现已重行部署，益扩规模，仍在北京路原处隔壁四十号内照常工作……②

高凤池在讲到这段往事时，有更为清晰的叙述，特别说到新定的机器事前有火险，并领到赔款，易地重建厂房。他说：

> 迁到北京路约有五年，在光绪二十八年的七月（农历，本书作者注），忽遭火焚，所有机器工具，尽毁于火。幸新定的机器已到而事前保有火险，领到赔款，就在福建路海宁路购地建造印刷厂。③

同是教会中人并在上海天安堂长期担任牧师的张孝基在回忆商务

---

① 《火警纪闻》，《同文沪报》1902年8月24日。
② 《商务印书馆广告》，《外交报》1902年9月16日。
③ 高翰卿：《本馆创业史》，《商务印书馆九十五年》，商务印书馆1992年版，第7页。

印书馆时也很笃定地说：

> 当时商务印书馆业务蒸蒸日上，夏粹方即经前清心书院校长范约翰介绍向美生洋行（American Trading Co.）定购印刷机器，价值 12 万两银子，并由范约翰作保，货到沪后，商务印书馆即向保险公司保足 12 万两银子。机器尚未运进厂内，但提单已开出，当时北京路商务印书馆被焚，即领到保险费 12 万两银子。于是利用此款即在海宁路造屋建厂，营业逐渐发达，以致资金运转不灵。①

这一段文字非常重要。作为基督教长老会教堂的牧师，张孝基与清心书院校长范约翰肯定来往频繁，范约翰帮助夏瑞芳和商务印书馆的相关事情，张孝基自然清楚。所以张孝基在这一段较短的文字中提及的人物、事项经过和数字非常细致，与高凤池的说法也基本吻合。他们两人的说法，可以说明这样的事实：（1）夏瑞芳当时由范约翰作保，定购了一大批昂贵的新机器，并向保险公司投保 12 万两银子；（2）机器开了提单启运，但尚未运进厂房，结果厂房失火，损失也并不太大；（3）因为厂房失火，商务印书馆就向保险公司要到了 12 万两的保险赔偿；（4）商务印书馆既得了一批新机器，又增加了 12 万两的现金赔偿款。

对于创立不久的商务印书馆来说，这真是一件因祸得福的大好事。

---

① 张孝基：《商务印书馆开办之初》，《20 世纪上海文史资料文库》(6)，上海书店出版社 1999 年版，第 209 页。

不过这里还有一个较大疑问就是，此时的商务发展规模还不大，是否能够一下子拿出 12 万两银子购买新机器？

这次火灾有点巧合的地方，就是张孝基和高凤池都提到的，新机器投了保险，火灾发生时新机器没有运到厂房，故未烧毁，但是商务还是领到了保险赔偿。高凤池说火灾烧毁了老厂房的旧机器和工具，"事前保有火险"，这个火险保的是老厂房还是新机器，并不明确。张孝基的文章则很清楚地说明是为新机器保足 12 万两银子。这里涉及几个疑问：第一，是不是当时保险公司查勘不严，没有查清事实真相就给了商务赔偿？第二，如果不是保险公司玩忽职守，那么商务印书馆是不是有意无意地隐瞒了机器未运进厂房并得以幸存的事实，拿到了巨额保险赔偿？第三，这其中是否有人为因素？还是当事人的回忆弄混了事实，所以造成误读和猜测？

目前来看，关注此事的文章不多，也未见有资料和学者对此提出质疑，包括樽本照雄。但是研读张孝基、高凤池等人的回忆，这样的疑问难以消失，希望有更多的资料出现，能对此问题的真相作进一步探究。

殊为可惜的是，当时商务的资料账本，被这次火灾给烧掉了。据记载，当时商务的董事会秘书顾晓舟在 1904 年红账上有这样的批语："壬寅（1902）七月不戒于火，所有账簿均已焚去。"①

樽本照雄先生对商务 1902 年火灾赔偿款与商务建设新厂是否直接相关做了研判，认为二者不是直接关系，从时间上来说对不上。他说：

---

① 汪家熔：《商务印书馆史及其他》，中国书籍出版社 1998 年版，第 8 页。

　　1902 年 8 月 22 日商务失火了。失火后仅用两个月就建成了新印刷厂。不是借来的印刷厂，而是新建成的。三层砖造的巨大建筑物，仅要两个月就可以完成吗？寻找地点、购买地皮、设计厂房、订购机器、建设厂房、准备搬迁。不可能只用两个月吧。为了解决这个疑问，不能不让人想到商务在失火以前已经有了新建印刷厂的计划。

　　失火后得到的火灾保险的赔偿被用于建设新厂，可能会有很多研究者这么想。但这是不对的。他们没有考虑到失火后建成工厂的时间不是太短了吗？

　　失火是偶然事件，建设新印刷厂却是早已有的计划。[①]

　　目前没有看到任何资料说商务失火之后两个月就有了新的印刷厂，樽本照雄先生在书中也没有交代。他是否依据商务印书馆在 1902 年 9 月 16 日《外交报》刊登的复业补印广告，不得而知。但是这个广告说的复业地址，仍在"北京路原处隔壁"，只是"重行部署，益扩规模"而已，所以两个月就得以完成。而商务新的厂房地址，在福建路海宁路，至于何时建成并投入使用，尚未查阅到详细的资料记载。

　　商务印书馆 1902 年火灾之后的具体情形、赔偿的具体细节，目前仍然有很多疑团未解。但是可以肯定的是，夏瑞芳未雨绸缪的风险意识，为商务的发展带来了预想不到的好处。他早期创业期间曾一马当先，什么都干，为了贴补家用甚至自己兼做保险，对保险业很

---

　　① 　[日] 樽本照雄：《清末小说研究集稿》，齐鲁书社 2006 年版，第 227 页。

熟悉，这样的经历和经验，使他在购买新机器时很自然地投了保险。不管他投保新机器还是旧厂屋，商务最终拿到了一笔可观的保险赔偿金；也不管这笔款项用于建厂还是用于其他投资，甚至是用于偿还购买新机器的贷款，都对商务的发展贡献甚大。毕竟 12 万两银子在 1902 年的上海，不是一个可以忽视的数目。包天笑曾评价夏瑞芳是个精明的生意人，从他的这些作为来看，此言不虚。

第三章

夏张合璧

夏瑞芳带领商务一步一个脚印，企业的基础逐渐巩固。不过，此时的商务仍未摆脱小型印刷企业的特征，夏瑞芳更不会在出版方面浅尝辄止，他有更大的雄心、更远的谋划和更宏伟的目标。接下来的几年间，夏瑞芳请得张元济、印有模加盟，与金港堂股东实现合资，自主编印"最新教科书"，成为做强商务的经典手笔。

一、"故向书林努力来"

张元济，对于百年商务基业来说，至关重要，有人誉之为商务的灵魂。这个在近现代出版史上赫赫有名的商务灵魂人物，却是由一介布衣、印刷工人出身的夏瑞芳延请至商务印书馆来的。当时的商务印书馆，仅仅是一家很不起眼的印刷小作坊，而作为清末翰林出身的张元济，即使在事业低落之际，也有官办的南洋公学作为栖身之处，社会地位和薪金都很高，却愿意放下身段加盟商务，与夏瑞芳一道投身刚刚起步的商务出版事业，这其中的来龙去脉，也是近代出版史上的一段经典故事。

（一）加入商务之前的张元济

戊戌变法的失败，开启了近代众多救国知识分子的流亡生涯。受到过光绪皇帝亲自接见并受托给皇帝荐书的张元济也不例外，因为张是戊戌变法的参与者和重要角色。

张元济（1867—1959），字筱斋，号菊生，祖籍浙江海盐，1867年10月25日出生于广东省。张家祖上有多人担任过较高官职，特别是以收藏珍本古籍而著称。张元济自幼聪慧敏锐，读书用功，继承家族书香传统，受到了良好的儒家经典教育。张元济于1884年18岁时赴嘉兴应童子试，以第一名的成绩考中秀才；1889年23岁时，参加省里的乡试，考中举人；1892年又考中进士，踏进了仕途的门槛；同年5月，经过朝考，张元济与同科进士蔡元培一起被朝廷选拔为"翰林院庶常馆庶吉士"，初步实现了以科举光耀门楣的意愿。

就在张元济仕途一片光明的时刻，清朝的国运却颓势难挽，每况愈下。接踵而至的内忧外患，在不到十年的时间，彻底改变了张元济的人生方向。

在中国近代史上，1892年至1902年的这10年，无疑是黯淡屈辱，也是激发民心自强的 10 年。这 10 年间大清王朝经历了甲午战争惨败、戊戌变法失败、八国联军进京一系列伤筋动骨、损及国体的大事件，用张元济的话来说就是："大厦将倾，群梦未醒，病者垂毙，方药杂投。"①

明、清两代的翰林院，都是储备和培养高级官员的地方。张元济和蔡元培获得的"庶吉士"，又名为"庶常馆观政"，不是官职，这个经历实际就是做官之前的见习期，先在"庶常馆"学为官之道，等候被重用。观政结束，称为"散馆"。张元济在散馆后被任命为刑部贵州司主事，正六品。

在刑部任职期间，张元济参加了一个主要由广东人组建的"健社"，这个小团体基本是以文会友，其目的"约为有用之学，盖以自强不息交相勉，冀稍挽夫苟且畏缩之风"②。加入健社后，张元济开始学习英语，因为健社所提倡的"有用之学"，即为英语、算术。后来学英语的人越来越多，健社更名为"西学堂"。经过张元济的不懈努力，西学堂又更名为"通艺学堂"，张也成为该学堂的主事者。

带着济世救国的良好意愿，张元济一边学英语，主持通艺学堂，一边于 1895 年报考总理事务衙门，被录取后任总理事务衙门章京。但是这段任职经历没有给张元济带来救国的希望和信心，反而更让他悲观失望。张元济后来在回忆中述及此段经历时说："当时在总理衙门当章京的，只有我一个人略识洋文。衙门里还有一个木橱，摆着和外国所订的条约。这样的重要文件，竟不注意保存，任何人都可以

---

① 《张元济全集》（第 3 卷·书信），商务印书馆 2007 年版，第 204 页。
② 《张元济全集》（第 5 卷·诗文），商务印书馆 2008 年版，第 443—444 页。

开，都可以看。这种腐败的国家哪能不亡国？"①

在通艺学堂，张元济显示出卓异的眼界和能力，渐渐引起朝廷关注。"百日维新"开始后，侍读学士徐致靖向光绪帝呈交人才保荐密折，推荐了康有为、张元济、黄遵宪、谭嗣同、梁启超五人，其荐语称："刑部主事张元济，现任总理衙门章京，熟于治法，留心学校，办事切实，劳苦不辞。在京师创设通艺学堂，集京官、大员子弟讲求实学，日见精详。若使之肩任艰大，筹划新政，必能胜任愉快，有所裨益。"②

徐致靖举荐次日，光绪帝就下谕召见康有为和张元济。清朝有规定，皇帝不召见四品以下官员，光绪召见康、张等较低品级官员，首破祖制，足见变法愿望之切，让被召见之人深感知遇之恩。召见之后，张元济曾上过两道奏折，向光绪帝陈述其关于维新变法的思路。然而维新变法启动不过百日，光绪帝颁布的《定国是诏》所拟诸事尚未有着落，大清实际掌舵人慈禧太后就果断干预，狠辣出手，光绪帝的变法强国梦甫一露头，即被扼杀。几位深受知遇之恩的下级官员，有的舍生取义慷慨赴死，有的被迫出国逃亡，有的被革职永不叙用。张元济即为后者。

张元济后来回忆参与戊戌变法的经历时说："在当时环境之下，戊戌变法的失败是必然的，断断无成功的可能。当时我们这些人要借变法来挽回我们的国运，到后来才知道是一个梦想。"③

张元济能大难不死，保住性命，有光绪的刻意保护；革职后赴上

---

① 《张元济全集》（第 5 卷·诗文），商务印书馆 2008 年版，第 234 页。
② 汪家熔：《中国近现代出版家列传·张元济》，上海辞书出版社 2012 年版，第 30 页。
③ 《张元济全集》（第 5 卷·诗文），商务印书馆 2008 年版，第 236 页。

海办教育，更有李鸿章、盛宣怀等人襄助。

百日维新失败，张元济已做好被捕准备，但依旧到总理衙门上班，其意是若被抓捕，即在衙门进行，不会在家中让母亲受到惊扰。所幸在处分之时，光绪帝"特谕枢臣，张某亦尝上书妄图国事，应并案办理"。张元济认为光绪帝紧急关头宽严妙用，实际是在保全他，因为"余封奏语涉狂妄，设有人弹劾，必膺严谴"①。

百日维新开始后，李鸿章有意关照和保护张元济。在光绪帝召见张元济的第二天，李鸿章曾问张元济是否知道翁同龢和被斥逐之事，意在提醒张元济时局诡异，须小心留意。此事加深了双方的好感。在张元济被革职之后，李鸿章又派人征询张的意愿，再施援手。张元济在《戊戌政变的回忆》中写道："我革职之后，李鸿章派于式枚来慰问我，问我以后如何打算，我说想到上海谋生。过了几天，于再来说：'你可先去上海，李中堂已招呼盛宣怀替你找事情。'我平素和李鸿章没有什么渊源，只是长官和下属的关系而已，但他对我似乎是另眼相看。"②

1898 年 9 月，张元济离京南下，来到上海，受盛宣怀之请，入盛所办南洋公学（上海交通大学前身）任译书院院长，总揽译书院事务。在这里，张元济又找到了事业的基点。他知西学，懂英文，本就重视译书事业，认为是教化人心、培育人才的重要手段，由他来筹办运作译书院，适得其人。

正是在南洋公学译书院院长任上，张元济"获与粹翁③订交"，结

---

① 《张元济全集》（第 4 卷·诗文），商务印书馆 2008 年版，第 235 页。
② 《中国近代史资料丛刊·戊戌变法》（四），上海人民出版社 1957 年版，第 328 页。
③ 夏瑞芳字粹方，故商务人常称其为"粹翁"，以示尊重。

识了此后影响他一生事业的重要人物——夏瑞芳。

（二）"意气相合"入商务

1898 年的夏瑞芳，正处在对未来事业的谋划之中。

对于夏瑞芳来说，尝试出版《华英初阶》让他意识到，商务印书馆的成长，凭他们几个印刷工人再怎么努力，前景都不会太乐观，因为他们获取和掌控出版资源的能力有限。那么怎么办？唯有借助外力，延聘优秀的知识分子来帮助商务。怀揣这样的念头，夏瑞芳对那些有学问的大知识分子钦佩有加，热心结交。

机缘巧合，张元济到上海南洋公学译书院不久，出版严复译著多种，后来又创办《外交报》，因这些图书、报纸交商务印书馆承印，遂与夏瑞芳结识。

夏瑞芳虽然结识了张元济这样的大学问家，可是要说请他到商务印书馆来负责编书，常人绝不敢作此想。当时的商务，就是一家印刷小作坊，除了几个一腔热情的年轻创业者和刚刚产生的一点市场影响力，可以说什么积累都没有，如此小规模的印刷企业，请得来这样一位在知识界呼风唤雨的大人物吗？

几位老商务人的回忆，谈及夏张的结识和张元济加入商务，说法大同小异。

高凤池在《本馆创业史》中回忆夏张的交往过程，作了如下描述：

> 那时张菊生先生在南洋公学任译书院院长，因为印书，常有接洽，见夏、鲍诸君办事异常认真；而夏先生正想扩充本馆，预

备设立编译所，想聘请张先生主持编译事务。双方意见相投，一谈之后张先生等愿意投资参加。同时印锡璋先生亦有意参加，就由原发起人，邀请张、印诸先生在四马路昼锦里口，聚丰园会议合资办法，并进行成立有限公司，议定原发起人每股照原数升为七倍。共计资本五万元。这是光绪二十七年的事。[①]

另一位资深的商务出版人陈叔通在《回忆商务印书馆》中回忆这段历史时，讲述得更为详细：

> 张由京到了上海，当时主办南洋公学的盛宣怀来访张，告知李鸿章有电报要盛宣怀安置张，故盛宣怀为他在南洋公学开辟一个译书院，请张为院长。于是张就去主持译书院。译书院编了一些课本书稿要交印刷商承印，夏瑞芳为兜揽印刷生意而和张相识。二人交往既多，逐渐彼此认识。有一次，夏短少周转资金，张觉得夏办事很好，存心帮助一下夏，为商务介绍一家钱庄，张作担保立透支一千元的往来，之后，夏、张更加接近。夏办商务有雄心，觉得只承印一些东西没有多大的发展，而在给教会印书中，见到书的市场不坏，也心想出版一些书本。此意先告诉了张，张曾代理过南洋公学堂堂长，他在南洋公学译书院觉得衙门式的机关牵制很多，并不得意，也有意个人活动活动，终于时机成熟了，夏有一天便与张开谈，问张既在译书院不得意，能否离开，我们来合作，张说你能请得起我这样大薪金的人吗？夏说你

---

① 高翰卿：《本馆创业史》，《商务印书馆九十五年》，商务印书馆1992年版，第6页。

在译书院多少薪金，我也出多少。于是双方言定，夏管印刷，张管编书。①

张元济是世所瞩目的翰林，士林之中威望甚高，夏瑞芳虽为商务印书馆负责人，但只是中学文化水平，排字工人出身，再说夏所在的企业也不大，不知名。张元济多次说到与夏瑞芳"意气相投"而投身商务，从此为商务殚精竭虑、呕心沥血一辈子，那么这句"意气相投"，实有深意存焉。

从史料和回忆录来看，张元济与夏瑞芳的"意气相投"除了双方个性气质的互补性好感以外，以社会地位的高低相比较，张元济看重夏瑞芳和商务印书馆，与商务早期呈现出的蓬勃气象密切相关，商务的口碑和声誉、企业领导人的魄力以及为教育服务的经营思路，给了张元济借此平台施展抱负的信心。

这一时期，商务印书馆以重视质量赢得了很好的市场口碑。

商务印书馆创建时，上海的印刷机构渐如雨后春笋，但商务印书馆在很短的时间内就发展到较大规模，特别是有了非常不错的口碑和声誉，远胜于那些求一时之小利的印刷机构。当时人们已经这样评价商务："南商习为骄惰，客来落落对之，衣冠敝陋益加白眼。独商务不然。入其肆，虽三尺童子，应客亦彬彬有礼貌，条理秩然。"②

与商务印书馆渊源颇深的包天笑在回忆中对早期商务印书馆的印

① 陈叔通：《回忆商务印书馆》，《商务印书馆九十年》，商务印书馆 1987 年版，第 133 页。
② 费行简：《近代名人小传》"夏粹方"条，崇文书局 1918 年版，第 121 页。

象颇好，他讲道："寻访印刷所的事，我……连日奔波，找到了两家较为合式的，一家唤作吴云记，一家便是商务印书馆。我们预备出书快一点，所以找到了两家印刷所，可以分部进行。两家比较起来，商务印书馆规模较小，而设备较新。它是开设在北京路的河南路口，也是一座平房，他们里面的工人与职员，总共不过三十人，经理先生夏瑞芳，人极和气，他们的职员都是出身于教会印书馆的。开办这家商务印书馆，资本金是三千元。除印教会书籍外，也搞一点商家的印刷品，后来又把英文课本（就是英国人教印度小孩子的课本，中西对照的翻译出来），译成了《英语初阶》、《英语进阶》等书，那是破天荒之作，生涯颇为发展。"①

杜亚泉在《记鲍咸昌先生》一文中特别提到早期商务印书馆的影响力，也道出了张元济、蔡元培诸人愿意帮助商务、加入商务的原因。他说："时张菊生、蔡鹤卿诸先生及其他维新同志，皆以编译书报为开发中国急务。而海上各印刷业皆滥恶相沿，无可与谋者，于是咸踵于商务印书馆，扩大其事业，为国家谋文化上之建设。商务印书馆之得有今日，虽为时事所造成，然亦夏先生及先生昆季之德望，为时贤所引重，故能相与以有成也。"②

在夏、张的交往过程中，夏瑞芳的才干和对事业的执着，得到张元济的充分认可。

夏瑞芳创办商务之后，孜孜以求做大做强的发展机会，自己常常去联系印刷业务，也总在思索如何靠自身力量出版市场上好销的书。与夏有过多次业务交往的包天笑，在回忆录中详细记述了夏瑞芳苦心

---

① 包天笑：《钏影楼回忆录》，上海三联书店 2014 年版，第 212 页。

② 杜亚泉：《记鲍咸昌先生》，《商务印书馆九十年》，商务印书馆 1987 年版，第 10 页。

经营商务印书馆业务的情景，为了发展，甚至不惜涉险，加印禁书。包天笑评价夏瑞芳"不是中国旧日的那种老书贾，而以少年失学，于文字知识上是有限的。他极思自己出版几种书，但不知何种书可印，何种书不可印。不过他很虚心，人家委托他们所印的书，他常来问我是何种性质？可销行于何种人方面？当然他是为他的营业着想，要扩展着他的生意眼，忠实于他的事业"①。

对于夏瑞芳殚精竭虑地思考如何发展商务印书馆，谋划设立编译所，包天笑有生动的描述：

> 他又常常询问我："近来有许多人在办理编译所，这个编译所应如何办法？"我说："要扩展业务，预备自己出书，非办编译部不可。应当请有学问的名人主持，你自己则专心于营业。"夏君摇头叹息道："可惜我们的资本太少了，慢慢地来。"
>
> 夏瑞芳虽然不算是一位文化人，而创办文化事业，可是他的头脑灵敏、性情恳挚，能识人，能用人，实为一不可多得的人材。后来商务印书馆为全中国书业的巨擘，却非无因而致此。②

据多位商务人回忆，夏瑞芳此时因自己不能把握翻译图书的内容质量，使得花大价钱购买和翻译过来的日文书无人购买，造成亏损。正是有了这样的教训，夏瑞芳更加坚定了请大知识分子进馆主持编译事务的决心。

蔡元培在《商务印书馆总经理夏君传》里记述说："戊戌以后，有志

---

① 包天笑：《钏影楼回忆录》，上海三联书店 2014 年版，第 226 页。
② 包天笑：《钏影楼回忆录》，上海三联书店 2014 年版，第 226 页。

维新者，多游学日本，竟译日本书以求售，君亦数数购之，然不敢轻于付印，丐通人抉择，其中太草率者，袭诸篋，所费虽不赀，不惜也。"①

蒋维乔对这一事件的记述更为详细："先是各书局盛行翻译东文书籍。国人因知识之饥荒，多喜购阅，故极畅销。商务印书馆总经理夏瑞芳见而心动，亦欲印行此类之书。乃谋于某某二人，托买译稿。二人招集略谙东文之学生，令充翻译，译成书稿数十种，售与商务印书馆。夏瑞芳立即付印，不料印出后，销路绝鲜，而稿费已损失一万元。尔时张元济正办南洋公学译书院，恒托商务印书馆印书，瑞芳以张系端人君子，询以购进之稿，不能畅销之故。张即云：'盍将稿件交我检阅。'阅后，知其内容实欠佳。旋设编译所，请人修改后再出版，在北福建路唐家衖租屋三楹，设立编译所。张即介绍译书院中之同事四五人，为之修改译稿。"②

章锡琛的回忆中也对此事有记述："当时商务印出的新书，质量不高，无人购买，亏本将近万元，夏认为内容定有问题，请菊老代为审阅，果然错误百出。他们请他托译书院的人进行修改，但好久没有完成。从此才知道经营出版事业非自设编译所不可。"③

对于夏瑞芳购买日文版图书造成亏损之事，也有学者有不同看法，认为此事并无根据。④ 其实综合来看，这件事即使不辨有无，也

---

① 蔡元培：《商务印书馆总经理夏君传》，《商务印书馆九十年》，商务印书馆 1987 年版，第 2 页。

② 蒋维乔：《编辑小学教科书之回忆》，《商务印书馆九十年》，商务印书馆 1987 年版，第 56—57 页。

③ 章锡琛：《漫谈商务印书馆》，《商务印书馆九十年》，商务印书馆 1987 年版，第 106 页。

④ 汪家熔：《中国近现代出版家列传·张元济》，上海辞书出版社 2012 年版，第 80—81 页。

不影响夏瑞芳的形象。商务当时是否匆忙翻印日文书，亏损与否，目前无法确知，老商务人的回忆录中有不少记载，可能确有其事。退一步来说，即便夏瑞芳为求发展，下大本钱翻译出版日文书亏本，然后去找张元济求教，一来二去，最终请得张元济进商务，这也是坏事变好事，成就了商务的未来。而且，在这种状况下，张元济明知商务亏损了日文书的钱，仍毅然加入，不更是说明了夏瑞芳和商务印书馆在张元济心中有不错的印象，得到了张元济的认可吗？"意气相合"几个字，在张元济的笔下几次出现，绝非虚言。

前文已提到，张元济曾经亲自作保，帮助夏瑞芳渡过资金难关。张元济是自视颇高的知识分子，肯屈尊为一家小印务公司作保，看重的就是夏瑞芳这个人，"觉得夏办事很好"，值得结交。

夏、张的"意气相合"，还有非常重要的一点，就是夏瑞芳与张元济有一致的目标——"扶助教育"。

夏瑞芳本来就是一个非常重视教育的人。他自幼家贫，到 12 岁才有机会上学，所以他心里一直有一个愿望，只要有条件，就要尽力帮助贫寒子弟上学读书。商务印书馆的经营稍微好转以后，夏瑞芳就在家乡创办了夏氏小学，目的就是让像他一样的放牛娃能够早点进入学堂，接受教育。夏瑞芳在《华英初阶》等英语教材取得成功后，对编写和出版教材有了一定的积累和心得，经常虚心地向行家里手请教，如何把印书馆的事业做大，并得到另一位清末翰林、士林领袖蔡元培先生的指点，决意顺应时代潮流，着手编辑出版新式小学教科书。张元济此时对出版已是非常看重，他后来表达对于出版事业的看法时说："盖出版之事业可以提撕多数国民，似比教育少数英才为尤要。"① 夏、张二人在发展教育的观念上和怎么做出版的总体思路上，都是一致的，所以能够在谈及合作的时候，一拍即合。

夏瑞芳并不是一位只懂经营和销售的总经理，他将市场眼光上溯到出版环节，常有出版的新思路提出，在张元济加盟之前，他是出版的总策划，在出版方面的眼光和策划能力，是杰出的。

张元济入馆前，夏瑞芳于 1898 年请谢洪赉等人译注英语、法语课本约 16 种，又请颜惠庆修订了邝其照的《华英字典》，还出版了我国近代第一部汉语语法学术著作《马氏文通》。

《马氏文通》的出版意义重大。当时商务印书馆刚创办一年多，夏瑞芳就有胆量出版发行这样大部头的学术著作，显示出其在出版方面的魄力。从《马氏文通》的出版过程来看，该书之所以交夏瑞芳出版，是因为商务印书馆此时正在代印《昌言报》，夏瑞芳与《昌言报》主办人汪康年熟识，并在汪康年主编的另一份报纸《中外日报》上刊发广告，《马氏文通》的作者马建忠是汪康年好友，由此大致可以推定，是汪康年基于对商务印书馆和夏瑞芳的信任，推荐马建忠将《马氏文通》交由商务印书馆印行。② 据统计，"甲辰年（1915 年 1 月）上下册版《马氏文通》到 1927 年 1 月出至 19 版，1932 年 9 月出版国难后 1 版，1933 年 10 月出版国难后 2 版，后还有《万有文库》六册版等，一直畅销不衰"③。

1901 年，夏瑞芳又请谢洪赉修订了中型规模的《华英音韵字典集成》。按包天笑的说法，商务还印过谭嗣同的《仁学》、邵作舟的《盛

---

① 《张元济全集》（第 3 卷·书信），商务印书馆 2007 年版，第 461 页。
② 柳和城：《〈马氏文通〉的出版与版本溯源》，《藏书报》2019 年 10 月 21 日。
③ 柳和城：《〈马氏文通〉的出版与版本溯源》，《藏书报》2019 年 10 月 21 日。

世危言》等书。另据高凤池的记载，此时还出版过《国学文编》、《亚洲读本》、《通鉴辑览》、《纲鉴易知录》等书，销路甚佳。这些图书的出版，主要是凭借夏瑞芳敏锐的市场判断能力所做的决定，并取得了较好的经济收益。夏瑞芳初涉出版的成功，对于初创时期的商务，非常重要。从夏瑞芳的出版思路来看，出书的重点在《华英初阶》等系列英语教材方面，既有益于教育，又有好的市场。

夏瑞芳生前少有文字著述，所以他没有留下任何与张元济相遇和交往的文字记录，甚为遗憾。张元济则在后来的著述中多次提及与夏瑞芳意气相投。"昔年元济罢官南旋，羁栖海上，获与粹翁订交，意气相合，遂投身于商务印书馆。"① 张元济在夏瑞芳去世后致夏瑞芳夫人的信中说道："元济与粹翁订交之始，意气相投，即入公司办事。"②

两人的"意气相合"是怎样一种情景？透过岁月的烟尘，借由亲历者张元济等人那些有温度的回忆文字，不难想见和确证：是二人共同的理想和12年的精诚合作，写就了商务的早期辉煌。

"以扶助教育为己任"，就是张元济和夏瑞芳共同的理想。

张元济在《东方图书馆概况·缘起》（1926年3月）中说："光绪戊戌政变，余被谪南旋，侨寓沪渎，主南洋公学译书院，得识夏君粹方于商务印书馆。继以院费短绌，无可展开，即舍去。夏君招余入馆任编译，余与约，吾辈当以扶助教育为己任，夏君诺之。"③

1901年，夏瑞芳与张元济商议妥当，张决定入股加盟商务印书

---

① 《张元济全集》（第3卷·书信），商务印书馆2007年版，第679页。
② 《张元济全集》（第3卷·书信），商务印书馆2007年版，第36页。
③ 张元济：《东方图书馆概况·缘起》，《商务印书馆九十五年》，商务印书馆1992年版，第21页。

馆。同时决定加盟的，还有夏瑞芳的好友、上海纱厂老板印有模。严复 1901 年 4 月 25 日致张元济的信中说道："此时外间欲办报馆、译局者甚多……而昨得公来书，亦云拟于海上集巨股为此。"① 严复信中所指之事，就是张元济将入股商务。这一举动，已经表明张元济向出版印刷业转向的决心。

此时商务创立仅 4 年，资产已增值近 7 倍。

商务印书馆从创立到 1901 年，所有发起人从没有分过股息和红利，所有盈余全部用作发展资本。到张元济和印有模决定入股商务时，商议决定原股份升值 7 倍。商务创办人之一高凤池在《本馆创业史》中记载："……夏先生正想扩充本馆，预备设立编译所，想聘请张先生主持编译事务。双方意见相投，一谈之后张先生等愿意投资参加。同时印锡璋先生亦有意参加，就由原发起人，邀请张、印诸先生在四马路昼锦里口，聚丰园会议合资办法，并进行成立有限公司，议定原发起人每股照原数升为七倍。共计资本五万元。"②

夏瑞芳等人创办时总投资 3750 元，此时升值后为 26250 元，5 万元的差额部分则由张元济、印有模共同出齐，计 23750 元。

这次增资，意义非凡，商务印书馆从此开始了"凤凰涅槃"式的改变。最有意义的变化有以下几个方面：

一是夏瑞芳完成了资本和人才的首次聚集，设立编译所并聘请翰林出身的大学问家主持的愿望得以实现。

二是张元济借由出版振兴基础教育事业的理想开始付诸实施，先以资本试水，接下来就是全身心的投入。

---

① 罗耀九主编：《严复年谱新编》，鹭江出版社 2004 年版，第 146 页。
② 高翰卿：《本馆创业史》，《商务印书馆九十五年》，商务印书馆 1992 年版，第 6 页。

三是与商务渊源越来越深的印有模加盟，为商务印书馆下一步实施的大手笔资本运作奠定了良好基础。

第四点尤为重要，商务印书馆自此更名为股份公司，传统家族式企业的模式一举改变，开始具备现代企业的雏形。

二、组建编译所

组建编译所，是夏瑞芳将商务印书馆从印刷厂转型为出版企业的至为关键一步，也是他"筑巢引凤"的一着妙棋。

（一）编译所创办初期

蒋维乔在《夏君瑞芳事略》一文中提到夏瑞芳关于设置编译所的初衷："越三年，拳乱既定，清廷复行新政，广设学校，君以为国民教育，宜先小学，而教科书为尤亟，乃于印刷所外，兼设编译所。"[①]

1902 年始，受时局影响，兴办教育，开启民智成为社会风尚。清廷在朝廷有识之士的推动下，也开始关注教育，并颁布谕令，创办京师大学堂，继而要求各省的书院都改办为高等、中等和小学堂。在政府的倡导之下，新式教育兴起，一时间，教科书和各学科的启蒙导读书籍成为稀缺资源，供不应求，市场前景大好。上海作为当时引领新文化风气的大城市，出版印刷产业也较其他省市更为兴盛，同时各

---

① 蒋维乔：《夏君瑞芳事略》，《商务印书馆九十年》，商务印书馆 1987 年版，第 4 页。

出版印刷机构也都纷纷涉足教科书和教育书籍的翻译和出版。包天笑在《钏影楼回忆录》里提到，他熟悉的金粟斋译书处、启秀编译局等，当时都有组织地进行教育书籍的编译工作。对市场需求非常敏锐的夏瑞芳，面对新的发展机遇，自然不会错过。

当时的编译机构，都喜欢请翰林出身的大知识分子出面主持。章锡琛回忆当时的情景，提及商务"设立编译所，不能没人主持。从前上海石印书盛行时代，大规模的印书局如点石斋、同文书局等，多数有编校机构，聘请翰林出身的文士主持，编校人员都是举人或秀才出身，因而他们认为也非有翰林做所长不可"[1]。

夏瑞芳请得张元济加盟，又在长康里设立了编译所。[2] 但此时张元济虽然入股商务，他在南洋公学的职务却一时不得脱身，只能是以股东身份，在业余时间帮商务做些谋划。夏瑞芳成立编译所后，缺乏一位资历、学问、地位和人望俱高的人居中主持。张元济在这方面无疑是最合适的人选，又与夏瑞芳颇有交谊，权衡之后，张在自己无法分身的情况下，推荐好友蔡元培担任编译所所长。[3] 据章锡琛记载：

---

[1]　章锡琛：《漫谈商务印书馆》，《商务印书馆九十年》，商务印书馆 1987 年版，第107 页。

[2]　商务的编译所地址屡有变迁。起先在北京路北、贵州路西的长康里筹备建立编译所，1902 年遭遇火灾后，在北福建路自建厂房，在厂房对面唐家街（弄）租屋三间设立编译所。1903 年 1 月，编译所由唐家街（弄）迁移至北福建路东的蓬莱路，1904 年 10 月 8 日又迁至美租界新衙门东首祥麟里间壁成字一千三百六十四号（旧爱国女校新屋内）。

[3]　有学者认为蒋维乔的文章《编辑小学教科书之回忆》提及蔡元培担任过编译所所长只是孤证，且张元济在 1920 年手写的编译所职员名单里没有蔡元培，以此推断蔡元培没有担任过商务印书馆编译所所长（周武《商务印书馆的上海岁月》、张人凤《蔡元培为商务印书馆第一任编译所所长说质疑》）。其实，蒋维乔 1903 年进馆，即为商务编译所编辑教科书，并为常任编辑员，亦是商务编译所元老，对从事教科书编辑工作的前后情形应是清楚的，故其所忆所记当为可信。章锡琛的《漫谈商务印书馆》一文中亦说蔡元培是兼职。蔡元培是兼职而未列入编译所职员名单，也说得通。

"但这时的翰林多数是不懂新学的旧派，只有像菊老①那样才是理想的人才，但他现任译书院长，又不敢向他提出，只得请他推荐。蔡子民当时正在上海从事革命活动，他也是翰林，曾因印刷刊物与商务有过交往。这年南洋公学发生学潮，退学的一部分学生和反对当局的进步教师，另办一所学校，名为'爱国学社'，推蔡子民为'经理'，主持校务，菊老将他推荐给商务，经过几次商协，他同意兼任，但仍然住在爱国学社。"②

张元济之所以推荐蔡元培，有多重考量。一是却不过夏瑞芳的诚意恳求；二是与蔡元培私交甚笃；三是张、蔡在教育思想方面较为一致，也对以出版推动教育的事业颇为看重；四是夏、张、蔡三人有一个共同点，即都重视教育。

蔡元培并不是一般人物，虽然当时还没出任北京大学校长，但在士林中人望甚高，他能够答应张元济，兼任于发展初期的商务印书馆编译所所长，与二人的深厚交谊有很大关系。

蔡元培和张元济，都堪称学界泰斗，两人对于近现代中国教育文化事业的贡献，无疑是巨大的。对于蔡、张二人，各自一生中历时最久、交谊最深的朋友，对方之外，似乎难以找出第二人选。他们两人，有着"五同"的关系：第一是同庚，他们都出生于同治六年；第二是同乡，两人都是祖籍浙江，蔡原籍绍兴县，张原籍海盐县；第三是乡试同年，都在光绪十八年考中进士，并一起被点为翰林院庶吉士；第四是同事，两人一度同在南洋公学任教，蔡任特班总教习，张

---

① 张元济字菊生，商务人尊称为"菊老"。
② 章锡琛：《漫谈商务印书馆》，《商务印书馆九十年》，商务印书馆1987年版，第107页。

任译书院院长；第五是一同创办了《外交报》。[①] 后来还有第六同，就是先后都担任过商务印书馆编译所所长，不过蔡元培任职时间短，且是兼职。

蔡、张二人有很多相似之处，旧学功底深厚自不必说，二人还都提倡新学，倡导开启民智，重视基础教育。教育理念上的不谋而同，更为他们在事业上的合作提供了多种可能。

人才、机构、目标都已齐备，夏瑞芳的教科书事业开始起步了。蔡元培此时虽为兼职，但为商务印书馆编译教科书的事情还是费了很多心力。据学者汪家熔的说法，夏瑞芳聘请蔡元培担任编译所所长，主要是帮助蔡元培解决爱国学社的经费问题。在蔡元培担任南洋公学特班总教习期间，南洋公学发生"墨水瓶事件"[②]，蔡元培义愤填膺，率领因此事件退学的学生和同情学生的老师成立"爱国学社"。南洋公学是官办，有公费支持；爱国学社是自办。"爱国学社刚一成立，马上遇到经费问题，还有一些学生完全不能依靠家长。所以不是一个小数。蔡先生马上想到菊老。菊老遇到钱的问题自然找夏瑞芳。夏老板二话不说，但商务印书馆此时已是股份公司，支付的钱不能少，账面上如何处置，要好交代。于是商务印书馆开始有了所长——给蔡先

[①] 高平叔：《蔡元培与张元济》，《商务印书馆九十五年》，商务印书馆1992年版，第558页。

[②] "墨水瓶事件"：1902年11月5日，南洋公学五班上课时，文科教习郭镇瀛发现师座上有一个洗净的墨水瓶，认为这是学生有意捉弄，讥笑他"胸无点墨"，遂严加追查。经威胁，五班有一学生诬告此瓶是伍止钧所放。13日，校方应郭的要求，公告开除伍正钧。全班学生哗然，要求取消开除令并辞退郭姓教员。校方却不问情由，宣布开除五班全体学生。此举激起全校学生公愤。学生推选代表请求校方收回成命，校方不允。全校学生决定全体退学以示抗议。校方请特班总教习蔡元培出面调解，但蔡元培要求面见盛宣怀遭拒，调解失败，蔡元培愤而辞职，率二百余名学生和部分教员离开了南洋公学。

生'编译所长职衔'。"①

当时夏瑞芳和商务印书馆聘请蔡元培主持编译所的事务，虽说是"高攀"大知识分子，但是也要承担风险。彼时的蔡元培，章锡琛称其为正在"从事革命活动"，是爱国学社（学校）总理。蔡元培等人发起成立的爱国学社，具有反清倾向，并且是辛亥革命活动的联络机关。虽然蔡元培是翰林出身，但此时尚未执掌北大，名声未显，更有这层"革命者"的危险因素。夏瑞芳赞同以高规格礼遇蔡元培，既是出于对张元济和蔡元培等人的尊重，也因为自己对于时局和社会进步力量的认识高于一般市民阶层，故对潜在的危险并不在意。这种过人的魄力和胆识，也给蔡元培留下了深刻印象。据包天笑的记载，包和友人在戊戌变法之后为纪念谭嗣同，并宣传其学说和思想，曾计划将谭的遗著《仁学》付印，苦于经费不足，找了多家印厂谈条件，最后找到商务印书馆的夏瑞芳。夏瑞芳给了他较低的印制价格，达成交易。当包天笑告诉夏瑞芳，这是一部禁书，作者谭嗣同刚被清廷杀害等事实时，夏瑞芳说："没有关系，我们在租界里，不怕清廷，只要后面的版权页，不印出那家印刷的名号就是了。"②这种不怕事、敢冒险的器识和胆魄，正是夏瑞芳能够一往无前、迅速成功的重要因素。当然这种性格是双刃剑，后来也给他带来困厄。

据蒋维乔回忆，张元济请蔡元培到商务印书馆兼职，还有一个紧要的原因，就是帮助夏瑞芳修改那一批重金购买但译本质量很差的日文书稿。但蔡元培接手编译书稿的事项以后，认为这一批书稿没有多大价值，向夏瑞芳提议改变方针，从事编辑教科书。据蒋维乔记载：

① 汪家熔：《晴耕雨读集——出版史札记》，人民出版社 2015 年版，第 307 页。
② 包天笑：《钏影楼回忆录》，上海三联书店 2014 年版，第 224 页。

"张（元济，本书作者注）于是介绍蔡元培为编译所长，以谋改进。依蔡之计划，决意改变方针，从事编辑教科书。"①

蔡元培的这一项建议，虽然在蔡离开前还没有成功，但它至关重要，因为编撰教科书这一重大战略发展方向，得到了夏瑞芳的鼎力支持和施行，接下来又仰仗张元济全身心投入，在后来的岁月里，极大地改变了商务印书馆的命运。

在教科书的编撰初期，虽然有蔡元培居中主持，商务却没有聘请专业人士，而是采用编辑包办的编撰方式，故首次编写并不成功，甚至遭到了编撰者之一蒋维乔的嘲笑。蒋维乔在《编辑小学教科书之回忆》里说："蔡元培任爱国学社经理，不常驻所中。且商务编译所规模甚小，虽有编辑教科书之议，亦不主聘专任人员，乃用包办方法。由蔡元培先定国文、历史、地理三种教科书之编纂体例，聘爱国学社之国文史地教员任之，蒋维乔任国文，吴丹初任历史、地理，当时之代价，每两课酬报一元。编者既乏教授上之经验，即有经验，亦不得从容研究，惟知按课受酬，事实如此，殊觉可笑。"② 这样一种连编撰者也觉得不靠谱的组织方式，又怎能编写出合格的教材呢？故编成之后审定，完全不能用，编译所诸公只得再起炉灶，重新开始。

恰在此时，中国教育会与爱国学社发生分裂。蔡元培本是中国教育会和爱国学社的发起人和负责人，爱国学社谋求独立于中国教育会，蔡元培主张"听学社独立"，但双方代表大闹分立，难以弥合，

---

① 蒋维乔：《编辑小学教科书之回忆》，《商务印书馆九十年》，商务印书馆1987年版，第57页。

② 蒋维乔：《编辑小学教科书之回忆》，《商务印书馆九十年》，商务印书馆1987年版，第57页。

蔡元培气得不愿再管双方事端，辞职离开上海，前往青岛。蔡走后，教科书的编撰工作不能无人主持。夏瑞芳的视野所及，除了张元济，找不到更合适的编译所所长人选了。此际，为了商务印书馆，为了中途搁浅的"最新教科书"，夏瑞芳必须去邀请张元济了。

（二）张元济入主编译所

关于夏瑞芳请到张元济加入商务印书馆，有一则流传甚广的小故事，不妨抄录两个版本。

章锡琛在《漫谈商务印书馆》一文中说："蔡子民去后，编译所没有所长，夏瑞芳决计向张菊老请求。菊老任译书院长的月俸只一百两，夏为了表示诚意，愿意供给月薪三百五十元。菊老很受感动，并且觉得在南洋公学无事可为，出版事业较有发展的前途，允许担任所长职务，1903年辞去院长，正式进馆。"[1]

陈叔通在《回忆商务印书馆》一文中记述："……终于时机成熟了，夏有一天便与张开谈，问张既在译书院不得意，能否离开，我们来合作，张说你能请得起我这样大薪金的人吗？夏说你在译书院多少薪金，我也出多少。于是双方言定，夏管印刷，张管编书。"[2]

这样的说法，似乎过于强调"大薪金"的作用，记述者言之凿凿，也有人不以为然。不过夏瑞芳和张元济这两位商务印书馆早期的双子

---

① 章锡琛：《漫谈商务印书馆》，《商务印书馆九十年》，商务印书馆1987年版，第108页。
② 陈叔通：《回忆商务印书馆》，《商务印书馆九十年》，商务印书馆1987年版，第133页。

星座，在谈成合作时有这么一段故事广为流传，并非坏事，而且这则故事，至少有两处合情合理的地方：第一，它揭示了夏瑞芳求贤若渴、魄力非凡的一面，只有这种大企业家的胸怀和格局，慧眼识才，重金求才，才能打动张元济加盟；第二，张元济翰林出身，有兼济天下苍生之志，社会地位也很高，其能俯就商务印书馆编译所，并非为"大薪金"，这从他之前的简朴生活和之后在商务的取酬用度，都不难识别，张元济追求的，还是他的理想，所谓"吾辈当以扶助教育为己任"。在这一点上他与夏瑞芳达成了共识，所以他义无反顾，马上辞去南洋公学的职务，"故向书林努力来"，一门心思做出版。

当初张元济刚到南洋公学时，是准备在翻译和出版方面甚至在教育方面做一番事业的。1901 年初他接任南洋公学代总理，做事的平台和空间更大了。首先他借助严复的见识和翻译能力，推出了严复的译著多部，为开启民智、引导启蒙贡献巨大；而且为了保障严复有好的翻译环境，支付严复非常高的版税（最高到定价的 40%）。张元济还在南洋公学开办经济特班，招收有基础且愿学西学的学生入学，意在改造一部分学生将来能从事实业，还特别聘请蔡元培为特班总教习。

然而好景不长，1901 年 4 月，张元济就向盛宣怀提出辞去南洋公学代总理的职务。

在南洋公学，张元济感到难以实现自己的教育理想。

张元济升任南洋公学代总理以后，须总揽学校事务，但同时该校还委任有一外国人福开森任"监院"，相当于教务长，但是福开森自认为有校长之权，以主人自居，事事皆管。福开森来南洋公学早于张元济，且对南洋公学也不乏贡献。南洋公学在盛宣怀筹建之初，其"上院"、"中院"大楼即为福开森设计建造，上院大楼当时被誉为"上海高校最伟大建筑"。张元济与福开森最主要的分歧在教学理念上，福开森主张完全照搬美国的教育制度和方法，张元济虽然开明，也主张学习西方文化，但不同意完全照搬，为此二人产生了不可调和的矛盾。曾在南洋公学学习和工作过的平海澜在回忆录中说："福开森那时是监院，同张先生不大对头。监院其实不是校长，而在他自己的信纸上就写 Present，Present 就是校长了。就从这一种神气也可以看到他的野心了。总之他处处都要管。学生替张先生抱不平，反抗外国人，所以就有一个学生被外国人开除。……后来张先生受了福开森的欺负，退出了。"① 张元济乃谦谦君子，面对跋扈傲慢的福开森，避让辞职在所难免，何况当时张元济的志向和事业，不可能仅限于南洋公学这一方天地。张元济在 1949 年的回忆文章中也说："当时南洋公学的监督是美国人福开森，我和他意见不合，只干了几个月就辞职了。"② 张元济向盛宣怀提出辞呈后，盛未允，直到 1901 年 8 月才辞掉代总理，专任译书院院长。

张元济在南洋公学时日稍久，办事渐多，官办学校的衙门作风和各种牵制让他倍感无奈，难有作为。张元济接任南洋公学代总理之后，曾聘吴稚晖主持外院（附属小学）事务。吴稚晖举人出身，会试落第后曾先后在江阴南莆书院、北洋公学任国文教员。吴来南洋公学后不久就与张元济产生严重分歧。首先是 1901 年 4 月，因义和团事

---

① 《平海澜关于南洋公学的回忆》，《辛亥革命回忆录》（四），中华书局 1963 年版，转引自汪家熔：《中国近现代出版家列传·张元济》，上海辞书出版社 2012 年版，第 54 页。

② 《戊戌政变的回忆》，《张元济全集》（第 5 卷·诗文），商务印书馆 2008 年版，第 235 页。

件而被慈禧处死的清廷五大臣中三位浙江籍大臣的灵柩经过上海时，
吴稚晖建议全体师生随行执绋。张元济认为此举会影响学生学业，加
以劝阻，吴稚晖便以辞职相威胁，最后张元济只得亲率公学师生参加
路祭。随后吴稚晖又因组织"卫学会"，与学校当局起冲突，公学开
除学生十余人，矛盾激化，师生纷纷出走，致使"学中有志之士，因
是去者十七八人"。张元济既同情学生，又要代表校方执行公务，内
心郁结，更加厌恶官办学校之作风，离开是必然结果。

与此同时，张元济对清王朝已彻底失望。

自戊戌变法失败以后，张元济已逐渐看清清政府的本质，预感其
气数将尽，不再有为朝廷效力的意愿。1898 年 9 月 23 日他在致好友
汪康年的信中说："近来更心灰意懒，直不欲与闻人间事矣。"① 不久又
有清政府外务部尚书、军机大臣瞿鸿禨拟保张元济出任外务部职务，
张元济予以回绝，并称"以吾辈入官，本无可贺之理也"②。还有一次
辞官是在 1905 年，学部奏调张元济任学部参事厅行走，张元济复函
汪康年表示不愿意入京。③ 张元济此前受到清廷革职永不叙用之处罚，
虽保全性命，但对清廷的失望和戒备之心再难改变，所以对朝廷官职
一辞再辞，也是情理之中。不过他对朝廷的洋务派和有见识的开明官
员并不排斥，如对于帮助过他的盛宣怀和李鸿章，甚至还寄予厚望。
1900 年义和团运动兴起，八国联军入京，清廷拟与八国联军议和，
召李鸿章北上。李途经上海时，张元济求见并劝李鸿章不要再为清廷
效力。张元济曾在回忆中记述此事："八国联军陷北京，西太后和光

---

① 《张元济书札》，商务印书馆 1981 年版，第 46 页。
② 《张元济书札》，商务印书馆 1981 年版，第 48 页。
③ 《张元济书札》，商务印书馆 1981 年版，第 51 页。

绪避难西安，一面叫李鸿章北上议和。李经过上海时，我去见他，劝他不必再替清廷效力了。他对我说：'你们小孩子懂得什么呀？'又说：'我这条老命还拼得过。'"①

这一时期，张元济的教育理念有新的变化。

张元济通过多年的教育实践、对西方强国的观察，以及对中国当时社会现状和国家积贫累弱原因的深刻洞察，逐渐认识到基础教育对于国家强盛和民族振兴的重要意义。1902 年张元济在《答友人问学堂事书》中说："德被法败，日本维新，均汲汲于教育之普及者。无良无贱，无智无愚，无少无长，无城无乡，无不在教育之列也。本此意以立学，则必重普通而不可言专门，则必先初级而不可亟高等。"②由此可以知道张元济教育思想的改变，原来认为引进西学、有知识精英承担社会改造使命，就能富国强兵，改变国家和民族的命运，但是看到甲午之战的惨败、戊戌变法的夭折、义和团的悲剧命运，张元济的教育理念逐渐摒弃急功近利的一面，想从长远着手，希冀以提高人民大众的知识水平为首要，认为人民摆脱愚昧，才能摆脱贫穷，才能认识自我和改造社会，才可能有民族自尊心和现代公民意识。即如他所说，"教育之方，莫先蒙养"。

秉持普及基础教育之理念的张元济，曾在南洋公学代总理任上致书盛宣怀，历陈小学教育的重要性，有意将南洋公学的"外院"（小学）予以扩充，未获积极回应。道不同不相与谋。张元济因此明白，南洋

---

① 《张元济全集》（第 5 卷 · 诗文），商务印书馆 2008 年版，第 236 页。

② 《答友人问学堂事书》，《张元济全集》（第 5 卷 · 诗文），商务印书馆 2008 年版，第 23 页。

公学并不是他实现教育理想的地方。张元济更大的苦恼在于，要发展基础教育，旧学完全不对路，西学也不可能直接植入中国；做教育必须有教材，可放眼当时之中国，连一本像样的基础教材都没有。如欲实现自己的教育理想，必须编撰出版新式教科书，而当务之急是找到适宜的平台。

实际上，在1901年张元济筹集巨资入股商务印书馆之时，他就已下定决心离开官办机构南洋公学了，投身商务是迟早的事。蔡元培突然离开，夏瑞芳诚挚邀请，所以张元济不再犹豫，开始全身心地投入出版事业。

关于张元济具体的入馆时间，亦有踪迹可寻。张元济1903年2月18日有一封回复梁鼎芬的信，信中说："昨奉皓电，敬译诵悉。公与午帅（指端方，端方字午桥，时代理湖广总督，本书作者注）雅意殷拳，元济何敢再三坚执。惟自客岁辞退南洋公学译书院后，复为友人招办编译之事。近已启馆，未便擅离。异日遇有机缘，定当抠衣晋谒。方命之罪，幸乞鉴原。顷由赵竹翁处交到午帅赐电一纸，除迳复外，并祈婉达下悃，为荷。"[1] 在此之前，端方和梁鼎芬曾先后邀请张元济至麾下任事，张元济回信婉拒。信中"客岁"即1902年，"复为友人招办编译之事"是指夏瑞芳请他到商务主持编译所，"近已启馆，未便擅离"是张元济婉拒二人的理由。由此可知，张元济是在1903年2月前后正式进入商务印书馆的。

虽然现在无法确知夏瑞芳与张元济商谈的细节如何，但最终的结果是：印刷工人出身的夏瑞芳，请到了翰林出身的张元济入馆主持

---

① 《张元济全集》（第3卷·书信），商务印书馆2007年版，第230页。

编译所。从此，这对事业上的黄金搭档，开始了长达十余年的紧密合作，商务印书馆踏上了全新的发展征程。

（三）编译所的发展

编译所的成立，为教科书的成功奠定了人才基础，夏瑞芳在馆内条件极为简陋的情况下，尽一切力量为编辑们提供较好的待遇，使编译所的秀才们能人尽其才，发挥出巨大的能量。

1902 年的商务印书馆，各方面条件相当简陋，当时分为编译所、印刷所、发行所三所办公，且不在一处。蒋维乔曾撰文谈及此时的三所状况："是时商务有北京路之发行所，及北福建路之印刷所，瑞芳乃就印刷所旁住宅中，辟屋三间为编译所，请张主持其事，并请其入股。"[①] 按照高凤池的回忆，张元济入馆以后，在长康里设编译所办公，"起初请几位先生翻译东西各国科学书籍"[②]。长康里就在北福建路附近，当时编译所条件很不好，后来又搬到唐家街，条件稍有改善。

即便如此，编译所的编辑都认真做事，秩序井然。包天笑在回忆录中对此时的编译所有生动的描述："这个编译所规模可大了，一大间屋子，可能有四五十人吧？远不同我从前所游历过的那些编译所，每人一张写字台，总编辑的那张写字台特别大，有一个供参考用的书库。既不像叶浩吾那个'启秀编译所'的杂乱无章，又不同蒋观云那个'珠树园译书处'的闭户著书的型式。虽然这个大厦聚集许多人，

---

① 蒋维乔：《创办初期之商务印书馆与中华书局》，载张静庐辑注：《中国现代出版史料丁编》（下），上海书店出版社 2003 年版，第 396 页。

② 高翰卿：《本馆创业史》，《商务印书馆九十五年》，商务印书馆 1992 年版，第 6 页。

却是鸦雀无声，大有肃穆的气象。"① 包天笑在编译所工作一段时间以后的感受是："我觉得这一个编译所，像一个学校里的课堂。张菊老似一位老师，端坐在那里，披阅文稿，也难得开口；编译员似许多学生，埋头写作，寂静无哗，真比了课堂，还要严肃。"②

张元济加盟商务之后，就着手为商务延揽人才。在编译所成立初期由张元济陆续推荐进馆的重要人才，1902 年有高凤岐、夏曾佑等，1903 年有蒋维乔、庄百俞、高梦旦、严保诚等，1904 年经蔡元培推荐引进杜亚泉（原名炜孙）等。张元济在《涵芬楼烬余书录·序》中说："余既受商务印书馆编译之职，同时高梦旦、蔡子民、蒋竹庄诸子咸来相助。"③ 真实记录了大学者们热情加盟或帮助商务的盛况。有学者称"编译所的成立使商务在同业中占有绝大优势。又有高梦旦从事协调，破除文人相轻的陋习，各人发扬专长，又互相切磋，书稿质量自高于同业。商务自此继印刷后在出版上也站住了脚；同业也纷纷仿效，推动了出版业的进步"④，实为中肯之论。

编译所的内部组织，有三个部门一直是常设机构：国文部、理化数学部、英文部。而此际引进的编辑人才，也主要分置于这几个部门。如聘任高梦旦为国文部主任，聘任杜亚泉为理化数学部主任，聘任"海归"邝富灼（英文十分流利，中文却不太会讲）为英文部主任。有趣的是，这三位主任，高梦旦是福建人，邝富灼是广东人，杜亚泉是浙江绍兴人，平时讲话各说各的方言，几乎不能对话，如同现

---

① 　包天笑：《钏影楼回忆录》，上海三联书店 2014 年版，第 89 页。
② 　包天笑：《钏影楼回忆录》，上海三联书店 2014 年版，第 91 页。
③ 　《张元济全集》（第 8 卷·古籍研究著作），商务印书馆 2009 年版，第 145 页。
④ 　汪家熔：《商务印书馆之最——略举其对文化的贡献》，《商务印书馆一百年》，商务印书馆 1998 年版，第 290 页。

在不通外语的人面对老外的尴尬，有时需要交流，必须由他人传译或采用笔谈，这种场景，让人忍俊不禁。①此外，张元济还聘请蔡元培、陈独秀在馆外为特约编辑。这些人都是时代俊杰，思想进步、眼界开阔、才学出众，是商务印书馆第一代编辑的杰出代表，整体素质都很高。在张元济的带领下，极大地增强了商务印书馆在策划、编辑和翻译方面的实力。

这一段时期的编译所，由张元济主持，在编撰教科书的同时，不停地筹划和实施新的选题，主要是为着实现开启民智、教育救国的出版理想，翻译新学、介绍新知。据汪家熔先生记载：

> 1902 年至 1903 年 10 月，张元济主持时期，包括 1901 年下半年，即张元济开始投资后，即中日合资前，大约出书 90 多种，大量的是历史、政治、经济类的书，即"西学"范围，并以丛书形式。计《政学丛书》16 种，《财政丛书》《商业丛书》各 3 种，《帝国丛书》5 种，《历史丛书》13 种，《战史丛书》5 种，传记 4 种，地理 1 种，地图 2 种，普通学 7 种，小说 4 种，这些大都译自日文。另有期刊型连续出版物（不定期）《绣像小说》1 种 30 多辑。还有些杂书，包括 1 套蒙学语文读本。1901 年下半年出版了 2 种和以前配套的外语读物后不再出新版外语读物，这意味着这一时期出版方向有所变化，以"西学"书为主。②

---

① 郑贞文：《我所知道的商务印书馆编译所》，《商务印书馆九十年》，商务印书馆 1987 年版，第 203 页。

② 汪家熔：《商务印书馆史及其他》，中国书籍出版社 1998 年版，第 99 页。

1903 年，商务还出版了严复翻译的赫胥黎《天演论》、穆勒《群己权界论》、斯宾塞尔《群学肄言》、甄克思《社会通诠》，林纾翻译的《伊索寓言》，蔡元培翻译的《哲学要领》等。[①]

从社会效益的角度看，这一时期的出版物开风气之先，翻译介绍西学，特别是政法书籍，以适应时代对于国体、政体的关心和讨论。尤为重要的是，编译所自张元济执掌之后，担负起作为出版企业龙头部门的作用，体现出以出版策划和内容引领出版企业发展的现代出版模式。

不过以经济效益来考量这一时期的出版物，则并无可观。1901年夏，张元济、印有模入股商务，商务总股本是 5 万元。1903 年 10月中日合资时，商务总股本增至 20 万元，日方 10 万元，商务添资 5万元后方达到股本 10 万元，那么原有股本仍是 5 万元，两年来并无增益，说明这段时间的经济效益并不好。

编译所的组建和发展，标志着商务印书馆的重大改革和转机，依托一流编辑和一流的作者队伍，商务从此开始成为内容资源的掌控者。

三、合资金港堂

1902 年 7 月，商务印书馆厂房失火重建。在建之际，与日本著名出版企业金港堂的合作机遇来临。

[①]　《商务印书馆历年大事记要（1897—1962）》，《商务印书馆九十五年》，商务印书馆1992 年版，第 709—710 页。

（一）金港堂

1902 年张元济和印有模加盟之后，商务印书馆在出版品种和规模方面虽有较大扩张，但前后三年间在企业赢利和资本增值方面仍无大的起色。在大变革时代，文化和出版产业的发展不缺机遇，就看有没有具备战略发展眼光的企业经营者，能敏感地发现、捕捉和把握这种机遇。

夏瑞芳执掌的商务印书馆，在重大机遇的把握上，又走到了同行的前面。

这一次帮助商务印书馆牵线的，是刚刚入股商务的股东印有模，之前他曾给商务牵线，收购修文书馆。

印有模入股商务后，仍在纱厂做老板，经营日本布匹，利润可观。在当时，日本通过《马关条约》取得了在华最惠国待遇，经营日货能获得比经营欧美国家货物更大的利润。印有模在与日本商人打交道的过程中，和日本三井洋行的上海支店长山本条太郎关系密切，并与山本合资开办了两座较大规模的纺纱织布厂。

这位山本条太郎，是日本金港堂书店老板原亮三郎的三女婿。关于金港堂方面与商务的接触，通行的说法是，1903 年，山本条太郎受其岳父原亮三郎委托，在上海寻找出版方面的合作伙伴。山本条太郎找到印有模，印有模已是商务股东，理所当然首先推荐商务印书馆。

金港堂由岐阜人原亮三郎于 1875 年在日本横滨弁天通创办，创办第二年迁至桥本市，以出版和销售小学教科书和教具为主。由于原亮三郎等人的战略定位准确，经营得法，广开门路，企业迅速取得成

功。至 1877 年（明治十年）末，已成为日本首屈一指的一流教科书
出版公司和销售商。1884 年，原亮三郎聘请高等师范学校教授三宅
米吉赴欧洲、美国考察，三宅归国后，以他为中心组建编辑部，并聘
请一批日本教育界知名人士担任编辑，从事中小学教科书的编撰，也
兼顾社科类图书的编辑出版。自此，金港堂的发展更上一层楼，特别
是在教科书出版方面的地位和影响力，无人匹敌，成为日本最大的教
科书出版机构。

　　然而好景不长。1886 年，日本开始实施小学教科书检查制度，
规定凡是未经过文部省检查通过的教科书，一律不允许各府县学校采
购使用。这样一来，集中在东京的许多较大规模的教科书出版公司，
开始了异常残酷的激烈竞争。由此导致为让教材检查通过和府县学校
采购使用的贿赂行为屡屡发生，金港堂作为最大规模的教科书出版公
司，在教科书贿赂行为中难以独善其身，这几乎给金港堂带来灭顶
之灾。

　　金港堂 1892 年成为股份公司，原亮三郎作为创始人成为公司的
最大股东。1900 年，原亮三郎的长子原亮一郎接任社长一职。一郎
接任后不久，1902 年 12 月 17 日，日本爆发"教科书丑闻"①。这次事
件爆发后，共有 152 人被起诉，被告中有出版商、学监和日本文部省
参考书审查官以及文学界有声望的人物。这些人被控收受贿赂、偏袒
出版商等罪名。审判一直持续到 1904 年 6 月才告一段落，计有 116
人被判刑，引发日本社会各界高度关注。金港堂管理层为了摆脱教科
书贿赂案造成的巨大困境，特别是为给金港堂公司中被卷入贿赂案牵

---

① 杨扬：《商务印书馆：民间出版业的兴衰》，上海教育出版社 2000 年版，第 29 页。

连受审的当事人找到新的出路，大约在 1903 年间由原亮三郎决定在上海寻找合适的合作人进行投资。

关于金港堂到上海投资的原因，日本学者樽本照雄有不同的看法。他认为，金港堂的负责人原亮三郎来华投资，下决心要更早，并不是因为教科书事件的激发，而是教科书事件延缓了原亮三郎来华投资的进展，而且，原亮三郎早在 1901 年就已与商务印书馆达成合作意向。樽本照雄说："原亮三郎有一个夙愿，就是在中国为中国人编辑出版教科书。跟商务印书馆合资经营以后，为了实现自己的夙愿，原亮三郎首先要全面地帮助商务印书馆在编辑印刷经营等方面实现近代化。"[①] 樽本照雄述及原亮三郎来华投资出版业的原因时认为，当时的中国出现了翻译出版外国图书的热潮，很多日本出版社也到中国创办书店，原亮三郎也因此动心，"1899 年原亮三郎已有了具体计划。他准备在中国编辑小学读本，1900 年关于教科书他还征求过在日华学堂学习的中国留学生的意见"[②]。这样的解释值得关注和进一步研究，因为金港堂的专家和技术人员对于商务后来编印教科书帮助很大，此举究竟是原亮三郎的"夙愿"，还是因教科书事件引发，以及原亮三郎在更早的时间是否已有"具体计划"的佐证资料，尚待发掘。

（二）商务的需求

在金港堂急切寻求合作伙伴的同时，商务印书馆也正处于缺乏资金和技术的时期。

---

① ［日］樽本照雄：《清末小说研究集稿》，齐鲁书社 2006 年版，第 219 页。
② ［日］樽本照雄：《清末小说研究集稿》，齐鲁书社 2006 年版，第 223 页。

1902 年 7 月，商务印书馆在北京路的厂房失火，损失不小。侥幸的是，夏瑞芳有先见之明，事先购买了保险，火灾后得到了保险公司的赔偿，不致陷入灭顶之灾。夏瑞芳用这笔补偿款在福建路的海宁路购买地块，筹建新的印刷工厂，又将发行所搬到了河南路，商务印书馆的运营得以继续。但是经此火灾再重建，所需资金量大，要想有所作为，图谋更大的发展，必须解决资本短缺的问题。特别是自 1902 年开始，夏瑞芳采纳蔡元培的建议，决定编撰出版教科书，更需要大量的资金投入。

此时的商务印书馆，在设备和印刷技术方面，虽然经过努力达到了一定的水准，但在新技术的采用和革新方面，远远落后于日本企业，当时只能做铅印，铜锌版还不能做。夏瑞芳、鲍咸昌等人是印刷行家，他们为求得印刷技术的进步，希望与日本企业合作，是情理之中的事。高凤池后来谈及与日本人合资的原因时说："本馆虽说是粗具规模，但是本馆所有印刷工具能力，只有凸版，相差很远，万难与日人对敌竞争。权益轻重只有暂时利用合作的方法，慢慢的再求本身发展，可以独立。"[1] 在印刷方面，还有一个中日印刷质量差异的背景值得注意。当时中日民间来往密切，文化交流频繁，日本人到中国来办学，在中国的很多用书是送到日本印制再运回国，颇费周章。这主要是因为日本的印刷技术好，同时海运相对便宜。即便如此，这样烦琐靡费、耗时又长的印书运书过程，也是中国出版印刷企业所不愿看到并希望尽快改变的。

自 1901 年到 1903 年 10 月商务与金港堂合资时，商务印书馆的

---

[1]　高翰卿：《本馆创业史》，《商务印书馆九十五年》，商务印书馆 1992 年版，第 8 页。

资产增值缓慢，所出版图书基本未获得预期利润，发展遇到了瓶颈。翻检当时商务印书馆出版的图书，如"帝国丛书"7种、"政学丛书"16种、"历史丛书"13种、"说部丛书"9种、"战史丛书"5种等，这些书从国外译介进来，所费不菲，但是读者并不买账。就拿"帝国丛书"来说，这7种图书分别是《明治政党小史》、《扬子江》、《埃及近世史》、《帝国主义》、《各国宪法略》、《各国国民公私权考》、《近世陆军》，这样内容的图书在那个时代，曲高和寡，感兴趣和能读懂的读者不多，肯定难以获利。当时，商务的教科书编撰正处于探索时期，企业发展处于徘徊不前的状态。

困难常常和机遇相伴生。此时的商务印书馆，已具备了很多其他印刷企业没有的优势，这也是日本金港堂能与商务达成合作的最具说服力的筹码。

首先是商务的人才优势。商务有夏瑞芳这样头脑机敏的经埋，中层骨干鲍氏兄弟等都是懂印刷技术的人才，以张元济为代表的诸多知识分子的加盟，更使商务成为人才荟萃的出版机构。这样的企业，酝酿着新的生机和活力，这正是合作者所需要的。

其二，商务重视技术和质量。对印刷技术和出版工艺的重视和精益求精，不仅是夏、鲍诸人创业之初的追求，张元济等一批大知识分子同样也高度重视技术的革新和工艺的提升，且常常亲力亲为，为商务考察先进设备和物料，以提高印刷质量。1900年收购修文书馆后，商务的设备和技术上升了一个档次，也为下一步的合作奠定了基础。

其三，商务已有较强的品牌影响力。商务印书馆1901年更名为股份公司，开始具备现代企业的雏形。依托于此前的《华英初阶》、《华英进阶》、《华英字典》等书的畅销，商务在市场上确立了一定的影响和地位，加上印刷技术和质量的良好口碑，品牌效应逐渐显示出来。这些本土的品牌优势，对金港堂来说，是开拓中国市场急需的条件。

1903 年的金港堂，正处于在日本国内无法立足、需要向外寻求生存机遇的关键时期，中国市场则是首选。商务有此基础，对金港堂来说有特别的吸引力，借由商务在上海开展他们熟悉的业务，比自己另起炉灶要简单省事，也更有把握。而且金港堂有自己的经验和技术，更不乏专门人才，这些方面的水准比之商务更胜一筹，能够相互借力，正是互惠合作的关键前提。

曾长期在上海天安堂担任牧师的张孝基，在回忆这段合作历史时，提供了更为丰富的信息："……当时北京路商务印书馆被焚，即领到保险费 12 万两银子。于是利用此款即在海宁路造屋建厂，营业逐渐发达，以致资金运转不灵。其时适有日本人拟在上海开设印书房，往访美华书馆费启鸿研究，经费启鸿告诉日人：'30 万两银子在上海开印刷厂，开不大的，不如投资与商务印书馆合作更好。'"① 这里特别有意思的是美华书馆负责人费启鸿先生的态度，鲍咸昌、高凤池等人本为费启鸿的学生和徒弟，费对他们辞职自己创办印刷企业不但没有反对，还一直给予大力支持。日本金港堂诸人来华投资出版印刷业，美华书馆和商务印书馆又会多一个强劲的竞争对手。但是费启鸿很智慧地向金港堂负责人提出了与商务印书馆合作的建议，对日资加入商务应有促进作用。这样的结果，既化解了一个竞争对手，又帮助了商务，可谓一举两得。

---

① 张孝基：《商务印书馆开办之初》，《20 世纪上海文史资料文库》(6)，上海书店出版社 1999 年版，第 209 页。

（三）商务与金港堂达成合作

夏瑞芳从印有模处及时获知日本金港堂欲在上海寻求合作伙伴时，非常积极主动地推进合作进程。高凤池的回忆再现了夏瑞芳与金港堂洽谈合作的过程："当时金港堂托上海三井洋行经理山本君调查并计划，山本的夫人是金港堂主的女儿，所以也是金港堂的股东，在金港堂方面是有点势力，并且极为信任的。山本同夏瑞芳、印锡璋二先生都很熟悉，谈起之后，山本倒有意同本馆合办。当时本馆鉴于中国的印刷技术，非常幼稚。……遂由山本介绍议定，由日方出资 10 万，本馆方面除原有生财资产，另加凑现款亦并足 10 万。这是商务与日人第二期关系，并聘请日本技师襄助印务。但所定条件并不是事事平等的，我们方面有二个主要条件：一是经理及董事（应为董事长，本书作者注）都是中国人，只举日人一人为监察人。二是聘用的日人随时可以辞退。"[①] 其时夏瑞芳之所以如此积极推进与金港堂诸人的合作，还有一个非常重要的考量，那就是以合作的方式来消除一个强大的竞争对手。因为夏瑞芳在请到张元济加盟之后，雄心勃勃，欲大展身手，特别是在教科书编撰出版上大力投入。此时金港堂携资金、技术和人才诸多优势出现在上海滩，他们在教科书领域是行家里手，如果自立门户，坐大之后肯定是强有力的竞争对手；设若与其他机构合作，更能借助本土企业之优势对商务形成巨大威胁。这些不利因素，都可因为商务与金港堂的合资而消除。

---

① 高翰卿：《本馆创业史》，《商务印书馆九十五年》，商务印书馆 1992 年版，第 8 页。作者注：原文为经理和董事都是中国人，不确，因商务 1908 年前的历届董事中都有日本人。此处应为高凤池口误，改为"经理和董事长都是中国人"，是符合实际情形的。

　　蒋维乔在《夏君瑞芳事略》中强调记述了夏瑞芳与金港堂合作的决心：“壬寅年冬，日本人原亮三郎、山本条太郎等，携巨资来上海，思营印刷及出版业。君念我国之印刷术及编辑上之经验，皆甚幼稚，非利用外资，兼取法其经验不可，遂与订约合资，改商务印书馆为有限公司，华股日股各半，而用人行政权，悉归本国人，并遵守我国商律。”① 孟森在《夏君粹方小传》中对合作的必要性也有精当分析：“壬寅冬，日本人原亮三郎、山本条太郎等，携资来沪，乘我国出版事业之需要，思得可恃之华经理而投机焉！君念我技术经验皆甚幼稚，企业之兴味尤淡，非利用外资、兼取其成法不为功。遂与订约合资，改商务印书馆为有限公司，中外股各半。用人行事，由我为政。”② 这样的合作，在中国出版企业中是开风气之先的。

　　商务总是能在行业发展的战略机遇和决策中占据先机，这与夏瑞芳的企业发展理念密切相关。孟森说夏瑞芳“规划甚远，期以出版之大公司。劝同志集巨资，营厚利。信之者无力，有力者弗深信”③。说明夏在当时的企业领导人中，是少有的具有远见卓识者。上述这些亲历者或知情者的讲述，也突出了一个事实，那就是与金港堂的合作，夏瑞芳非常积极和热心，也是促成合作的主导者。

　　1903 年 11 月 19 日（农历十月初一），双方正式达成合作协议，开始合作经营。

　　此次合资，金港堂的投资人共出资 10 万元，商务将已有资产作

---

① 蒋维乔：《夏君瑞芳事略》，《商务印书馆九十年》，商务印书馆 1987 年版，第 4 页。

② 孟森：《夏君粹方小传》，《商务印书馆九十五年》，商务印书馆 1992 年版，第 18—19 页。

③ 孟森：《夏君粹方小传》，《商务印书馆九十五年》，商务印书馆 1992 年版，第 19 页。

价 5 万元，另筹资 5 万元，成立商务印书馆股份有限公司，注册资本达 20 万元。

商务印书馆与金港堂的合作，据学者分析考证，并非与金港堂企业的合作，而是商务与金港堂的主要股东合作，是与原亮三郎等自然人的合作，[①] 这些人都是个人股东："多年来有一种说法：合资是日本金港堂和商务印书馆之间的合资。这个说法不正确。前不久曾从商务印书馆历年股东大会记录上发现了出席股东会以及代表股权名单，证明不是和金港堂这一法人合资，而是自然人投资。现在又找到收回日股时执股人清单，更证实了这点。"[②]

商务印书馆日本籍投资者名单[③]

序次	执股人姓名	执股数	备考
1	木本胜太郎	135 股	商务印刷所，原金港堂
2	长尾槙太郎	45 股	商务编译所，原金港堂
3	筱崎都香佐	88 股	上海筱崎医院院长
4	小平元	60 股	商务印刷所，原金港堂
5	原田民治	13 股	不详
6	神崎正助	30 股	三井物产
7	尾中满吾，南华记	22 股	不详
8	原亮一郎	515 股	金港堂社长原亮三郎长子
9	原亮三郎	1055 股	金港堂创业者
10	山本条太郎	764 股	三井物产，原亮三郎三女婿

---

① 汪家熔：《商务印书馆史及其他》，中国书籍出版社 1998 年版，第 14 页。
② 汪家熔：《商务印书馆史及其他》，中国书籍出版社 1998 年版，第 32 页。
③ 汪家熔：《商务印书馆史及其他》，中国书籍出版社 1998 年版，第 33 页。

续表

序次	执股人姓名	执股数	备考
11	丹羽义次	45 股	三井物产，山本条太郎部下
12	铃木岛吉	80 股	正金银行上海支店
13	伊地知虎彦	15 股	三井物产，山本条太郎部下
14	益田太郎	329 股	不详
15	益田夕夕	167 股	不详
16	山口俊太郎	383 股	实业家，原亮三郎女婿
17	利见合名会社	35 股	大贩制造，贩卖教具
	共计	3781 股	共计股本 378100 元

从上表中"可以见到执股人是很多位（不包括长尾等职工执股），频繁的过户，都说明 1903 年并不是中国商务印书馆和日本金港堂两个法人间的合资，而是原亮三郎等日人投资于商务印书馆"①。

早年留学日本，后来长期在出版界和文学界工作的章克标先生，对商务印书馆与金港堂合资的历史较为熟悉。章克标在《商务印书馆引进日资杂记》一文中提到，日本学者樽本照雄对于这件中日合资的事情颇有研究兴趣，在日本搜集资料并寻找了解内情的人。樽本照雄"因为想到中日合资，以为外交上也许有文件。特地去东京外务省的外交使馆去查公文档案，也没有收获"②。樽本照雄最后找到一家叫永泽金港堂的书店，创办人叫永泽信之助，曾在金港堂工作过 10 年，此人已去世，其子永泽信义告诉樽本一个叫原安三郎的人

---

① 汪家熔：《商务印书馆史及其他》，中国书籍出版社 1998 年版，第 34 页。
② 章克标：《商务印书馆引进日资杂记》，《文苑草木》，上海书店出版社 1996 年版，第 330 页。

曾经处理过金港堂的未了事务。原安三郎当时还在世，已是95岁的老人，他回信告诉樽本："对商务印书馆的投资，是属于原亮三郎个人的，与金港堂书店无关，不是两家公司的合作。原亮三郎那时已经把店让给他儿子经营。向商务推荐人员，也是原亮三郎个人意思，虽然其中也有金港堂在职人员，只是一时的借调；也有辞退了金港堂的职务而去的，比方加藤驹二是金港堂职员，他是在管理经营方面负责的，职务一直在金港堂，不过也代表老店东去上海处理一些事务。"① 这样的说法具有可信度，因为后来夏瑞芳要收回日股，多次赴日谈判，虽然费时费力，但终于达成了一致意见；合作方如果是法人组织，谈判恐怕会更加复杂，同时日本方面也不至于查询不到合作的相关资料。联系日本金港堂股东投资的前后情况，以及最后夏瑞芳收回日股时虽然艰难但终究成功的事实，说明章克标讲到的情况是可信的。

不过，由于原亮三郎的长子原亮一郎仍然在金港堂担任负责人，同时金港堂所办《教育界》杂志在日本成为教育界之权威刊物，金港堂在日本教育界的影响力仍然不可小觑，因此与商务印书馆合作的这些自然人股东背后最大的资源，仍然还是金港堂。

当年因为教科书疑贿事件的冲击，原亮一郎作为社长亦受牵连，成为百多名被告人之一，事后虽然脱罪，但名声大受损害。金港堂雇员因此而定罪者亦不少。受此打击，金港堂逐渐成为一般出版商。然而在1900—1910年间，金港堂仍在日本教育界举足轻重，因为他们创办了一份教育界的权威刊物——《教育界》，该刊是金港堂最成功

---

① 章克标：《商务印书馆引进日资杂记》，《文苑草木》，上海书店出版社1996年版，第331页。

的非教科书出版物，对当时日本教育理论、实践以及政策均深具影响。由于刊物的地位和影响力，原亮一郎还受政府邀请，于 1909 年创办东京书籍株式会社，该社为当时三大主要国定教科书出版商之一，原亮一郎任社长，主管该公司长达十年以上，这家公司在很长一个时期都是日本最大的教科书出版社。①

所以，商务虽然是与金港堂个人股东进行合作，但是这些股东背后的资源非常丰厚，后来对商务的发展帮助很大。

（四）日方参与合作的主要人员

在 1907 年以前，中日双方都是按照股份推选董事，从开始合作到 1909 年间的董事名单简况如下：

年份	董事名单	推举时间
1903	夏瑞芳　印有模　原亮三郎　加藤驹二	不详
1904	同上	五月初八
1905	同上	不详
1906	同上	不详
1907	夏瑞芳　张元济　印有模　原亮一郎　山本条太郎	三月廿八
1908	夏瑞芳　印有模　原亮一郎	不详
1909	张元济　郑孝胥　高凤池　印有模　高梦旦　鲍咸恩　夏瑞芳	改董事为 7 人，都是中国人

从董事名单看，夏瑞芳和印有模两人始终都是董事会成员，这也

---

① 苏基朗、苏寿富美：《20 世纪初上海中日文化交往的一个侧面》，载复旦大学历史系编：《变化中的明清江南社会与文化》，复旦大学出版社 2016 年版，第 308 页。

说明夏、印二人在商务与金港堂合资过程中的主导作用。

关于董事会成员，有一个疑问。从上表看，1906 年以前，商务董事会成员都是中日双方各 2 人；1907 年中方 3 人，日方 2 人；1908 年中方 2 人，日方 1 人；自 1909 年起，董事才全部是中国人。但是创业股东高凤池和张桂华的回忆与此不符，他们都否认有日方董事。高凤池说"经理及董事都是中国人"，张桂华也说："当时当选董事当然都是华人，惟监察人二人中，有一日人。"① 揣测有一种可能就是，高凤池和张桂华的演讲是在 20 世纪 30 年代，"一·二八"轰炸之后国人最痛恨日本人之时，二人为商务声誉计，免遭物议，都隐去了这一段史实。

担任过商务董事的日本人有三位，除了原亮三郎，还有山本条太郎和加藤驹二。山本条太郎（1867—1936），合资前是日方主要谈判代表，后来成为东北南满铁路公司总裁（1927 年），他是三井财阀的重要人物、政友会巨头之一。加藤驹二，是 1903 年合资时的日本董事代表，原为日本金港堂公司的高级职员，曾担任总务部部长，类似于现在出版机构总编室主任。加藤驹二在 1903 年审判时被控行贿罪，判处了两个月的监禁，并处以很重的罚金。1903 年 11 月，加藤驹二来到上海，负责商定与商务印书馆的合资事宜。

在与商务的合作过程中，还有两位重要的日籍职员小谷重和长尾槇太郎参与。

小谷重，与加藤驹二一起来到商务，原是日本文部省图书审查官兼视学官，后担任过金港堂编辑室主任。小谷重在 1903 年审判时也

---

① 高翰卿：《本馆创业史》，《商务印书馆九十五年》，商务印书馆 1992 年版，第 8 页。

被控行贿罪，被判处两个月监禁及若干罚金。他在合资后成为日方在商务编译所的雇员，指导过商务版"最新教科书"的编撰工作。

长尾槙太郎，日籍学者，合资后长期在商务印书馆编译所工作并发挥过重要作用。长尾是日本著名汉学家长尾柏四郎的长子，自幼随父学习汉学，1888 年毕业于东京帝国大学文科大学古典讲习科。毕业后留校任教，先后在东京美术学校、第五高等学校、东京高等师范学校任教授。并曾在日本文部省专门学务局担任过公职，正是在此期间，接受过日本四大教科书出版商之一的集英堂赠款 300 元，此事在 1903 年的审判中被追究并对长尾槙太郎判刑。虽然判罚很轻，但是长尾作为有声望的教授、文部省官员，自视甚高，受此挫折，不愿再待在日本。长尾槙太郎 1903 年来到中国，一直在商务印书馆编译所工作，并参与编撰"最新教科书"，后来还以职员身份投资过商务，1914 年商务退还日股后才回国。长尾学识渊博，擅文学，且能用汉语写作，早年就与郑孝胥熟识并成为好友，后来二人先后为商务工作，在上海期间过从甚密，也是商务高层朋友圈中的常客。

（五）"主权在我的合作"

由高凤池提到的合作事实来看，商务印书馆与金港堂的合作，是建立在平等基础上的商业合作。更进一步分析，双方出资额相当，日方投资人在商务的权利并不彰显，或者说很少干预经营层面的事务，这又给商务领导层极大的经营自由度和发挥空间。可以说中日合资后的商务印书馆，其经营和管理仍是由原来的商务领导层主导，经理层和中层管理者都未发生任何改变，不少学者称之为"主权在我的合作",是属实的。

公司由中方主导,还体现在公司的名称上。樽本照雄先生认为,双方对等出资,而企业名称没有金港堂的任何印记,是原亮三郎作出了最大限度的让步:"一般来说若是双方平等的合资,一定要把公司的名称改变一下。比方说'商务金港印书馆'或者加上另一个新的名称。但商务印书馆一直保持原来的名称,这好像不是合资经营。商务印书馆一次也没有登过广告说明跟金港堂合资的事实。"①

同时,双方合资后,在企业登记注册过程中,也经历了不少曲折。资料记载:"当时中方担心与日方合办的话,实权完全归日方掌握,在合办上多有干扰,经苦心努力,彼此关系终于融合而平分股数,最终合办成功。有关印书馆的登记,中方很多人害怕印书馆实权落入日本人之手。鉴于合办当时的这种情况,有必要避免内讧,另一方面也担心引起官方物议,故以日本登记手续非常烦琐不适合该书馆登记为由,于1903年在香港政厅登记,另外,为避免中国人误解,又积极在中国农工商部登记,成为中国的企业。"② 至于将企业在香港注册注销的原因,上述说法值得商榷。查商务印书馆1905年10月股东常会记录,其中讲明缘由是:"香港注册后,本馆系按英国公司章程办理,不得翻印或翻译已入同盟会各国洋书。而本馆惟恪守,此外竟不翻印。无如现在内地同业,纷纷翻印本馆书籍者,无法禁止。故拟将香港注册事注销。"③ 商务在香港注册,需按英国法律遵守国际版

---

① [日] 樽本照雄:《清末小说研究集稿》,齐鲁书社2006年版,第231页。

② 许金生:《近代上海日资工业史(1884—1937)》,学林出版社2009年版,第52页。

③ 宋原放主编,汪家熔辑注:《中国出版史料·近代部分》(第三卷),湖北教育出版社2004年版,第9—10页。

权公约，而国内其他书业企业则无须如此，竟至翻印商务版的书都得不到禁止。商务发现自己在香港注册得不偿失，吃亏尤甚，遂赶紧注销，然后在清政府的商部申请注册。

虽然企业经营由中方主导，但商务印书馆领导层对于日方股东和董事都非常尊重，特别在经营管理上，会考虑原亮三郎、山本条太郎的看法，因为他们有掌管现代大型企业的经验，夏瑞芳和张元济遇到重大事项，常征求他们的意见。

从 1903 年 11 月到 1914 年 1 月，双方合作长达十余年时间，商务的营业额和利润翻了几十倍，中日双方从未发生因为权力和利益分配不均的分歧，这说明双方的合作是极为成功的。

作为总经理的夏瑞芳，煞费苦心请来张元济做编译所所长，解决了出版资源和编辑人才的大问题，推动与金港堂的合作，则让商务印书馆的资金、技术、设备、企业性质和公司治理结构都发生了根本性的改变。这两大战略举措，是夏瑞芳作为商务印书馆的创始人和总经理，为商务开拓百年基业所奠定的两大基石。有此基础，后续的发展和腾飞就有了基本的保障和依托，水到而渠成。

四、"最新教科书"

在中日合资达成协议之后，商务印书馆的奠基之作、拳头产品——最新小学教科书也即将问世。这是夏瑞芳和张元济联手之后的杰作，也是商务腾飞的起点和支柱。

（一）《奏定学堂章程》颁布

商务印书馆在张元济主持下重新编写教科书的时节，晚清政局也发生重大变化。

1901 年初，流亡西安的慈禧太后以光绪皇帝的名义颁布上谕，实施"新政"，命督抚以上大臣就朝章国政、吏治民生、学校科举、军制财政等问题详细议奏。是年 6 月，湖广总督张之洞与两江总督刘坤一会奏《设文武学堂折》，提出"参酌中外情形，酌拟今日设学堂之办法，拟令州县设小学及高等小学校"[①]。这次会奏引起了全国的强烈反响，各地兴起办学热潮。

1902 年，清政府恢复京师大学堂，任命张百熙为管学大臣，颁布《钦定京师学堂章程》，通令全国遍设学校，这就是通常所说"壬寅学制"的由来。不过由于清政府的新政和学制改革，都是迫于社会压力之下勉强做些样子，所以在新学堂的兴办方面给予了种种限制，阻力重重，难以实施。特别奇葩的是，"壬寅学制"尚未出台，清政府的顽固派就以张百熙"喜用新进"为借口，将新学制予以废止。此后又由张之洞会同张百熙等人共同修订学堂章程，以《奏定学堂章程》的形式，重新颁布学制。

但是由于清政府的顽固派把持权力，一开始就没有真心办好新式学堂的意愿，故对官办学堂的实施处处掣肘。尤为过分的是，官学大臣张百熙屡被排挤打压，并调离职位，最后郁郁而终。这样的情形下，已无法指望政府能够拿出诚意和经费来兴办教育，更不论编写教

---

① 汤志钧、陈祖恩编：《中国近代教育史资料汇编：戊戌时期教育》，上海教育出版社 1993 年版，第 314 页。

科书了。

不过当时民智已开，兴办新式学堂是大势所趋。官办做不成，民办学堂开始兴起，这样全国都需要新式学校教科书。商务印书馆的机遇就是在这种大环境下产生的。

相形之下，夏瑞芳和商务印书馆对兴办学堂和编撰教科书的反应和行动，快捷高效，志在必得。特别是以张元济为首的商务编辑们，以扶助教育为己任，咬定青山不放松，不畏艰难，决意编撰出一套"开宗立派"的好教材。这种责任和担当，比之清政府的颟顸无为，实有天壤之别。

（二）苦心孤诣铸精品

商务印书馆的教科书编写，不能不提高梦旦。

高梦旦（1870—1936），名凤谦，字梦旦，以字行，福建长乐人，被胡适称为"三十年编纂小学教科书"之人。青年时期的高梦旦目睹祖国沦亡，备受欺凌，极力主张学习西方以自强。故他在获得秀才身份以后不再参加科举，自学"新学"。后来随长兄高凤岐到杭州，协助兴办西湖蚕学馆（即蚕桑专科学校）。1901年清政府实行新政，将杭州求是书院改为浙江大学堂（浙江大学前身），聘高梦旦为总教习。在担任总教习期间，高梦旦曾率学生赴日考察一年多，得出"日本所以强盛，源于教育；教育之根本在于小学"的结论。高梦旦也因此萌生编辑小学教科书的志愿。1903年高梦旦回国，其兄长高凤岐在商务印书馆当编辑，因此得以在上海见到张元济，二人关于小学教育的看法如此一致，交流之后，大有相见恨晚之感。张元济爱才心切，未同其他人商量直接就将高梦旦聘为国文部主任，负责教科书的编写。高梦旦也立即进入商务印书馆，全身心投入教科书的编辑工作，从此成为张元济事业上的好帮手。

高梦旦作为国文部主任，一开始就把全部精力放在修订蒋维乔等人编撰成型的国文教科书上。这套教材的编撰，经历了最脚踏实地、认真负责的论证和修改过程。蒋维乔在《编辑小学教科书之回忆》中述及这段往事时说："是年之冬，聘高凤谦为国文部主任，采合议制，先定编辑根本之计划，依此计划，审查已编成之蒙学课本，乃完全不适用。于是由原编辑人重行着手起稿，是为《最新教科书》产生之始。"①

蒋维乔叙述"最新教科书"之编撰讨论过程：

当时之参加编辑者张元济、高凤谦、蒋维乔、庄俞等，略似圆桌会议，由任何人提出一原则，共认有讨论之价值者，彼此详悉辩论，恒有为一原则谈论至半日或终日方决定者。当时讨论决定之原则，有以下数点：

首先发明之原则，即为第一册教科书中，采用之字，限定笔画。吾人回想启蒙时读书，遇笔画较多之字，较难记忆；故西人英文读本，其第一册必取拼音最少之字。然我国文字，则无拼音，因参酌此意，第一册采用之字，笔画宜少；且规定五课以前，限定六画；十课以前，限定九画；以后渐加至十五画为止。

其次讨论之原则，即选定教科书采用之字，限于通常日用者，不取生僻字。又其次讨论之原则，第一册每课之生字，五课

---

① 蒋维乔：《编辑小学教科书之回忆》，《商务印书馆九十年》，商务印书馆1987年版，第57页。

之前，每课不得超过十字。又其次讨论之原则，第一册共计六十课，前课之生字，必于以后各课中，再见两次以上，俾使复习。又其次讨论之原则，为全书各册文字规定之字数，第一册每课从八字至四十字；第二册每课从四十字至六十字；三册以下，不为严格限制，听行文之便，若文长，则分两课。第一二册，每句空格，每行必到底，适可断句；不将一句截成两段。

以上为形式方面之原则。

至于材料方面，则选用事项涉于多方面，不偏于一隅。杂采各种材料，以有兴味之文字记述之。各册六十课中：约计理科、历史各占五十课；地理九课；修身、实业各七课；家事、卫生、政治、杂事共七课。各课排比，以各种材料彼此交互错综，无形中前后联络，以便儿童记忆。各课皆附精美之图画，图画布置须生动而不呆板，处处与文字融和。凡图画与文字，皆同在全幅之内，不牵涉后页。既有以上之限制，于是操笔作文，正如作茧自缚，非常困难；且每成一课，必经各人批判，至无异议始止。①

这种精益求精、孜孜以求的认真态度，庄俞在《三十五年来之商务印书馆》中也有描述："当时张元济、高梦旦、蒋维乔、庄俞、杜亚泉诸君围坐一桌，构思属笔，每一课成，互相研究，互相删改，必至多数以为可用而后止。"②如此较真的编撰方式，与清政府编撰教

① 蒋维乔：《编辑小学教科书之回忆》，《商务印书馆九十年》，商务印书馆 1987 年版，第 57—58 页。

② 庄俞：《三十五年来之商务印书馆》，《商务印书馆九十五年》，商务印书馆 1992 年版，第 724 页。

科书的情形构成鲜明对比。有人描述清政府学部组织人编撰教材的状况是：

> ……往者友人某君归自京师，余询以学部教科书恶劣之故，彼叹曰："吾国官场办事，毫无心肝，毫无条理。学部编书局非无人材，然在外间或可编出适用之书，在部则绝无其事，一则应酬甚繁，安能全力办公。堂官又不知甘苦，平日任其稽延，一旦期迫，尽力催促，但求不误宪政之筹备。何为教育？何为教科书？皆非彼所注意也。二则局员分编辑、校勘二种。编辑者尚有明教育之人，校勘者大概词林中人，不知教育为何物，持笔乱改；每有原稿尚佳，一经校勘，反不适用者矣。校勘之后，尚需呈堂官，较校勘者辈分愈老，顽固愈甚，一经动笔，更不知与教育原理如何背谬。然以堂堂之威严，何人敢与对抗。彼所改者，无论如何，皆必颁行。科学为彼辈所不解，不敢轻于下笔，故笑柄尚鲜。修身、国文、历史、地理，彼辈自命高明，最喜改窜，故笑柄最多"云云。夫以养成将来国民之教科书，如是儿戏出之，教育前途之危险果何如乎！国定制之善恶尚无定议，前清所行则有弊无利，可断言也。①

商务编译所的编撰者对这套教科书呕心沥血、全力以赴。这些编撰者水平既高，见识也广，加上圆桌会议的民主讨论，集思广益，花的是磨铁成针的工夫和耐心。编辑们苦心孤诣，费时日久，一心想编

----
① 江梦梅：《前清学部编书之状况》，载朱有瓛、戚名琇、钱曼倩等编：《中国近代教育史资料汇编：教育行政机构及教育团体》，上海教育出版社2007年版，第29—30页。

撰一套传世经典教材。可这时总经理夏瑞芳等得有些着急了，觉得编写太慢，似有责怪之意，而张元济和高梦旦不为所动，依然不急不躁地按既定原则和规划进行："当编辑之时，往往为一课书，共同讨论，反复修改，费时恒至一二日。瑞芳恒怀疑，嫌其迟缓，乃出书畅销，始为心服。"①

《最新国文教科书》在第一册"编辑大意"中，提出了18条在教材编写中需要注意的问题：

> 一是单字讲授索然无味；二是笔画太繁不易认识；三是连字、介字、助字等难于讲解；四是生僻之字不适目前之用；五是生字太多难于认识；六是语句太长难于上口；七是全用短句，不相连贯，则无意味；八是数句相连，不能分句解释，难于讲授；九是语太古雅，不易领会；十是语太浅俗，有碍后来学文之初基；十一是陈义太高，不能使儿童身体力行；十二是墨守古义，不能促社会之改良；十三是外国之事物，不合于本国习俗；十四是不常见闻之事物，不易触悟；十五是不合时令之事物，不易指示；十六是文过诙谐，有碍德育；十七是文过庄严，儿童苦闷；十八是进步太速，失渐进之理。②

这18个问题，总结了各类教材的缺点和不足，以作规避，极大地提升了这套教材的质量。

---

① 蒋维乔：《创办初期之商务印书馆与中华书局》，载张静庐辑注：《中国现代出版史料丁编》（下），上海书店出版社2003年版，第396—397页。
② 吴相：《从印刷作坊到出版重镇》，广西教育出版社1999年版，第103—104页。

金港堂加入商务印书馆的学者、编辑们，也以自己的经验和资源，给商务教科书出版很大的助力。商务印书馆与金港堂合作之后，编撰教科书的圆桌会议，都有日本职员参加。长尾槇太郎、加藤驹二、小谷重等人，有编撰过教科书的，也有审定过教科书的，都对教科书非常熟悉，并因此担任了教科书编写小组的顾问。另外还有木胜太郎、伊藤修二、中岛端、太田正德等人，都参加过教科书编写小组的讨论，贡献了他们的智慧。日本顾问的参与，在1904年商务印书馆的广告里也有体现，目的是吸引读者，宣传教材的与众不同。商务印书馆在《初等小学国文教科书》的广告中写道：

> 本馆特请通人精心编撰，并聘日本文部省图书审查官兼视学官小谷重君、高等师范学校教授长尾槇太郎君及曾在中国学堂任教之福建高凤谦君、浙江张君元济详加校订，一字不苟，经营数月，始成数册，因应急需，先将首册出版，用见方半寸大字附图九十余幅……①

广告中不仅列出日本顾问的姓名和职衔，更是将他们与张元济、高梦旦等中国编写者的名字同列，足见日本职员在商务教科书的编写过程中发挥了重要作用。

另外还有一件对于小学教材的普及非常重要的事情，也是采纳了日本顾问的建议，那就是教科书的插图。1904年底，小谷重提出，教科书最重插图，在日本都是请第一等画手来画。他认为商务印书馆

---

① 吴相：《从印刷作坊到出版重镇》，广西教育出版社1999年版，第299页。

找的画手不够高明，影响了教科书的品质，蒋维乔也同意小谷重的看法。商务最后接受了小谷重的意见，遂聘请一流的画家来绘制插图。

从 1903 年冬天至 1904 年冬天，商务编译所的教材编撰者们至少开过 15 次圆桌会议，小谷重、长尾槙太郎都参加了，其中一度交流频繁，13 天内就有 6 次会商。从蒋维乔的日记中可以知道，长尾等人的教科书编辑经验给予他们很多宝贵的启发和借鉴。

除在编辑上下功夫，商务在印刷用纸上也用了心思，采用毛边纸印刷，就是考虑"洁白有光之纸易伤儿童目力"，所以"只求结实耐用，不事外观之美"。

教科书的编撰，注重每一个细节，以教育为本，以学生为本，以育才为目的。商务人竭尽全力，完成了一件可以载入中国教育史册和教科书编撰功劳簿上的大事。

（三）"最新教科书"的成功

在张元济和高梦旦的主持下，商务印书馆陆续编撰完成"最新教科书"系列，包括最新初、高等小学教科书 16 种，教授法 10 种，详解 3 种，中等学校用书 13 种。[①]

商务印书馆编撰出版的"最新教科书"，基本具备了教科书的体裁，并且各科完备，形成了系统完整的教科书体系，是近代以来中国第一套采用现代教育原理编写的系统教材。

据蒋维乔回忆："教科书之形式、内容渐臻完善者，当推商务印

---

① 宋军令：《商务印书馆对近代教科书出版的贡献》，《编辑学刊》2004 年第 4 期。

书馆之《最新教科书》。此非作者身与其役，竟敢以此自夸，乃有客观之事实，可以证明：一、此书既出，其他书局之儿童读本，即渐渐不复流行。二、在白话教科书未提倡之前，凡各书局所编之教科书及学部国定之教科书，大率皆模仿此书之体裁，故在彼一时期，能完成教科书之使命者，舍《最新》外，固罔有能当之无愧者也。"[1] 这还真不是蒋维乔"自夸"，即使是后来成为商务印书馆最强劲竞争对手的中华书局创办人陆费逵，在《与舒新城论中国教科书史书》中也承认商务版教科书的开创性意义，他说："癸卯（1903年，本书作者注）商务印书馆延聘海盐张元济、长乐高凤谦（即高梦旦，本书作者注）编辑最新教科书；日人长尾、加藤等以经验助之，教科书之形式方备。"[2]

蔡元培在《商务印书馆总经理夏君传》一文中，对商务版教科书的质量和影响力，尤其是开风气之先的重大意义予以高度评价。他说："而尤所聚精会神以从事者，实惟小学教科书。其事在我国为至新，虽积学能文之士，非其所习，则未易中程式，往往一课之题，数人各试为之，而择其较善者，又经数人之检阅及订正，审为无遗憾焉，而后写定，其预拟而为目，综合而成编，审慎周详，无不如是。……而同业之有事于教科书者，度不能以粗犷之作与之竞，则相率而则效之，于是书肆之风气，为之一变，而教育界之受其影响者大矣。"[3] 作为教育家的蔡元培，对于商务印书馆不计销量和利

---

[1] 蒋维乔：《编辑小学教科书之回忆》，《商务印书馆九十年》，商务印书馆1987年版，第56页。

[2] 俞筱尧、刘彦捷编：《陆费逵与中华书局》，中华书局2002年版，第427—428页。

[3] 蔡元培：《商务印书馆总经理夏君传》，《商务印书馆九十年》，商务印书馆1987年版，第2页。

润，编写教学参考书的做法也是大加赞赏："教授法参考书，非学生所需，售数远逊，然亦尽心力以为之，以是出版后，大受教育界之欢迎。"①

1904年12月，商务的《最新国文教科书》第一册出版，不到两周，就销售5000余册，此后其他年级和科目的教科书陆续出版发行，"未及数月，行销至十余万册"②。1906年，清廷学部第一次审定初等小学教科书暂用书目，共审定通过教材102册，其中由商务印书馆出版发行的就达54册，超过了教科书市场的半壁江山。从此时开始到辛亥革命前夕，商务版教科书"盛行十余年，行销数至数百万册"。由于商务印书馆的教科书经得起市场检验，普受欢迎，以前南洋公学所编蒙学课本，以及文明书局的蒙学读本等，都逐渐被商务版教科书取代。仅三年时间，1907年商务印书馆资本即增至75万元。

有学者认为："商务印书馆编写的教科书出版，奠定了近代中国教育的基本格局。"③自商务开端之后，各书局和出版机构掀起了编写、出版新式教科书的热潮，且多以商务版"最新教科书"为蓝本，仿效编撰。新式教科书的开创性意义在于：第一，"最新教科书"是以全民普及教育为目标，注重向学生传授知识，提升学生综合素质，培养学生学习能力，而不是教授学生如何应付科举考试；第二，教科书的内容不仅传授传统经史大义，还借鉴西式教育理念，注意到儿童心理发育状况，从简到繁，循序渐进地增加学习内容的难度。

---

① 蔡元培：《商务印书馆总经理夏君传》，《商务印书馆九十年》，商务印书馆1987年版，第2页。

② 宋原放主编，汪家熔辑注：《中国出版史料·近代部分》（第三卷），湖北教育出版社2004年版，第193页。

③ 杨扬：《商务印书馆：民间出版业的兴衰》，上海教育出版社2000年版，第47页。

庄俞对"最新教科书"倍加推崇："……本馆编译所首先按照学期制度编辑修身、国文、算术、历史、地理、格致诸种，每种每学期一册，复按课另编教授法，定名为最新教科书，此实开中国学校用书之新纪录。"①

史春风对商务印书馆的教科书有一个总体性评价，极为中肯："近代中国，作为旧中国最大的民营出版企业，商务印书馆出版的教科书曾影响了几代国人，潜移默化直至今日。商务印书馆出版的国文（语）与历史教科书，以其创新和以学生为本的精神立足，以名人名家参与编撰而树其质量精品，而与时俱进的努力又使它能够站在时代的前列，不断汲取各学科最新研究成果，彰显新的进步的价值观取向，向国民灌输崭新的国民意识，这使它在近代教科书出版市场常盛不衰，商务教科书所创立的出版原则、出版思想，包括教科书的内容选择，对我们今天的教科书编辑与出版都有相当的借鉴意义。而在屡遭劫难的近代中国，商务印书馆以民营出版家们的艰辛奋斗，努力为国人提供精神滋养，这样的精神也将对后人产生长期的影响。"②

夏瑞芳在教科书编撰过程中虽未直接参与，但在拍板决策编撰教科书、资金投入和人力物力的使用上，特别重视并全力支持。蔡元培对夏瑞芳的功劳有客观评价："庚子以后，学校渐兴，教授者苦不得适宜之教科书，君乃为商务印书馆厚集资本，特立编译所，延

---

① 庄俞：《三十五年来之商务印书馆》，《商务印书馆九十五年》，商务印书馆 1992 年版，第 724 页。

② 史春风：《商务印书馆近代教科书出版探略——从国文（语）和历史教科书谈起》，《北京师范大学学报（社会科学版）》2003 年第 6 期。

张君元济主其事，亦常以重资购当代名士严复、伍光建、夏曾佑诸君之著作，且发行辞典小说杂志之属，而尤所聚精会神以从事者，实惟小学教科书。"①

商务版"最新教科书"的大获成功的主因，可以归结为四个方面。

其一，把握机遇，擘画得当。从1901年蔡元培建议夏瑞芳编撰出版新型教科书开始，夏瑞芳就全力以赴地开始筹划实施。夏瑞芳在商务初创不久，资金和人才都没有着落的情况下，能够作出如此重大的决策，是具有非凡的眼光和魄力的。章锡琛记述此事时说："夏瑞芳既请到所长，对企业的兴趣更大大提高，请菊老搜罗人才，健全编译所组织，聘请长乐高梦旦（凤谦）为国文部主任，蒋维乔、庄百俞（俞）等为国文编辑，又依蔡孑民的推荐，聘他的同乡人杜亚泉为理化数学部主任，积极进行教科书编辑工作。"②

其二，立志高远，精心编撰。商务教科书编撰者都是学贯中西的饱学之士，而且视教育事业为改变中国落后面貌、强国固本的根本手段，对教科书的编撰工作异乎寻常地重视。他们一心想编写出顺应时代发展潮流且经得住时间检验的传世教科书，故能不吝付出，兢兢业业，为实现这一理想，不达目的不罢休。正是在这种理想主义旗帜的感召之下，编撰者们赋予了教科书两大方面的优胜之处。一是内容上，引领教育新风尚。商务教科书在编写时，融入了时代的进步价值取向：教科书内容不仅有对传统道德的继承和阐发，也推陈出新，对

---

①　蔡元培：《商务印书馆总经理夏君传》，《商务印书馆九十年》，商务印书馆1987年版，第2页。

②　章锡琛：《漫谈商务印书馆》，《商务印书馆九十年》，商务印书馆1987年版，第108页。

新兴的价值观念和道德观念，也有适度的宣扬和阐发，既有传统道德精髓，又有新时代新观念的融入。更为难得的是，教科书还注意吸收和反映各学科领域的最新成果。教材中的这些知识，在那个时代，具有启蒙和科学普及的巨大意义，对于学生眼界的拓宽和心智的培养，已经远远超出知识传授的范围。二是质量上，始终坚持高标准。商务印书馆教科书因其质量上乘，所以敢与同业在质量上展开竞争。与商务同时期的很多曾出版过教科书的书局，如历史悠久的文明书局，实力雄厚的中国图书公司，后来之所以被中华书局、商务印书馆所盘并，主要原因还是其教科书质量不如商务，在市场上立不住。

其三，总经理夏瑞芳鼎力支持。夏瑞芳和张元济着手教科书编撰时，在选人用人上坚持高起点、高标准，所谓"选能人，能用人"，选中了合适的人，就放手让他们去做，不横加干涉。夏瑞芳对教科书编撰的支持也不只是出钱和找人，他对于编辑们的办公条件、薪资等方面都尽力提供优厚的待遇，工作时间也很宽松，不作硬性要求。作为总经理，夏瑞芳甘做教科书编撰者的后勤保障人员。有一件事，很能说明夏瑞芳的大度和对于教科书编撰者的尊重。1904 年 1 月，正当商务版教科书紧锣密鼓即将编撰完成之时，清廷新颁布了《奏定初等小学堂章程》，其中规定学生每周读经 12 小时，中国文字 4 小时。这与商务教科书所定一年级"每星期授国文十二小时，六小时讲解诵读，四小时默写作文"有冲突之处。夏瑞芳主张按照朝廷新颁布的学制规定，对教科书内容进行修改，但是张元济和蒋维乔等人坚决不同意，认为清廷章程"所定小学科全然谬戾，不合教育公理"。夏瑞芳见这几个大学问家如此坚持，也就放弃了自己的主张，由着他们去做。①

其四，教科书编写采用了"合议制"方式。这种圆桌会议的讨论和决策方式，能做到兼收并蓄，民主议决，确保教科书博采众长，质量上乘。

夏瑞芳和张元济等人的努力，保证了教科书编撰在天时、地利、人和的状态下顺利推进，最终一举成功，奠定了商务长远发展的根基。高凤池说："本馆编译所首先按照学期制度编辑《最新教科书》，这是吾国第一套初等小学教科书。所谓教科书，以前从未有过，毫无成例可以依据。编辑的时候着实费了许多心力，出版以后销路非常好，第一版没有几天就销完。从此公司的名望信誉一天天的增高，范围一天天的大起来。公司能够发展得如此快，上面所谈的二件事，接盘修文和开始编辑教科书，都是重要的关键。"②

庄俞在《谈谈我馆编辑教科书的变迁》一文中说："老夏先生独具眼光遇见一位张菊生先生就请他主持编译事务。张先生也独具眼光，最初请了几位留学生翻译东西各国科学书，不久新教育发动，就开始编辑教科书。光绪二十八年第一部初等小学用的《最新国文教科书》出版，大有不胫而走之势。当时出版的似教科书非教科书虽已有了二三家，寥寥数种不完不备。只有我馆的《最新教科书》是依照学部所颁布的学堂章程各科俱有的，所以独步一时。"③

夏张二人的合作，促成商务教科书的巨大成功，这样的合作堪称

---

① 张荣华：《张元济评传》，百花洲文艺出版社1997年版，第47页。

② 高翰卿：《本馆创业史》，《商务印书馆九十五年》，商务印书馆1992年版，第6—7页。

③ 庄俞：《谈谈我馆编辑教科书的变迁》，《商务印书馆九十年》，商务印书馆1987年版，第62页。

完美。商务版"最新教科书",对于商务发展的奠基之功是不言而喻的,更重要的是,它对于中国近代教育事业的发展,居功至伟,值得铭记。

第四章

鸿业远图

雄心万丈的夏瑞芳，不断为商务印书馆拓展创业路径、擘画发展蓝图。在请得张元济加盟、促成与金港堂合资、推进"最新教科书"出版等一系列奠基性的大手笔之后，三十岁出头的夏瑞芳，带领年轻的商务印书馆，走上了意气风发的发展旅程，商务从此步入发展的快车道，成为20世纪初叶中国出版界的标杆企业。

一、革新企业制度

商务印书馆在较短时间内发展成为近代出版企业龙头老大，有两大优势令同行难以超越：一是它汗牛充栋的优秀出版物，二是优于同行的企业制度。这两大优势在 1903—1914 年之间开始形成。众多优秀出版物的推出，主要仰仗于张元济；而现代企业制度的建立、高效的运营和管理，夏瑞芳是主导者。

自 1904 年开始，商务印书馆为中国出版企业的制度探索开辟了新路径。

（一）新式产权制度

商务创办初期，实行的是较为原始的股份合伙制，创业股东就是公司的经营管理者，所有权和经营权都在一起。其时商务印书馆相当于一个家庭式的印刷作坊，资金短缺，规模弱小，也不可能有更多的投资人加入。到 1902 年，公司发展渐有起色，张元济和印有模加入商务印书馆，与原来的合伙人一起成立了有限公司，此时投资人增加，但企业的经营管理者没有实质性变化。这个时期的商务印书馆，产权结构仍然单一而封闭，企业的投资者就是经营决策者和具体执行者，虽然名称上叫有限公司，但还不具备现代企业的完整形态。这种模式在夏瑞芳等人的努力之下很快被改变。

1903 年，在总经理夏瑞芳的主导下，商务印书馆与金港堂主原亮三郎等人达成合作，注册成立商务印书馆股份有限公司，基本建立起现代意义上的企业产权制度。此时的夏瑞芳，并非对现代企业制度有很透彻的了解，但是谋发展和向西方企业学习，是他作为企业家的基本认知。这种认知促使他多次赴日考察，大力推动与金港堂的合作，也促使他毫不犹豫地改变商务原来的产权结构，选择了更适合企业做大做强的管理模式和制度。

资料记载，商务印书馆真正开始以股份有限公司运营，即实现公司的决策权、执行权和监督权的分离，是从 1905 年向商部注册登记开始的（1906 年 3 月 20 日获得营业执照）。[①]

中日合资成立股份有限公司以后，商务印书馆的股东成立了股东会，通过股东会行使其表决权，决定公司的重大事务诸如章程的变更、资本的增减、公司债的募集、公司并购等。"商务印书馆股份有限公司的法人产权是基于投资人的投资而实现的，最终的产权所有者是股东。"[②] 同时由股东选举董事，最初设董事四名，中日两方各两名，经理由董事推选，1897 年至 1914 年一直是夏瑞芳任（总）经理。[③] 1905 年增选了"查账董事"（董事会内的监察人）两名。这样，商务印书馆股份有限公司的决策权归属股东会，经营管理权则由董事会和经理人行使，监督权由监察人行使，基本实现了企业"三权"的分离和制衡。至此，公司的法人治理结构基本形成，有了较为规范的现代企业的经营管理模式。不过商务在实际运行中，法人治理仍以简便易行为主，董事会的规范运作和作用并未充分发挥。特别是董事会的作用要比股东会弱，股东会所议决的事情超过了一般股东会的决策权限，董事会对经理层的授权和限制也停留在制度中，执行层面难达预期，说明公司制的规范运作还在探索之中。

根据商务印书馆的相关资料记载，商务的股东会议始于 1905 年，

---

① 范军、何国梅：《商务印书馆企业制度研究（1897—1949）》，华中师范大学出版社 2014 年版，第 40、47 页。

② 范军、何国梅：《商务印书馆企业制度研究（1897—1949）》，华中师范大学出版社 2014 年版，第 47 页。

③ 商务印书馆创办时只设一名经理，等同于总经理。1909 年开始设"总经理"，并另设一名"经理"，相当于现在的副总经理。

这一年召开了四次股东会。① 第一次股东会于 1905 年 3 月 31 日在北福建路的印刷所召开，主要议题是审议上年度的收支情况，讨论编译所增聘人员事宜。从这次会议记录看，股东会与董事会的职权尚不清晰，第一项议题的内容自然是股东会的权限范围，而第二项关于编译所人员的增聘，则是具体经营决策事务，股东会不宜管这么细。推而论之，应是夏瑞芳几位创业股东沿袭下来的习惯，只要是公司较为重大的决策事务，仍由股东会议决。

商务 1905 年的另外三次股东常会或股东特别会议，讨论议题都属重大事项，如讨论公司注销在香港的注册登记等。自 1906 年以后，股东会议制度越来越规范，为公司的规范运作和迅速发展提供了机制上的保障。

商务印书馆的公司章程规定："由股东公举董事至多不过九人，任稽查、协赞、议决之责。由董事选任总副经理各一人，其各部主任、书记员、会计暨司事由总副经理量才酌派。"② 商务的董事相当于股东大会的常设委员，代表股东意志，领导和监督经理人员。商务的公司章程还规定，但凡持有商务 10 股以上的股东皆有被选举为董事的资格。

商务的董事会在股东会休会期间就是公司的最高权力机构，董事会决定企业的经营方针大计，以及其他重大事项和它认为应该管的问题。董事会对股东大会负责，应在股东年会上向股东报告本年度的经营状况和业绩，如赢利多少或亏损原因、一般经营情况、本年度分

---

① 范军、何国梅：《商务印书馆企业制度研究（1897—1949）》，华中师范大学出版社 2014 年版，第 90 页。

② 汪家熔：《商务印书馆史及其他》，中国书籍出版社 1998 年版，第 39—44 页。

支机构设置和撤销、不动产及重大设备购置等等。公司的总、副经理由董事会聘任，负责公司的日常运营和业务活动。董事会需要向股东大会报告的事项，除营业及盈亏外，事前都应由总、副经理向董事会报告，获准后方能行动。商务印书馆的董事会例会自董事局成立后，"董事局每月逢第一星期二、日，第三星期二、日，赴公司总发行所会议，如有紧要事件，总、副经理可请董事局随时至公司会议酌夺"[1]。查看商务董事会记录，以及部分董事（张元济、郑孝胥）的日记，公司董事是尽职的，只是这段时期的议事过程，疑因档案遗失的缘故，并非都有会议记录。

按照商务印书馆当时的章程规定，总经理和副经理的职权受制于董事会，在公司治理的规范性设置方面已是现代企业的通行做法。总、副经理负责企业全面业务，他们向董事会负责，重大问题必须事前提交董事会议决，董事会要向股东大会作事后报告，取得追认。商务董事会议章程第十五条规定以下九种事项必须向董事会报告："（甲）房屋地产之买卖或建筑及变更；（乙）各项之章之订定及改废；（丙）分馆之设立或停止；（丁）营业方针之变更；（戊）银行钱庄之来往及存款借款等事；（己）订立重要之契约及诉讼等事；（庚）股票让售之承认；（辛）公益、公积酬、公积之支用方法；（壬）其他之关系重大事件。"[2]

另一方面，在总经理职权范围内的日常事务、业务活动，董事

① 周武、陈来虎整理：《新史料：商务印书馆董事会议录》（一），《上海学》（第一辑），上海人民出版社 2015 年版，第 274 页。商务印书馆 1909 年订立的《董事会议章程》全文请参看本书附录 4。
② 周武、陈来虎整理：《新史料：商务印书馆董事会议录》（一），《上海学》（第一辑），上海人民出版社 2015 年版，第 275 页。

会一般不会干涉，特别是夏瑞芳在任的后期，董事会对日常经营活动很少干预。不过在早期，如宝山路工厂开工时，董事会曾议决过迁居宝兴里的职员、工人每幢房津贴房租一元的决定，抚恤费也经常由董事会讨论，这都属于日常福利，[①] 董事会的议决事项似乎过于琐屑了。从这些早期的事例中，可以看出商务印书馆在公司规范治理过程中渐进的足迹。

商务的公司治理结构还有一个值得注意的地方，与商务的发展有关，也与夏瑞芳的管理权限相关，就是在董事里面设有查账董事（一般是两人），规范的叫法是建立了监察人制度。这里虽然称为查账董事，名称上似乎没有独立于董事会之外，但是查账董事的职责范围，已具有现代企业监事会的主要职能。

有专家指出，商务的监察人制度采用的是日本企业的治理模式，结合商务与金港堂合作的时间来看，此说是可信的。[②]20 世纪初期的日本企业，多设有监察人，监察人由股东大会选举产生，主要职责是代表股东会对企业的财务状况进行监督和检查。按照日本企业的监察人制度，监察人实际履行的监督权力，主要限于财务。"监察人有权对公司的营业情况、财务收支、财务报表进行查询，如发现重大财务问题，可以要求董事会作出解释，甚至可以要求召集股东临时大会进行讨论。"[③] 日本企业的监察人制度有一个令企业管理者喜欢的优点，就是既可以对企业实施有效监督，又可以比单设监事会节省费用。

---

① 汪家熔：《商务印书馆史及其他》，中国书籍出版社 1998 年版，第 40 页。

② 范军、何国梅：《商务印书馆企业制度研究（1897—1949）》，华中师范大学出版社 2014 年版，第 96 页。

③ 范军、何国梅：《商务印书馆企业制度研究（1897—1949）》，华中师范大学出版社 2014 年版，第 96 页。

从这个背景来看商务的监察人制度，其设置具有开创性意义，即便在实施过程中的效果不尽如人意，仍为商务的迅速发展和壮大提供了制度和运行机制上的有效保障。商务印书馆股东会在 1903 年选举第一届董事会的同时，选举了两位监察人（时称账目董事、查账董事），一位是日本人田边辉雄，一位是创业股东张桂华（蟾芬）。自 1909 年起，商务的董事不再出现日本人，监察人也不再有日本人。

商务印书馆早期的"三会"运作还有一项值得一提的先进经验，就是资本权和经营权的分离。商务印书馆与金港堂合资后，就力求成为规范的出版企业，但是商务的出版方向和出书计划，都没有在商务印书馆早期的董事会记录及股东会记录里出现过。这说明商务印书馆董事会在具体经营上的开明和放权，有益于商务印书馆的发展。"有时股东大会上会请股东提建议，股东真提了具体有关出版意见，必马上挡回去，不能形成决议；只接受原则性建议。……可见，股东大会推举董事，实现了资本与经营的分离。"①

实际上，商务早期"三会"的运作还谈不上很规范，有时董事会的作用甚至是被忽视的，董事会发挥的作用相比股东会，要弱一些。商务印书馆从 1903 年开始设立董事，但是一直到 1909 年初，总共只开过五次董事会议。其中原因，很可能是在这段时间内商务只有董事，没有成立董事局（会）所致。而同期对比，商务的股东会则开了九次，议决了很多大事。

公司治理走向规范是从 1909 年开始的。这一年 4 月，商务成立了董事局，由张元济担任董事局主席，1912 年 5 月由郑孝胥接任。

---

① 汪家熔：《商务印书馆史及其他》，中国书籍出版社 1998 年版，第 44 页。

董事局会议从此定期召开,股东常会也固定每年召开一次。股东大会主要讨论的议题包括:审议公司年度报告,通过或修改公司章程、资本额、经营范围等。公司董事是经过股东们共同推选的,代表股东们的意志,在日常运营中,对经理人员起领导和监督作用。商务的章程明确规定,任何股东,无论其股权多少,都有权随时查阅董事会记录;但同时也规定,任何股东,无论其股权多少,都无权不通过股东大会干涉公司业务。公司股东大会议决的事项,董事会必须遵照执行。资料记载:"民国初年商务曾经营过津浦线和京汉线铁路沿线的广告业务,也曾设立过内部保险公司,后决定扩大承保范围兼保股东及职工火险,增设机器制造。这三件事都提交股东大会,讨论通过后才能经营。"[1] 这样的方式,实际已是按现代企业制度来运作了。

在商务的日常运营管理中,实际上构成了董事会、经理层和监察人这样一个三权制衡的治理关系。但夏瑞芳既是董事又是总经理,其权限少有限制,所以其后期行事,难免有权力过大、头脑发热之时。作为监察人的日本代表,在商务的发言权肯定是微弱的,另外的历届监察人如早期的张桂华(蟾芬)、后期的张廷桂、张葆初,在董事会和经理层较为强势的状况下,履责方面也确有为难之处,而且从有限的相关资料中,也找不到他们履行监察职责的有效记录。另外这些监察人还有失责之处,就是在后来的"橡皮股票"风潮中,商务的监察人看起来是缺位的,没能有效履责以降低企业损失。

总体看,商务印书馆在法人治理结构方面的探索还是初步的,后期也有人治大于法治的现象存在,并给公司带来管理上的不顺、经营

---

① 汪家熔:《商务印书馆史及其他》,中国书籍出版社 1998 年版,第 39 页。

上的损失。不过，对于 20 世纪初的创业者来说，能够在公司治理方面达到这样的水准，已属凤毛麟角。在封建王朝统治下的清末，夏瑞芳们对现代企业制度的探索和践行，已经走得很远，并在力所能及的境况下，将企业不断带向新生，起到了很好的引领和示范作用。台湾学者王寿南评价商务早期的产权制度时说："作为新兴事业的商务，其早期历史是探索近代企业制度的过程，商务的资本运作是现代企业制度即公司制。早在 1903 年商务就探索实行公司制，成立股份有限公司，招股集资，找到了一条资本主义的有效运作方式，董事会、总经理、监事会（商务采取在董事会内设监察人的办法）的公司三要素基本健全。"① 此言实为公允之论。

（二）股东权益和商务的凝聚力

商务印书馆成立时间不长，却能做到股东之中名流、大腕云集，各方才俊向商务聚合，那么商务印书馆的超强凝聚力从何而来？夏瑞芳和张元济等人积极推行的多种形式的股权激励，是解读其中原因的一把钥匙。

现在多数现代企业，尤其是上市公司，经常会采取股权激励的方式来提升企业形象和公司价值，增强企业凝聚力。这些理念和做法，百年前的商务印书馆已作过有益探索，只是具体的操作方式有所不同。商务印书馆在股权激励方面的探索为企业带来的益处，时至今日仍有借鉴价值。这些既有利于商务整体利益，又造福于商务员工的举

---

① 王寿南编：《王云五先生年谱初稿》(第 1 册)，台湾商务印书馆 1987 年版，第 284 页。

措能够实施，得益于总经理夏瑞芳的主导和推动。

商务印书馆在张元济和印有模入股以后，股东结构发生了较大改变。1905 年开始，商务多次增资扩股。按照惯例，增资应该优先考虑老股的利益，老股以其资本额所取得的增资权和配额，可以自己购买或转让给亲朋。但是商务印书馆的早期股东们都没有局限于一己之私利，而是牺牲老股利益，由此腾出一部分股权配额，引进能带来更多资源和更大利益的新股东，包括商务自己的核心员工。这种增资扩股的方式，虽然牺牲了老股东的暂时利益，但着眼长远，为企业带来了长久和稳定的利益。同时此举也是让社会股东认可商务价值的一种投资，对商务的长远发展和品牌影响力好处甚多。

1906 年 1 月 16 日，商务印书馆股东大会决定将股本从 30 万元增加到 40 万元，对认股对象的规定是："京、外官场与学务有关，可以帮助本馆推广生意，又本馆办事之人格外出力者……任其附入。"[1]在 20 世纪初年，这种做法可谓是极高明的一种增资扩股手段。

后来加入商务的股东，有不同类别的人群，入股的方式也不相同。一种是具有文化、教育和政府行政资源的人，他们可以在战略层面或社会关系方面帮助商务，商务专门拿出一部分股份让他们购买；一种是商务需要长期团结和合作的优秀著译者，他们的认购方式更简便，常常就以稿酬入股；还有一种就是为商务发展出力多、贡献大的员工。

这样做的结果，就使商务印书馆成了大众股东企业。[2]也就是说，

---

[1] 转引自汪家熔：《商务印书馆史及其他》，中国书籍出版社 1998 年版，第 41 页。

[2] 范军、何国梅：《商务印书馆企业制度研究（1897—1949）》，华中师范大学出版社 2014 年版，第 78 页。

商务有相当数量的股份分持在员工手中，股权相当分散，没有大股东。1905 年以后，随着参股人数增多，股东户数逐渐达到 1000 人以上，最多时甚至达到 2745 户（20 世纪 30 年代）。

通过增资扩股吸纳人才，是夏瑞芳的又一高招。

商务印书馆作为企业的价值不断升值，其增资扩股的迫切性和必要性也同时增加。商务印书馆增资扩股的对象广泛，凡是能给商务带来资源和利益的人，都欢迎。这种在商言商、海纳百川的公司战略，与夏瑞芳作为企业家的开放胸怀密不可分，也是商务快速发展的主要原因。

商务增资扩股的对象也包括日本职员。商务在 1905 年两次增资，都有日本新股东。"前一次日本方面有：原亮一郎、山口俊太郎、利见合名会社、筱崎都香佐、益田太郎、益田夕夕、藤濑政次郎、铃木岛吉、神崎正助、丹羽义次、伊地知虎彦。后一次，日籍职员除长尾外，还有田边辉雄、小平元、木本胜太郎、原田民治。两次共 19 位日本人成为新股东。"[1] 商务的日本股东，在 1914 年收回日股时达到 17 户，3781 股。前述日本股东中，持股数较多的有木本胜太郎、长尾槙太郎、小平元、原田民治等人，分别有 35 股、45 股、60 股和 13 股。[2]

从 1903 年到 1914 年的这 10 年，正是商务历史上的黄金发展时期。这种以股份制形式与日本投资者进行合作并募集资金的方式，不仅使早期的商务印书馆筹得了充足的发展资金，更重要的是为商务未来的发展积累了丰富的资源。

商务的增资扩股还有一部分重点人群，就是当时的社会贤达和

---

① 汪家熔：《商务印书馆史及其他》，中国书籍出版社 1998 年版，第 15 页。

② 汪家熔：《商务印书馆史及其他》，中国书籍出版社 1998 年版，第 33 页。

名流，包括优秀的作者、译者和一些官员。他们的加入为商务带来的资源和利益，从企业层面来说，是远远大于商务付给他们个人的红利的，这也是夏瑞芳等企业领导人的高明之处。

1903 年，商务新增的股东中有翻译界名人严复、谢洪赉，也有做图书销售的能手沈知方等。严复的股本到 1910 年有 27400 元（包括升股和增股），共占当时商务印书馆总股本的 3.48%。1905 年 2 月商务明确提出，将增资 10 万元中的 3 万多元供"京、外官场与学务有关可以帮助本馆推广生意者，和本馆办事之人格外出力者"认购。"商务或利用他们的学识，或利用其资金，或利用其影响力以推动其业务的发展。这些后来加入的股东中，有当时对普及实学有较大贡献的郑孝胥、罗振玉，学业上很有成就的王国维，当时的著名翻译家伍光建、林纾，其他有名望者还有伍廷芳、宋耀如、叶景葵等。他们的加入，对商务印书馆在书籍的编辑、出版和发行，以及资金、稿源等方面都产生了积极的影响。"①1910 年清廷公布小学教师检定制度后，商务印书馆举办了师范函授讲习班，学员必须通过教师资格检定才能毕业任教，商务就请郑孝胥、罗振玉、王国维三位名家担任师范函授班的发起人，这三位大家的号召力非同凡响，函授班开办以后，先后有三千多名学员获得检定资格。商务因举办函授班与这些学员有了联系，商务版教科书的推广和销售就顺理成章地有三千多名教师帮忙了。②股东中的伍光建、林纾是著名翻译家、学者，他们成为商务

---

① 黄宝忠：《近代中国民营出版业研究：以商务印书馆和中华书局为考察对象》，博士学位论文，浙江大学 2007 年。

② 长洲：《商务印书馆的早期股东》，《商务印书馆九十五年》，商务印书馆 1992 年版，第 653 页。

的股东后，其著作、译著就由商务独家出版了，这些大家和名流的资源，为商务带来了丰厚的收益。①

商务要借助名流贤达的名气，这些人成为股东后，也给商务带来战略性资源，并增加了资本金，可谓一举多得。所以商务给予这些名流股东的回报很可观，让他们觉得投资商务很值得。东尔在《林纾和商务印书馆》中记载："解放前商务的股票，红利极大，为了拉关系，有时也让本馆职工和作译者购买……"②

商务对自己的骨干员工，在增资扩股时也从不吝啬。资料记载，职工成为商务股东的不在少数，且多为编译所人员，如高梦旦、蒋维乔、邝富灼、陆费逵、俞志贤、包文信、陶惺存、庄俞、杜亚泉、戴懋哉、寿孝天、孙星如、孙庄等职工都是商务股东。③商务对本馆员工发行股票股权，使公司成为"人人有份"的利益共同体，有力地拴住了职工的人心，同时也是吸引外来优秀人才的有力工具。商务员工，特别是优秀员工，在购买公司股票后，也增添了"当家作主"的主人翁意识，更有利于其敬业精神和忠诚度的培养。

通过以上多种股权运作方式，商务股权成为集聚人心的不二法宝。商务股票收益高，成为吸引优秀人才的有力工具，同时也增加了商务的知名度和美誉度，品牌影响力更加扩大，为商务的发展带来更多的资源和更大的正向效应。

---

① 黄宝忠：《近代中国民营出版业研究：以商务印书馆和中华书局为考察对象》，博士学位论文，浙江大学 2007 年。
② 东尔：《林纾和商务印书馆》，《商务印书馆九十年》，商务印书馆 1987 年版，第543 页。
③ 长洲：《商务印书馆的早期股东》，《商务印书馆九十五年》，商务印书馆 1992 年版，第 653 页。

（三）日常经营管理

商务印书馆在引进现代企业制度之后，不仅没有因为公司治理结构的新旧交替产生不适应现象，反而因此在发展的快车道上越走越好，越走越快。这其中除了制度的优越性，夏瑞芳出色的管理和运作能力也发挥了巨大作用。

商务初建时，就是一家手工作坊式的印刷机构，人员少，业务单一，几位创业股东各负其责，对外事务由夏瑞芳打理，尚未形成企业形态的组织架构。1898 年 6 月，初创才一年多的商务印书馆，因原来的厂房年久失修，忽然倒塌，遂迁址至北京路顺庆里。此时夏瑞芳虽不满足于代印小生意，涉足出版，印发《华英初阶》等书，但商务还是以印刷为主营业务，馆内设有排字房和印书房，分别由鲍咸恩和鲍咸昌兄弟主持，夏瑞芳作为经理，总揽内外大小事情。[①] 此时限于人手和业务规模，没有另设分支机构。

1901 年张元济、印有模入股时，商务成立了有限公司。名为公司制企业，实际各方面业务还在起步阶段，组织架构仍没有进行规范的设置。

1902 年 7 月，北京路顺庆里的馆屋失火后重建。此时因张元济加入，设立编译所的时机也已成熟，故在 1902 年至 1903 年间，商务印书馆分别建立了印刷所、发行所和编译所，"壬寅七月不戒于火，乃建印刷所于美租界北福建路，同时设发行所于棋盘街。癸卯正月又

---

① 高翰卿：《本馆创业史》，《商务印书馆九十五年》，商务印书馆 1992 年版，第 4 页。

置编译所于篷路……"① 三所的设置分别对应了出版流程的三大环节，商务印书馆的出版产业链条基本形成。

1903 年下半年商务与金港堂原亮三郎等人合资以后，必须向政府管理部门进行注册，企业组织架构的规范化设置应为企业注册的基本条件。此时商务印书馆不仅有人员和设备齐全的编、印、发三大所，而且在公司章程之中对所从事的业务范围也有了明文界定，公司章程第二章第二节有如下内容：

> 本总公司设在上海，所有营业系印刷、石印、铅印、铜印版书籍，编辑、编译、发行、运售、兑换各种书籍杂志图画，铸售铅字、铅版、铜模、铜版，又运售学堂化学所用器具及印书材料、印刷机器等件，以及一切与上文相关之事。②

商务早期的编译、印刷、发行三所是各自相对独立的机构。编译所规模较大，相当于一家出版社而非社内编辑部。印刷所也不是只印本馆图书的印刷厂，它功能齐全，能承接馆外多种印刷业务，如果外界业务时间紧、利润高，有可能会先做完外接业务再印制本馆书刊。发行所在业务上也有一定独立性，发行所既卖本馆图书，也售卖多种文具、仪器、外文原版书和古旧图书。三大所的财务统一结算，日常管理方面，三所所长都听从总经理夏瑞芳的总调度。③

---

① 汪耀华编：《商务印书馆史料选编（1897—1950）》，上海书店出版社 2017 年版，第 3 页。
② 吴相：《从印刷作坊到出版重镇》，广西教育出版社 1999 年版，第 306 页。
③ 汪家熔：《商务印书馆史及其他》，中国书籍出版社 1998 年版，第 124 页。

从商务此际从事的业务来看，简单的编、印、发机构功能已支撑不了其规模扩张的速度，不久之后，就开始在各所之下设立分部，在全国各地渐次建立分馆支馆。

随着张元济的加入，商务印书馆三大所都有了专人负责。知识分子成堆、对学养和声望都要求甚高的编译所，由张元济负责；印刷所，由学印刷技术出身的鲍氏兄弟负责；夏瑞芳则总管三所事务并兼管发行所，后来高凤池从美华书馆辞职加入商务以后，发行事务主要由高凤池负责。商务印书馆的中高级管理层，由夏瑞芳、张元济、高凤池、印有模和鲍氏兄弟等人组成，其后多年无大的变化。商务的事业飞速发展，说明这个"领导班子"的能力卓越。

夏瑞芳为人和善，性格包容大度，在商务做总经理 17 年，一直到去世，无人不服膺其能力和品行。夏瑞芳与其他几位商务领导相比虽然年轻，但他的管理能力和魄力，得到商务上下的认同和肯定，确为不争的事实。

商务编译所的管理，夏瑞芳完全仰仗于张元济，因为夏瑞芳壮大企业的决心和服务教育的理念，与张元济不谋而合。编辑出版方面的事，夏瑞芳对张元济更是言听计从，从不掣肘，对张元济提出的方案和策略，即使有困难，也是不遗余力地支持。

张元济出身藏书世家，因家学渊源，心中素有收藏稀世典籍的文化情结。加入商务之后，为便于开展编译工作，建立藏书所是现实的紧迫需求，张元济搜求典籍的愿望更加迫切，"每削稿，辄思有所检阅，苦无书"①。1905 年张元济获知归安陆氏藏书要对外变卖，便找夏

---

① 张元济：《涵芬楼烬余书录序》，《张元济诗文》，商务印书馆 1986 年版，第 282 页。

瑞芳商量，欲购进此批藏书。张元济有专文记述此事："时归安陆氏皕宋楼藏书谋鬻于人。一日夏君以其钞目示余，且言欲市其书。资编译诸君考证，兼以植公司图书馆之基，余甚韪之。公司是时资金才数十万元，夏君慨然许以八万，事虽未成，亦可见其愿力雄伟矣。"[1]张元济素对引进西学颇为看重，在1902—1903年间，商务出版的西学书销路并不好，但一直坚持出版，数量达90种之多，夏瑞芳并没有因为销路不好而加以制止。1908年，高梦旦建议编纂《辞源》，遂招兵买马，精心编撰。因为工程大，投入多年不能出成果，股东和高级职员对此啧有烦言，但总经理夏瑞芳一直不松口，还是继续编下去，这才有《辞源》后来的成功，"可见这位总经理是编辑们的好后勤"[2]。夏瑞芳对张元济以及编译所工作的全力支持，于上述事例可见一斑。

夏瑞芳一直对印刷事务的管理高度重视。据商务同人庄俞回忆："商务印书馆创办初期，经理夏粹方先生兼管印刷所事务，每日必到印刷所巡视。"[3]印刷所工作因有"大鲍"、"二鲍"主持，夏瑞芳可以放手，只管大事，做决策。大鲍学过排印和印刷技术，是印刷技术专家，担任所长，他"性格慎重谨细"，待人"温文尔雅"[4]，受员工拥戴；二鲍协助其兄管理印刷所，论能力的全面和才干，更在大鲍之上，他"优于工艺，尤善支配，印刷所分七十余部，烦琐不可胜言，先生(鲍

① 张元济·《东方图书馆概况·缘起》，《商务印书馆九十五年》，商务印书馆1992年版，第21页。
② 汪家熔：《商务印书馆史及其他》，中国书籍出版社1998年版，第344页。
③ 曹冰严：《张元济与商务印书馆》，《商务印书馆九十年》，商务印书馆1987年版，第29页。
④ 杜亚泉：《记鲍咸昌先生》，《商务印书馆九十年》，商务印书馆1987年版，第9页。

咸昌）处之裕如，孰勤惰，孰优劣，了如指掌"①。两人既是科班出身，又是夏瑞芳的姻亲和创业股东，能力和品行都让夏瑞芳放心，所以对印刷所的日常管理，夏瑞芳无须耗费太多精力。

在发行所的管理上，夏瑞芳既熟悉业务，也费力尤多。在发行所独立以后，夏自己兼管发行所，发挥自身优长，擘画其事，成效十分显著。夏瑞芳重视发行，亲自管理发行，所以商务印书馆的总发行所，就成为总馆的办公地点。夏瑞芳在亲自管理发行所的时期，除了发挥自己在市场推广方面有经验、办法多的优长外，尤注重发行人才的挖掘和培养。比如他很早就发现和引进沈知方等老书坊的杰出人才，为商务早期的市场推广做出了成绩；又如自1903年开始他在全国各地设置分馆和支馆，后来增设分馆直到海外，这是中国书业的一大创举。后来与商务逐鹿教科书市场的中华书局、世界书局等出版企业，莫不照搬这种办法，以此在全国形成较强竞争力。

二、"有秋收获仗群才"

1952年初，张元济曾有诗赠别商务同人，诗曰："昌明教育平生愿，故向书林努力来。此是良田好耕植，有秋收获仗群才。"②商务对人才的重视，张元济自身对于人才的延揽和栽培之功，从这首诗里也

---

① 庄俞：《鲍咸昌先生事略》，《商务印书馆九十年》，商务印书馆1987年版，第7页。
② 《别商务印书馆同人》，《张元济全集》（第4卷·诗文），商务印书馆2008年版，第220页。

能看得真切。在清末民初的时代大潮中，商务由小印厂发展为世界瞩目的文化企业，与时并进，对近代中国的文化和教育发生了重要影响，这一切，无不有"群才"相助；与此同时，商务作为近代中国文化重镇，与北大并称文化教育的"双子星座"，则是其开放自由的文化氛围和优厚条件，吸引了大批优秀的知识分子加盟，在这个平台上实现他们的理想和抱负，所谓"此是良田好耕植"。商务印书馆与优秀人才的双向依存关系，根植于商务创始人对于人才的高度重视、大力引进和倾心培养。对于这一切，夏瑞芳的支持一以贯之。这不仅仅指夏瑞芳独具慧眼发现和引进了张元济这位翰林，商务早期对于人才的重视，夏瑞芳在人才的发掘和使用方面，还有不少故事。

（一）商务早期的人才群体

出版业是文化产业，文化产业的发展离不开文化人的努力，所以优秀的人才是出版业的核心。能够荟萃天下英才，一直是商务印书馆领导者所期望并引以为自豪的事情。20 世纪 30 年代，庄俞在《三十五年来之商务印书馆》一文中写道："本馆过去三十五年对于求人求事之两难状态，实有相当贡献"，"凡教育、工业、商业、文书、技术、事务之人才，在本馆均有献其特长之机会"，而且，商务印书馆不仅与社会优秀分子建立了"密切之情谊"，在培养人才方面，贡献也不为少。①

夏瑞芳识人用人有自己的方式和见解。商务发展有了一定规模和

---

① 庄俞：《三十五年来之商务印书馆》，《商务印书馆九十五年》，商务印书馆 1992 年版，第 741 页。

积累之后，夏瑞芳在人才引进方面有全面的布局，所谓"夏办商务有雄心"（陈叔通语），人才的物色和延揽也是其雄心的一部分。

商务印书馆还在北京路营业的时候，夏瑞芳已深感图书推销工作的重要，聘请了几位具有突出推销才能的人做图书的推销工作。这几个人中有俞志贤、吕子泉、沈知方等。高凤池记载，"三君都是在老书坊里杰出人才，赶考场的，能力很好，也替公司赶过考场"①。

这个时期的夏瑞芳，尚未迫切感受到编译工作的重要性，但对印刷、营销工作特别是图书推销人才极其重视。夏瑞芳试水出版的几本书，如《华英初阶》、《华英进阶》、《华英字典》等畅销一时，奠定商务的财务基础，营销人员功不可没。由于推销工作做得好，商务印书馆的书大受市场欢迎，坊间开始有盗版出现，以至于江南商务总局1899年曾颁布禁令：禁止坊间翻印商务印书馆编辑出版各书。②

被包天笑评价为"头脑灵敏，性情恳挚，能识人，能用人"③的夏瑞芳，不久请到了张元济加盟。张元济入馆以后，夏瑞芳"对企业的兴趣更大大提高，请菊老搜罗人才，健全编译所组织，聘请长乐高梦旦（凤谦）为国文部主任，蒋维乔、庄百俞（俞）等为国文编辑，又依蔡孑民的推荐，聘他的同乡人杜亚泉为理化数学部主任，积极进行教科书编辑工作"④。

商务创立不过五年时间，在夏瑞芳和张元济等人的多方努力之下，不拘一格揽人才，很快就在编、印、发各所出现精英荟萃的盛

---

① 高翰卿：《本馆创业史》，《商务印书馆九十五年》，商务印书馆1992年版，第5页。
② 《商务印书馆110年大事记（1897—2007）》，商务印书馆2007年版。
③ 包天笑：《钏影楼回忆录·钏影楼回忆录续编》，三晋出版社2014年版，第173页。
④ 章锡琛：《漫谈商务印书馆》，《商务印书馆九十年》，商务印书馆1987年版，第108页。

况，形成了优于同行的人才群体。尤其是编译所，更成为优秀知识分子的大本营和聚集地，著书、译书、编书、读书，为知识分子的成长和发展提供了一处极为理想的事业平台。

编译所在张元济的悉心招徕之下，群贤毕集，甚至包括与金港堂合作之后的日本专家，夏瑞芳和张元济都非常看重。这些专家的知识储备和专业能力，在当时的全国范围内看，都是一时之俊杰。这些人才，可以分为两大类别，一类是直接请进馆内担任职务的，是商务中人；一类是没在馆内工作，但与商务关系紧密的，这其中有馆外编辑、股东、作者、译者及其他兼职身份的各类专家名流。凡此种种人物，都在商务印书馆的号召或吸引之下，为商务的发展壮大贡献力量。

张元济自入商务，其日记之内容，相当多的篇幅都是为商务招纳和考察人才的记载。张元济与夏瑞芳一样，都将吸纳优秀人才作为发展商务的首要措施。正是依靠这一大批学有优长、满怀文化理想的英才，商务印书馆实现了从"印书馆"向现代出版企业的巨大转变。商务印书馆被誉为中国近现代出版的"母体"，绝非虚言。中国近现代的大出版家，很多都是从商务印书馆开始其职业生涯并成长起来的，创办中华书局的陆费逵、开明书店创始人章锡琛、世界书局奠基人沈知方、开明书店的叶圣陶、生活书店的胡愈之等，都曾经是商务的业务骨干。

很早就加入编译所的高梦旦、杜亚泉、夏曾佑、蒋维乔、庄俞等人，不仅为商务的发展呕心沥血，作出了巨大贡献，且多数都是学贯中西的饱学之士。通过这些名编辑的带动，更多优秀知识分子进入商务，相互倚重，共同成长，开启了前所未有的知识传播和以书育人的新历程。

1918 年接替张元济出任编译所所长的高梦旦可以说是商务元老，也是这批编辑人才中的杰出代表。

高梦旦 1903 年进馆，任编译所国文部主任，1910 年成为编译所的实际负责人，1918 年正式担任编译所所长。高梦旦自己才华横溢，也是惜才爱才之人，在他三十多年的编辑出版生涯中，一直为商务印书馆出谋划策、网罗人才，殚精竭虑，是张元济的"左右手"，商务的"参谋长"，更被誉为"惜才如命"之人。

陆费逵进商务，就起源于高梦旦的爱才之心。高不仅提拔陆费逵为出版部部长，还将自己的侄女许配给他。然而陆费逵不久后脱离商务，另起炉灶成立中华书局，与商务展开激烈竞争。在这种情势下，商务有不少人说高梦旦"赔了夫人又折兵"，甚至多有埋怨。为此，夏瑞芳和张元济一起替高梦旦承担责任，希望大家理解高梦旦，他信任和重用陆费逵，实是出于爱才爱馆之苦心，同时，还告诫商务同人，眼光要放长远，生出一个竞争对手，并非全是坏事，只要大家齐心协力，就不怕任何竞争。这种宽容和大度，使高梦旦备受感动，此后更以商务为家，鞠躬尽瘁。

商务与知识分子的交往和联系，以张元济为中心，构成了一个庞大的多圈层的优秀知识分子体系，有的受商务邀约成为编译所的一员，有的成为与商务保持长期合作的作者、译者。这样商务成功地以文化为主题，以出版为媒介，与文化界人士建立起一种超越于商业利益之上的友谊，其中既有文化传承和传播的使命自觉，也是商务领导层广纳人才的气度使然。张元济与众多的文坛名家、学术巨子有深交。从清末到民国，前有康有为、梁启超，后有巴金、丁玲，有"文化怪杰"辜鸿铭，也有"新锐"人士如胡适、罗家伦等，名家巨匠之多，不胜枚举。

商务给予作者的优厚待遇，可以从严复和林纾两位作者身上得到见证。严复与张元济很早就有交往，张元济在南洋公学请严复译书时曾给过高稿酬，严复在应南洋公学张元济之邀进行翻译时，即提出待遇不优则无法专心翻译，"如能月以四百金见饷，则仆可扫弃一切，专以译事为生事矣"①。这样的合作模式，张元济到商务后仍能得到延续，因为夏瑞芳一直鼎力支持张元济在文化和教育方面的投入，基本是言听计从。严复的鉴别能力强，译著质量高，文本都经过精挑细选，当时出版后都能长销甚至引起轰动。即便如此，商务给严复所有译稿都支付40%的版税，这在任何时代和任何地方，都是了不得的高稿酬了。当时另一位著名的不懂外文的翻译家林纾，自高梦旦加入商务之后，所有的译稿也都交给商务出版，其稿酬标准一直是千字六元，而当时的一般稿酬标准只有千字二元。

当时很多文化界名流都乐于与商务印书馆结交，也因此受到厚待。与张元济私交甚笃的蔡元培两次出国，商务都慷慨资助；梁启超等人创设"讲学社"，商务"每年岁助讲学社五千元"②。在商务的发展史上，这样的事例不胜枚举。夏瑞芳不惜成本支持张元济与文化界名流的结交，其目的只有一个，那就是借助于名人的能力、学养和资源，出版和发行他们的著述，使商务印书馆发展壮大，扩大影响力，这是主观的一面。从客观方面看，这也是在回馈社会，并为知识

---

① 王栻主编:《严复集·书信》，中华书局1986年版，第526页。
② 子冶:《梁启超和商务印书馆》，《商务印书馆九十年》，商务印书馆1987年版，第508页。

分子营造一个良好的发展环境：无须急功近利，不用为生计发愁，可专注于游学考察、著书立说、弘扬新知，以此推动文化和教育事业的发展。

夏瑞芳在任期间，在用人方面还有一个突出特点，就是重用日籍专家，特别是对于日籍印刷专家高度重视。自与金港堂合作之后，商务先后聘请多位日本技师来馆指导制版和印刷技术，如 1903 年聘请前田乙吉、大野茂雄，1904 年聘请柴田，1905 年请和田瑞太郎等多位技师到商务来传授技艺，商务的印刷工艺和质量因此得到快速提升，很快成为印刷行业的领军者。与此同时，商务编译所也接纳了不少日籍专家学者担任编辑，他们为商务教科书的编撰、刊物的编辑等，都贡献了智慧。商务对于日籍专家一直很尊重，很多事情倚重于他们，因为是商务职员而先后成为股东的日籍专家不在少数，如加藤驹二、长尾槙太郎、小平元、小谷重等，他们兢兢业业为商务工作，部分职员在商务收回日股后仍继续留在商务工作。由此可见，商务既有对人才的重视，也秉持了一种包容开放的企业文化，这在清末民初民族主义高涨时期和很多人盲目反日的气氛下，是很不容易的。

从商务开始与金港堂合作到夏瑞芳去世的 10 年间，商务所聚集的人才已经成为全国之冠，很多人日后成名成家，有些还成为某些行业的开创性人物，因此商务被誉为培养人才的摇篮，影响深远。

（二）不拘一格揽人才

夏瑞芳在吸纳和引进人才方面，想出各种办法，发动多种力量，投入大量精力和财力，所以能够在较短时期内，荟萃社会精英为商务所用。商务这一时期的人才引进方式，进人、用人、留人和培养人才的经验，值得梳理和借鉴。

夏瑞芳时期的商务，人才引进的方式可谓不拘一格。张元济进馆之前，商务规模不大，人员不多，所进员工多为夏瑞芳发现和招揽进馆，也有管理层其他人举荐录用。至编译所成立，印刷所和发行所规模扩大，人员的进用方式有了很大改变，归纳起来，不外乎以下两种主要方式。

第一种是以管理层为核心的引荐、招徕。

商务早期，编译所引进人才最多，以张元济为主，人才的进用方式主要分为两类：一是主动去发现和物色，有合适的就谈条件引进；二是引介，通过商务的职工、友人或作者推荐，经考察合适予以录用。如陈叔通是通过张元济的好友汪康年推荐进馆的；杜亚泉进馆则是因为蔡元培的引介；另有主导编撰第一部中文教科书的蒋维乔、著名编辑家且是首位编发鲁迅第一篇小说的恽铁樵、英文部主任邝富灼等人，也都是熟人居中牵线，获得张元济赏识而顺利进馆，不久就能各自担当重任；茅盾和胡愈之进馆，也是有熟人推荐，进馆后才华得以施展，很快做到主编的位置；蒋维乔后来引荐了庄俞、庄适兄弟加入商务，茅盾推荐郑振铎进馆……此类例子还有很多。优秀人才的聚集效应，在商务印书馆的早期即大放异彩。

对于商务的中层干部，夏瑞芳很重视选拔和引进优秀的人才充任。1906年，商务印书馆在北京设分馆，夏瑞芳亲自赴京物色人才，以候补道身份与学部接洽，并拟聘请京师电灯总公司总办冯恕加入商务，冯恕婉拒后举荐自己的门生孙壮（伯恒），夏瑞芳遂请孙壮担任商务北京分馆经理，并兼任商务收购的京华印书局协理。孙壮进士出身，是书法家和收藏家，掌管北京分馆业绩突出，商务几次拟调其到总馆晋升任职，他不愿离京，坚辞不就，担任商务北京分馆经理约四十年。①

第二类人才进用方式是招考和培训，即通过不同途径投考，包括见招聘广告后应聘、从商务举办的培训学校毕业后入职等。②

商务编译所的起点很高，人才问题借由引荐和招徕的方式较为容易解决。但是印刷所和发行所急需的技术人员较难物色，社会上此类专职技术人员缺乏，大学生又不愿屈就，商务解决这一问题的途径就是自办培训学校，培养专业的技术人员。

商务最早办培训是 1905 年设立的小学师范讲习班，并设附属小学。1907 年讲习班停办，附属小学改组为尚公小学，蒋维乔任校长。1909 年开办商业补习学校，张元济亲任校长，同年还开办了艺徒学校。后期还分别开办过工厂管理员训练班、业务讲习班等，为商务培训职工、培养人才。这些训练班、讲习班的学员，一般是向社会招考有一定文化基础的青年，考试合格后才能参加培训班，培训时间长短不等，很多学员要培训三年，期满后升为业务人员和技术工人。③ 这样的培训方式为商务培养了大批业务骨干，其中有很多学有优长并成大器者，如金云峰、任永长、斯福康、黄警顽等。曾亲身受惠于商务培训教育的金云峰在回忆中说：

---

① 王之恕、宣节：《北京京华书局五十年》，载全国政协文史资料委员会编：《文史资料存稿选编》（第 23 卷），中国文史出版社 2002 年版，第 254—255 页。

② 李家驹：《商务印书馆与近代知识文化的传播》，商务印书馆 2005 年版，第 98 页。

③ 李家驹：《商务印书馆与近代知识文化的传播》，商务印书馆 2005 年版，第 103 页。

商务对于青年职工的培训工作是多种多样的，而且成效卓著。在总管理处的高级职员中，在各地分馆的经理、襄理中，由学徒出身，经过长期培训而造就出来的人才，指不胜屈。这大都是商务当局有计划、有步骤地先招优秀青年，经过长期培训与考验而选拔出来的人物。……一般学徒的培训工作，是使他们在工作中经过培训，可以提高业务水平和工作效率的培训工作。①

学徒与练习生除一起工作外，还一起学习，每星期或每两星期一次，由经理部和出版部的领导讲商务的历史和各方面业务情况，也教授学术内容。商务锐意培训员工的做法，可从商务员工任永长转述当时人事科经理史久芸的一段话中得到印证：

> "商务印书馆从来是注意选拔人才的，只要自己努力，有成就，都会量才录用。现在大家年纪都很轻，进取的机会很多，公司绝不会老是叫你们捧字盘，做杂工的。"大家听了，都很振奋。当时有人说："不怕学徒不长进，只怕当局受鬼混。不怕效率不提高，只怕当局一团糟。"②

商务不单创造条件培训初级员工，也有相关措施鼓励他们进修，充实自己。当时商务规定，学徒需进夜校读书，学习成绩由学校在每

---

① 金云峰：《我和商务印书馆》，《商务印书馆九十五年》，商务印书馆1992年版，第338页。

② 任永长：《我进商务的前前后后》，《商务印书馆馆史资料之四》(内部资料)，1980年，第22页。

学期的成绩表单上注明，直接送交人事科。人事科以此作为学徒升级、加薪或延长学期的依据之一。斯福康说："……学习期间是很少缺课和不努力的。这个培训对公私都有利。"①

商务有名的交际博士黄警顽，就是商务培训学校毕业生，为夏瑞芳赏识并重用。黄警顽通过第一届学徒考试进馆后，首先在柜台按旧式礼仪拜师学艺，后来进商务主办的上海图书学校学习两年，主要学习《书目内容》、《图书提要》等书店店员必须掌握的基本知识，按岗位培训。他进商务的最初 20 年，馆方随时给他进修机会，派他到西洋体育传习所学习，连续四年到南京高师和东南大学选修教育系各科，上明诚学院进修图书版本、目录学等。黄警顽自述，他从当学徒的两年到满师后的前后四年中，从来没有过迟到早退，也没有请过一天假，为此，时任总经理夏瑞芳颁给他一张"勤慎有恒"的奖状。②

当然，有很多受过培训的技术人员后来并没在商务工作。实际上，商务印书馆的培训也是社会性的，为上海的基础教育、职业培训教育作出了贡献，积累了经验。曾在尚公学校出任校长，并兼任馆外编辑的沈百英说："在当时一个公司能够如此重视职工补习教育，提高服务质量，办法是想得很周到的。"③邹尚熊在回忆中说商务印书馆"很早就选收了一批十多岁的少年儿童，教以读书做人之道，分发各

---

① 斯福康：《我在商务印书馆的见闻》，《商务印书馆馆史资料之三》（内部资料），1980 年，第 23 页。

② 黄警顽：《我在商务印书馆的四十年》，《商务印书馆九十年》，商务印书馆 1987 年版，第 90 页。

③ 沈百英：《我与商务印书馆》，《商务印书馆馆史资料之四》（内部资料），1980 年，第 2 页。

部门见习锻炼。后来都成为基本骨干"[1]。

1909 年 1 月 6 日至 8 日，商务印书馆连续三天在《时报》刊登署名为"夏瑞芳、鲍咸昌、高凤池同启"的广告，宣传即将开办的"英文专修学堂"。该则广告在介绍开办英文专修学堂的缘起时说：

> 五洲通商以来，英文之价值已尽人皆知。然必由小学而中学而大学拾级递升，则非一二十年时期、一二千金学费不可。于是为简易速成之计者，开设夜馆课授寒素子弟，然早年谋业，但由夜馆一二年读三数课本，略知算学，即可从事。今读者愈多，选择亦愈精，非区区夜馆所可造就。故同人特请王君文思开办英文专修日夜一馆。[2]

商务的英文专修学堂设在"老北门内季家弄商务书馆学生寓所"[3]，其课程设置分高等和初等，高等学员的课程包括普通历史、地理、算学、文法、谈话、翻译；初等学员的课程包括算学、文法、谈话、作句。所有学员的课本都用英文，对蒙童则加授国文课。商务所聘请的英文教师是经验丰富的资深教师，"王君教授英文已历三十余载，由其门而发达者指不胜屈"[4]。这种社会化的英文培训，并用英文教授其他基础课程的做法，在当时社会是少有的、引领风气之先的。

夏瑞芳等人开办英文专修学堂，除了满足社会对英文学习的需

---

① 邹尚熊：《我与商务印书馆》，《商务印书馆九十五年》，商务印书馆 1992 年版，第320 页。

② 《时报》1909 年 1 月 6 日。

③ 《时报》1909 年 1 月 6 日。

④ 《时报》1909 年 1 月 6 日。

求，也有商务为本馆培养人才的考虑。比如学员中有英文成绩较好的，若还不能进编译所从事翻译工作，但去做英文书籍的校对，或在发行所当推销员、售卖英文书籍，是能胜任的。故广告中还说，"学生程度果可出而办事者，同人当为推荐"①。

（三）"此是良田好耕植"

商务印书馆对于优秀人才的吸引力来自何处？是一个让人不由自主想要弄清楚的问题。如果仅仅是薪水待遇，那些怀揣文化理想的知识分子未必很看重。在物质条件之外，商务印书馆对于社会精英的吸引力，究竟还有哪些呢？

从商务在文化教育方面的作为来看，它担起了引领时代风气的文化先锋角色。

商务印书馆开办后不断转型，由印刷到出版，夏瑞芳和张元济携手，"以扶助教育为己任"，秉承这种开启民智、振兴中华的担当精神，商务印书馆引领了时代之风潮。商务人开拓性地开展各种文化事业，编撰教科书、兴办新刊物、创建新式学校、筹办图书馆等等，使商务印书馆不单作为一个出版机构存在，而且渐渐成为近代文化重镇，"成为近代优秀知识分子的公共活动空间"②，是当时中国首屈一指的思想开明、中西文化融合交汇的文化传播和教育机构。商务印书馆对于优秀人才的凝聚力和吸引力，首先来源于此。

杜亚泉说："时张菊生、蔡鹤卿诸先生及其他维新同志，皆以编

---

① 《时报》1909 年 1 月 6 日。
② 史春风：《商务印书馆与中国近代文化》，北京大学出版社 2006 年版，第 192 页。

译书报为开发中国急务。而海上各印刷业皆滥恶相沿，无可与谋者，于是咸踵于商务印书馆，扩大其事业，为国家谋文化上之建设。"① 这种使命担当精神和文化先锋的气质，在商务的"夏瑞芳时代"已经初步形成。

对于当时的社会精英而言，商务印书馆为他们提供了优越的成长环境和做事平台。

新旧时代交替，但是无论是传统知识分子，还是饱受新文化熏陶和留洋回国的知识分子，都一样有着"修齐治平"的抱负和理想。面临大变革的时代，走仕途往往前程短暂又充满风险，文化人最好的选择莫过于著书立说，或在文化教育界谋求发展空间以安身立命。在商务印书馆这样的文化机构，既有一定的社会地位和影响力，又有不错的薪俸养家糊口，在当时的社会环境下，这样的平台不啻为知识分子的上佳选择。即使那些出身低微、家境贫寒的有志青年，也能借助这个平台得以成长，并有所作为。商务印书馆能够集聚众多英才，也在于它提供了这样一个优裕的平台，"它改变了封建国家支配知识分子命运的传统方式，为知识分子安身立命提供了一个新的活动空间"②。费孝通先生曾称赞："商务印书馆既是一个印书馆，也是一个育才馆。它不仅以印书为广大人民提供精神食粮，而且为了印书也培养了一大批作家和学者。"③ 对知识、对人才的尊重，以及自身独有的"兼容并包、唯才是举"的文化品格与文化魅力，依靠这两点，商务印书馆会

---

① 杜业泉：《记鲍咸昌先生》，《商务印书馆九十年》，商务印书馆 1987 年版，第 9—10 页。

② 史春风：《商务印书馆与中国近代文化》，北京大学出版社 2006 年版，第 215 页。

③ 费孝通：《忆〈少年〉祝商务寿》，《商务印书馆九十年》，商务印书馆 1987 年版，第 375 页。

集天下英杰，为它的成功奠定了最坚实的基础。①

　　商务对于人才的吸引力还有一层重要原因，就是对知识的尊重和对人才的礼遇。

　　夏瑞芳执掌商务时期，对于知识分子的尊重众所周知。对于聘请来馆工作的知识分子，夏瑞芳"对他们很尊重，不仅薪金高，而且尊称他们为'老夫子'，还让工友称他们为'师爷'。编辑人员除月薪外，还供给膳宿，甚至茶叶、水烟"②。对知识分子的尊重和厚待，逐渐成为商务的传统。张元济自己受到夏瑞芳的高度尊重和礼遇，同时，在他与文化界学者名人交往过程中，更加把这种尊重发扬光大。与商务印书馆有长期合作的严复、蔡元培、罗家伦、梁启超……这些大家，夏、张等商务领导层对他们都是礼遇有加。正是这种重视人才、优待人才的气度和胸怀，使得商务团结了一大批知识分子、学界名流为商务撰述、服务，商务也把自己的发展与民族的文化教育事业连在了一起。以扶助全民族的教育事业为使命，以传播科学文化知识为己任，商务才可能与时代共进。

　　这样的知遇和厚待，使优秀知识分子与商务印书馆之间建立了一种超乎寻常的互动和依存关系。这种超越一般著述者与出版者之间商业利益的交谊，也许正是今天的出版人所欠缺的。

　　商务的魅力，还有一点也不容忽视，夏瑞芳温和宽厚的管理风格，造就了商务印书馆大度包容和以人为本的企业文化。

　　商务早期，处于筚路蓝缕之时，管理没有那么规范，各式制度和规定限制没有那么完善，倒是造就了一种宽松的企业环境。人才的流

---

　　① 史春风：《商务印书馆与中国近代文化》，北京大学出版社2006年版，第215页。
　　② 张人凤：《智民之师·张元济》，山东画报出版社1998年版，第52页。

动，来去自由，也没有同业禁止的限制。宽松的环境，一流的平台，才能孕育出一批杰出的出版创业者和出版大家。有这样的"印书馆"、"育才馆"，是中国近代出版业的一大幸事。

三、印刷之道尽精微

陆费逵在 1916 年出版的《中华书局五年概况》中说："印刷为文明利器，一国之文化系焉。"一语道出印刷的重要性。

商务起飞，其印刷技术的革故鼎新并引领行业发展是非常重要的促进因素。商务创办人几乎都是印刷方面的行家里手，尤其是夏瑞芳和鲍氏兄弟，对印刷技术和出版工艺有着近乎痴迷的爱好和求索精神。夏瑞芳时代，商务印书馆在印刷工艺和技术上的进步，堪为行业翘楚。正是印刷上的成功，或者说是印刷技术的进步不断推动出版业的发展，带动商务印书馆的业务由印刷上溯到出版，下延及发行，乃至于覆盖整个出版产业链，建立起庞大的出版商业帝国。

商务印书馆创办后十多年间，已做到行业龙头地位，至 1905 年，商务印书馆的资本已逾百万，并跻身全中国企业 15 强，其中印刷产业是支柱之一。梳理商务与印刷技术相生相伴的关系，夏瑞芳的深谋远虑和大胆开拓是贯穿其中的一条主线。

（一）以印刷业为发展根基

商务印书馆创业之初，印刷业务是主要甚至唯一的支撑，也是一项带来丰厚回报的业务。

新的印刷技术，在 20 世纪初的中国出版界，具有先进的引领作用，带来的是书业、文化和教育各行业的革命性变革，而且，这种引领的商业价值、文化普及和传播价值，深受时代恩宠。即使一家小小印刷作坊，因工于技术、重视质量，也能逐渐被市场认可、社会关注，并站立于时代发展的潮头。得益于印刷业的特殊地位和存在价值，夏瑞芳有机会结识张元济、蔡元培等文化教育名家，因为办印刷厂，能与梁启超、宋耀如相交往。在清末民初的中国，如果不是从事印刷业，不会有这样的机缘和平台。

印刷业的兴盛源自平民化阅读的普及，夏瑞芳敏锐地感知到这一动向，觉得印刷业大有可为。

夏瑞芳的早期求学和工作经历，使他意识到印刷产业的发展机遇来临。他在学生时代有幸学习和掌握了印刷技术，后来到外资企业做印刷工人，对印刷行业渐渐熟悉和了解。其时现代印刷技术刚传入中国不久，印刷产业尚在形成时期，而尤以外国报社、教会等机构所主导，本土印刷企业才刚刚起步。

正是这个时候，清朝末年商业和文化最为发达的上海，印刷行业的发展呈现出兴盛之势。这种兴盛的源头，并不仅仅是因为闭关锁国的清政府被迫打开了大门，为西学东渐的时代潮流所裹挟，具体到上海这一地区，还有更多的影响因素在起作用。

首先，上海作为新兴都市，市民群体快速增长，这一大众群体的阅读倾向和需求，是触发印刷业迅速发展的前提条件。这一群体对出版物的要求，主要着眼于实用、简明和便宜，但其内容又是那个时代的新生事物、代表新兴市民阶层的理想和追求。夏瑞芳根据自己的亲身经验，选定来自印度的英语教材《华英初阶》请谢洪赉翻译整理，并加注中文，出版后一举成功，就是显著的例证。《华英初阶》是夏瑞芳在清心学校学过的课本，当时很多外国人办的学校，常用此书作为教材。这本教材对于初学英文的中国人来讲，刚开始如读天书，因为完全没有中文注释和说明，这一点是夏瑞芳在学校读书时的切身感受。但他又很了解这本书的实用价值，在当时的社会环境下，预判其市场需求量肯定很旺盛，所以拿这本书小试牛刀，并亲自推销，果然销路奇好。可以说夏瑞芳是在适宜的时间和适宜的环境，开发出了适宜的产品。这是夏瑞芳的敏锐和能干，也是早期商务的幸运。

《华英初阶》的成功，使夏瑞芳和同人们意识到，图书市场上有一个与以往只看古典书籍完全不同的读者群存在，且购买力不可小觑，这个群体正是新兴城市中逐渐成长起来的市民阶层。掌握现代印刷技术的商务印书馆，顺应这个时代的潮流和社会发展的带动，针对这样的读者群体，开发出一系列符合他们需求、受到他们喜爱的图书，既培养了读者，主导了市场，也为商务在出版领域找到了方向。

其次，受战乱影响，原在江浙之地的很多书局等文化机构，渐次迁往上海，为上海本地书业的发展提供了很好的基础。不仅如此，比书局的转移更深刻的改变是，还有大量的人口、财富及文化资源都在此时流入上海。此时的上海，成为半个南中国的避难之地，"由于江南各城破坏严重，上海这个通商口岸由于租界的安全条件以及地理位置的便利，无形中成为江南人口在动乱后积累经济资源，修复旧业，谋求发展的休养生息之地"①。人口和财富的集中也为上海的出版带来

---

① 孟悦：《商务印书馆创办人与上海近代印刷文化的社会构成》，《人·历史·家园：文化批评三调》，人民文学出版社 2006 年版，第 101 页。

机遇，此时古书刻印蔚然成风，新书出版开始发展，文化氛围渐渐浓烈，新兴市民阶层逐渐成为图书市场的主要消费者。

其时西学的兴起、教育的变革，极大地推动了出版事业的发展，作为出版重要一环的印刷业亦随之兴盛。商务创立的年代，正是维新变法风潮日渐高涨、新型书刊层出不穷的年代，以夏瑞芳为代表的商务经营者，敏锐地感受到了士大夫阶层读书取向的变化，积极捕捉到新的商机，这使得这所由底层民间集资创办的印刷所，获得了进一步发展的可能。

当时从外国人到中国人，办报、办刊的越来越多。商务虽小，却能以质量和信誉与这些办报办刊的文化人开展业务往来。汪康年投资创办的《昌言报》，请商务印刷；张元济在南洋公学主办的《外交报》、编写的教材等，也请商务代印；维新运动失败后，亡命日本的梁启超创办《清议报》，商务又成为该刊在上海的销售点。

西学译介，朝廷开办新式学堂，对出版业都是重大利好。而这一相关链条之中，教会的参与是中国印刷业发展的重要因素。商务最初的印刷业务主要来自教会。早在筹划时期，商务的创办人已经把承印教会的印刷品记入稳定的项目，"圣书会、圣经会、广学会的几处印刷品，是有把握的"①。开办初期，创办人之一的高凤池没有像夏瑞芳那样辞去外边的职务，专心于商务本身的业务，显然是因为那样更有利于商务。作为教会系统的美华书馆的华人经理，他在"商务方面添办材料的事，常常帮一点小忙"②。也就是说，商务初创时期，无论直接还是间接，都从教会出版系统获得过很大帮助，成功地凭借了西学

① 高翰卿：《本馆创业史》，《商务印书馆九十五年》，商务印书馆 1992 年版，第 2 页。
② 高翰卿：《本馆创业史》，《商务印书馆九十五年》，商务印书馆 1992 年版，第 4 页。

传播的东风。

当时的印刷业成本低廉，利润丰厚，这一新兴行业大有可为。市面上一般图书的成本不及售价的 25%，例如一本线装 40 双页的西学书，成本 5 分，却可卖二三角钱，印刷出版利润很高。上海作为大商埠，新书新报多，新式机器印刷业的前景广阔。《北华捷报》1889 年 5 月 25 日发表过一篇题为《中国的石印业》的文章，其中说道："印书如此便宜，对于一个大家喜欢读书的国家来说，是一件幸事。"

由此可知，商务创办之时，上海一地的印刷业渐成兴旺之势。印刷业作为新兴行业，对创业者有强烈的吸引力，但是竞争也日趋激烈。机遇和挑战，商务创办者们都必须面对。

（二）印刷设备、技术和质量领先全国

在商务印书馆之前，上海印刷业的旗舰企业非美华书馆莫属。19 世纪后期直至世纪末的很长一段时间，美华书馆是外国人在中国开设的规模最大、设备最全的印刷机构，工人一度达到二百多名。在商务印书馆成立之前，它在中国出版行业中一直居于垄断地位。随着商务印书馆业务的发展，美华书馆一统上海印刷业的局面被打破。1905 年以上海为中心爆发全国性抵制美货运动后，美华书馆又一次受到冲击，从此渐趋衰落。

商务印书馆不仅是中国人自办的印刷企业，掌握了机器印刷的基本技术，而且在发展过程中不断追求新设备和新技术的引进，同时自己培养人才，全面推进印刷技术的革新，所以在出版行业特别是在印刷技术方面，得力于夏瑞芳等人的奋发图强，能在较短时间内取美华

书馆而代之，这是中国民族企业的自豪之处。

夏瑞芳在印刷设备投入方面从来不惜成本，开创之初商务就不断抓住机遇对设备进行升级换代，逐渐立稳脚跟，并成为本行业的龙头企业，甚至自造印刷设备出售。

蒋维乔在《夏君瑞芳事略》一文中提到，"我国向无印刷事业，君乃亲赴日本考察，有所得，归而仿行之。于是印刷之术，焕然一新，营业亦日盛"[1]。有记载说，夏瑞芳这一趟去日本考察，动用很不充裕的创业启动资金，购买了最需要的几样印刷设备，以便在印刷质量方面做到更好，领先于同行。特别有研究者提到，夏瑞芳去日本考察后，购买了优于国内英美外资企业的中文字模，所以商务印书馆开业不久，印刷字体的美观程度就比其他印书房好很多，这也是商务能够迅速扩大印刷业务的重要原因。

不久之后，夏瑞芳又抓住机遇以低廉价格盘入修文书馆全部设备、技术和业务。中国印刷企业首次使用纸型印书，也是肇始于商务收购修文书馆获得的设备和技术。[2] 这次收购，是一次印刷技术和设备的全面换代升级，商务印书馆的业务领域越来越宽。

夏瑞芳决定与金港堂合资，其中有一个很重要的因素，就是利用金港堂的资金，对商务的印刷厂房和机器设备进行升级换代。据1905年的商务股东常会记载，会议决策事项就包括"订购印刷机器，购地基建造栈房"等内容。

夏瑞芳和鲍氏兄弟对于印刷技术和设备的重视自创业起始终如一，只要有机会和资金，就会不遗余力地投入，这是印刷质量提升的

---

[1] 蒋维乔：《夏君瑞芳事略》，《商务印书馆九十年》，商务印书馆1987年版，第4页。

[2] 王益：《中日出版印刷文化的交流和商务印书馆》，《编辑学刊》1994年第1期。

前提，也是商务逐渐成为上海乃至全国印刷业引领者的重要基础。

夏瑞芳熟悉印刷行业，对这个时期出现的市场和商机，有灵敏的嗅觉。卢仁龙先生说"作为技术出身的夏瑞芳及早期创始人，对印刷技术的引进与改造有着近乎痴迷的爱好"①，确是中肯之论。无论是夏瑞芳，还是鲍家兄弟，以及所谓"教会派"的多位中上层骨干，无不精于印刷技艺。商务成立之后，夏瑞芳选派鲍咸昌、郁厚坤等人多次前往日本，学习印刷技术。有这样一批印刷专家的带领，商务的印刷所不断革新印刷技术、扩大制造产业，培养出一批全国顶尖的技术骨干，同时依托于优良的设备，在印刷领域开辟出了一片全新的天地，为中国现代印刷业的发展打下了基础，拓展了新路。

商务与日本金港堂的合作，夏瑞芳看重的不仅是日方提供的资金，更大的目的是学习和借鉴日方的技术和经验，而这其中有关印刷技术的提升对于商务的发展助益很大。双方合资后，商务在出版印刷技术上得到了金港堂不少帮助。金港堂多次派技师到商务传授印刷技术，如照相落石、图版雕刻、黄杨木刻、五彩石印等。当时，商务是国内首家采用五彩石印的企业。

夏瑞芳在印刷技术方面的举措，有几项对商务的发展和起飞帮助甚大。

用有光纸印书，是夏瑞芳的首创。

在纸张的使用方面，夏瑞芳也下功夫揣摩，尽量找印刷效果好、价格又便宜的纸张，以扩大销路，后来居然找着了，而且给初创时期的商务印书馆带来更多的收益。高凤池回忆："我国用有光纸印书，

①　卢仁龙：《寻找现代出版史的失踪者——记商务印书馆创始人夏瑞芳》，《读书》2017 年第 2 期。

也是夏瑞芳先生想出来的。原先所用的都是中国纸,出数极少,价钱又贵,通常用的大概有三种。一种叫毛边,一种叫毛太,一种叫连史。有光纸一面是毛糙的,一面是极光滑洁白,其性质一半像毛边,一半像连史,比起价钱来,要便宜到三分之二,后来各书坊多有改用有光纸的,但不晓得向哪里去买,均托瑞芳先生代为订购,赚的钱也是不少。"①

夏瑞芳和鲍家兄弟致力于活字字体的探索革新,为活字字体的国产化作出了贡献。

使用何种字体,是能否推动印刷技术革新和保证印刷效果美观的重要因素。夏瑞芳熟知相关知识,且有在美华书馆等外国资本企业的工作经验,所以创业之初,对于使用何种字体能取得较好印刷效果非常重视,故商务的印刷质量在同行中声名渐著。夏瑞芳得以与张元济结识,与更多的文化名人常相过从,印刷物的质量是一个极好的媒介。商务印书馆成立的第二年,《昌言报》就在"本馆告白"中声明"本馆因欲将报册格外讲求精美,故特另托商务印书馆代印",间接为商务印书馆的印刷质量打了广告。这中间也与张元济对印刷质量的讲究有关,他在南洋公学时对《昌言报》的石印效果很不满意,因见到商务印书馆的铅印效果出色,便做主改由商务代印,从而生发出后来一系列载入近代出版史册的故事。

夏瑞芳的印刷小作坊之所以能在短时间内获得《昌言报》的认可,除了新添置了机器,印工讲究,还有一个关键招数,就是使用了四号活字印刷《昌言报》。因此故,"《昌言报》……焕然一新。三号

---

① 高翰卿:《本馆创业史》,《商务印书馆九十五年》,商务印书馆 1992 年版,第 5 页。

活字换为四号，因为活字质量高，所以印刷鲜明，一时传为美谈"①。
这个四号活字是修文书馆销售的日本东京筑地活版制造所"筑地明朝
体"（中国称"宋体"）活字。正是采用了来自日本的最新活字，使得
商务印书馆在创业初期得以崭露头角，从而迅速取得了一定的市场份
额。夏瑞芳决定改用四号字体，也是冒了一定风险的。"当日的清政
府为了钳制报刊出版，竟下达一道莫名其妙的规定，凡报刊字码必须
采用三号铅字，否则将面临被取缔的命运……"②夏瑞芳再次以"不怕
清廷"的勇气，大胆改革印刷字体，不仅赢得了市场，也创生了更多
改变商务命运的机缘。

　　1900 年盘入修文书馆之后，商务印书馆又获得了二、三、四、
五、六号铜模，以及其他机件工具、铅字材料等，成为当时保有字模
并能进行活字铸造、销售的为数不多的中资企业，为活字字体的开发
打下了基础。

　　在字体的开发和创新上，商务自 1909 年开始，不畏烦琐，精雕
细刻，推出了二号楷书体。这种字体旨在传承和发扬被中国传统书法
和印刷领域视为正统，且比宋体更为美观的楷体字，是在活版印刷这
一新技术领域中确立中国独创字体的大胆尝试，这也正是《商务印书
馆志略》中"求印刷事业之日新月异，俾与世界进步相适应"这一目
标的具体表现。不过据记载，这一字体开发出来后，因工艺复杂应用
不广，不能算成功之作。即便如此，商务印书馆这种一心弘扬国粹、

---

① 孙明远：《商务印书馆的金属活字字体开发活动及其历史贡献》，《新西部（理论版）》
2016 年第 7 期。

② 庄玉惜：《印刷的故事——中华商务的历史与传承》，三联书店（香港）有限公司
2010 年版，第 46 页。

不甘落后、要与欧美国家一争高下的抱负和尝试，是值得后人敬仰的。此举还有一层重要意义，就是二号楷书体的开发，是中国印刷企业进行活字字体开发的首次尝试，从此揭开了国人自主开发汉字金属活字字体的序幕。

夏瑞芳主管商务时，在制版技术上精研探索，师法先进，商务迅速成为国内印刷行业的技术引领者，在印制的精细和美观方面，均达到很高水准。

商务制版技术的提升，从师法日本开始，引进技术、培训人才，加强自主研发和提升，很快就达到与日本等发达国家相媲美的程度。自商务收购日本人的修文书馆开始，夏瑞芳等人对于制版技术的提升铭刻于心，想方设法向日本企业学习，至与金港堂合作后，更加利用合作优势，大力提升本馆制版技术，其技术方面的精巧和全面，很快达到一流水准。这一时期，商务主要有以下几类制版技术的发展和提升。

一是照相网目铜版和照相锌版。"这两种印版，配合活字版，在凸版印刷机上印刷，可以使书刊报纸达到图文并茂的效果。"[1] 该技术1900 年已传入中国，1903 年商务印书馆又聘请日本技师前田乙吉、大野茂雄来馆指导，使这两项技术进一步提高。

二是黄杨木雕刻版（wood engraving）。该制版技术由美国人伯维克（Thomas Bewick）首创，1887 年由法国传入日本。1904 年商务印书馆聘日人柴田氏来华传授此项技术。黄杨木版的特点是用白线为基调来表现浓淡和层次，其精美程度不比铜版差，且比铜版更有神韵。

---

① 王益：《中日出版印刷文化的交流和商务印书馆》，《编辑学刊》1994 年第 1 期。

单色和彩色均可制作，但是成本昂贵，没有得到充分发展。王益先生曾感叹"时到今日，在中国出版印刷界，黄杨木版已鲜为人知，非常可惜"①。

三是雕刻铜版。这种制版技术复杂但精美，主要用于钞票、邮票、股票、债券等高级印刷品的印刷。雕刻铜版 18 世纪就已传入中国，但只限于为宫廷服务，民间极少应用。20 世纪初上海海关曾用以印刷税票，也未能普及。1905 年，商务印书馆聘日本雕刻铜版技师和田瑞太郎、三品福三郎和角田秋成三人来华传授雕刻铜版技术，培训了不少学生，使用才多起来。②1912 年，已初步掌握雕刻铜版技术的原商务印书馆职工沈逢吉赴日本凸版印刷公司学习，老师是当时负有盛名的专家细贝为次郎。沈逢吉 3 年学习期满后回国，成为国内为数不多的雕刻铜版技师。

四是珂罗版（collotype）。上海徐家汇土山湾印刷所 1890 年首先采用珂罗版印教会图画。有正书局接着聘日人龙田氏教授华人，该技术逐渐被普及应用。商务印书馆 1907 年开始使用珂罗版，正式建立了珂罗版车间，用它复制中国传统的水墨画和书法真迹，效果特别好，因而被高度重视。③ 此后，商务印书馆利用珂罗版技术印制了不少精品书画，印制效果精妙入微，深淡层次分明，几乎达到以假乱真的地步。1914 年，商务印书馆进一步改良珂罗版印刷，出版精品画册，成为该项技术应用的行业翘楚。

另外还有照相制版术、电镀铜版、三色铜版等制版技术，商务印

---

① 王益：《中日出版印刷文化的交流和商务印书馆》，《编辑学刊》1994 年第 1 期。
② 王益：《中日出版印刷文化的交流和商务印书馆》，《编辑学刊》1994 年第 1 期。
③ 王益：《中日出版印刷文化的交流和商务印书馆》，《编辑学刊》1994 年第 1 期。

书馆都先后引进并应用，在提升印刷效率、改进印制效果等方面不断取得进步。还值得一提的是，电镀铜版最早由美华书馆引进应用，但效率很低，镀制一版要七八天，商务于 1912 年开始使用发电机镀铜，只需七八个小时，效率有了极大提升。

高水准的彩印技术也是商务印刷的一大亮点。

印刷水平的高低，在彩印技术上最见真章。商务印书馆得天独厚，有印刷专家当老板，夏瑞芳、鲍咸昌等人不仅自己精通印刷技艺，而且不断地派人出国学习先进技术，更常聘请外国技师来馆进行指导，所以印刷水平一直处于全国领先地位，特别是商务的彩印技术，当时同行中无人能出其右。

自 1905 年开始，商务印书馆先后聘请日本彩色石印技师细川玄三、冈野、松冈、吉田武松、村田、丰室等多人来华从事彩色石印，商务的彩印技术获得很大提高。此后，商务印书馆又多次派遣技术人员赴国外学习。1907 年，商务选派郁厚培赴日，在金港堂总印刷厂学习照相制版技术一年，回国后出任印刷所照相制版部主任。1908 年，商务印书馆选派黄子秀赴日本，专门学习彩色珂罗版技术。1909 年至 1913 年间，商务印书馆聘请美国摄影师施塔福担任摄影和照相制版的主管，施塔福以其娴熟的摄影技术和当时最新式的照相器材，改良了照相铜锌版，首次引进三色铜版胶印技术。这些举措，使商务的彩印技术更加成熟和完善。

商务因为较早掌握了彩色石印技术，就可以印制彩色插图，应用于"最新教科书"，使商务版教科书深获学生的喜爱。"据统计，六十课课文共插入一百幅插图，其中四幅为彩图。插图又必与相关文字相互对照，同置于一对开页上。"① 这样的印制技术印出来的教科书，使其他书商的教科书相形失色，完全没有竞争力。"在此期间，商务又设立了五彩落实部和图画部，将彩色石印技术更广泛地运用到各类彩色广告、月份牌、画片、地图等工商业美术中。这些彩色石印的印刷品，得到了国人的喜爱，因而十分畅销。"②

商务印书馆使用彩色石印技术印制的地图，现有 1906 年印制并留存于世的《坤舆东半球》和《坤舆西半球》，其美观和精细程度令人叫绝。此地图的彩印水平非常高超，特别是以下三个方面：一是此地图由"日本技师按色彩深浅层次套印，共套上八种颜色，分八次进行，每次套上不同色彩，而颜色准确地套在其应有的位置上，丝毫未见半点差池，足显技术精准"③；二是该地图"历时百载颜色依旧鲜艳且层次鲜明，纵使以现今的标准分析，褪色程度不超过百分之十。相信这是拜天然材料的油墨所赐，如矿石、黑炭和花瓣磨抹的颜料，称得上是环保印刷"④；三是"篇幅巨大，一米乘一米，需分拆两片石膏版印制"⑤。

当时彩色石印技术逐渐普及，使用广泛，但在书画印制上，要讲究印刷效果和细节的精妙程度，石印仍然不及珂罗版。商务印书馆印

---

① 庄玉惜：《印刷的故事——中华商务的历史与传承》，三联书店（香港）有限公司 2010 年版，第 47 页。

② 黄一迁：《商务印书馆对图像复制的推动》，《艺术科技》2016 年第 1 期。

③ 庄玉惜：《印刷的故事——中华商务的历史与传承》，三联书店（香港）有限公司 2010 年版，第 55 页。

④ 庄玉惜：《印刷的故事——中华商务的历史与传承》，三联书店（香港）有限公司 2010 年版，第 55 页。

⑤ 庄玉惜：《印刷的故事——中华商务的历史与传承》，三联书店（香港）有限公司 2010 年版，第 55 页。

刷所在夏瑞芳和鲍氏兄弟的努力之下，对珂罗版技术不断改进，精益求精。后期印制的珂罗版宣纸本系列画册，均是难得的印制精品。后来，商务又成功试制了宣纸十五色版，印制效果更加精妙，令人爱不释手。①

除了照相版，雕刻版也是商务彩印的主要技术。在照相版还没有普及之时，黄杨版成为比较适合印刷精美图片的技术。商务印书馆曾聘日本技师指导黄杨版的雕刻技术，但木刻版毕竟耐印力较弱，极易造成图谱失真。商务印书馆在日籍技师的帮助下，开辟雕刻铜凹版印刷。采用这一技术印刷的图片和画册精美传神，很好地展示了商务印书馆在印刷技术方面革故鼎新的社会形象。

印有彩色图片的书刊大量出版，有效促进了书刊的普及程度和销量，形成的影响非常广泛。商务印书馆主导的对于印刷技术的引进、开发、改良，为印制图片画册大开方便之门。在机器化生产的推动下，彩印技术大大降低了美术印刷品的成本，名家字画从此不再成为特权阶层的收藏品，能够简便地提供给广大读者自由地欣赏。从这个意义上来说，商务在彩印技术上的进步，不仅提升了书刊印制的精美程度和吸引力，也为文化艺术特别是美术的普及和传播作出了重要贡献。

商务印书馆的书刊装帧，也值得关注和赞誉。商务有不少的书刊装帧和设计风格，甫一推出，效仿者众多，可谓当时出版界开风气之先者。

商务版教科书的装帧颇受学生欢迎。

---

① 黄一迁:《商务印书馆对图像复制的推动》,《艺术科技》2016 年第 1 期。

商务印书馆对于教育的重视，不仅表现在对教科书内容的编写上，对于教科书的装帧设计，也高度重视，花费了不少心思。商务最早推出的"最新小学教科书"，除了前文提及的几幅彩页插图，还加进了大量精美的单色图画，直观生动，印行多年深受学生喜爱。

商务后来推出的共和国教科书，在装帧设计上也颇讲究。教科书正文采用有光纸石印，书名使用楷书，外加粗线框，以黑油墨印在淡栗色的鸡皮纸上。由于发行量大，这套教科书的装订改用单根粗纱线装。后来因用纸变化，装订又由折页齐栏线订的形式，变为大张连折的铁丝装订，这种装订方式成为现代平装书形式的开端。商务以后出版的丛书和文库类图书，常采用汉砖或金石纹样作为装饰。在中小学教科书的装帧上，常以不同颜色的纸作为封面材料，或用单色印刷封面底色，封面的四周用图案作装饰边，用铅字排书名，这种设计形式在当时来看，不乏新意。①

商务的两面印刷和平装，在当时亦开风气之先。

商务的书刊很早就采用了双面印刷，并在装订形式上有所突破。1908 年，商务版《日本明治学制沿革史》，采用了两面印刷精装，说明商务的印刷、装订已达到较高水平。此后，两面印刷、平装在印刷界风行，这是清末时期上海出版业的一大变革。民国初年，商务出版的《东方杂志》、《小说月报》等刊物摒弃了旧有线装书形式，开始采用两面印刷，西式装订（平装）。此在刊物装订形式上的开创之举，有效推动了国内印刷装帧技术的革新。

商务印书馆早期在印刷方面取得的成就，夏瑞芳是领导者、践

---

① 黄一迁：《谁言"书衣"不精彩 小议清末民初商务印书馆的装帧艺术》，《上海工艺美术》2008 年第 4 期。

行者。上述文字只是就有限的资料作简要梳理，略见一斑而已。庄俞有一段文字，讲述了早期商务印书馆在印刷技术方面的成就概貌：

> 文化之进步，必赖印刷品之宣传，故印刷业之进步，与文化有密切关系。本馆开办以来，加意研究，历经派人至东西各国学习考察；同时不惜巨金，延选高等技师，一面畀以专责，一面教授艺徒，三十余年间人才辈出，凡外国印刷之能事，本馆皆优为之。如铅印、单色石印、五彩石印、三色版、珂罗版、雕刻铜版、照相锌版、凹凸版、影写版、影印版等，各种出品，无不精美异常。历年代印之钞票，债券，商标等，久为各界称许；古今图书字画，能与原物不爽累黍，永不褪色。如彩色照相制版，为美国新发明之技术，本馆前曾特聘专家海林格君（L.E.Herlinger）教授，无论图画有若干种颜色，均能用照相镜分别照出，放大缩小，随意之便，比较手绘，格外周密，而省去摄影复印之手续时间不少，出品既速而精，允称独步。此外凸版、凹版、胶版、三色版、影写版等之印刷及整版、制版等技术，各有专家指导。近年增置之影写机，用印图画，益见精速，当初借才异地之苦心，所以求印刷事业之日新月异，达此目的，不易言也。①

商务印书馆的印刷技术取得飞跃式进步，不仅在国内获得奖项无数，对比现代印刷工业十分发达的欧美，也算得上佼佼者，正如上引庄俞所言：凡外国印刷之能事，本馆皆优为之。

---

① 庄俞：《三十五年来之商务印书馆》，《商务印书馆九十五年》，商务印书馆1992年版，第740页。

（三）印刷产业链的延伸

夏瑞芳是个思维活泛的商业奇才，既重实干，又擅长创新。创业之初，在他的谋划下，商务印书馆从印刷出发，不断涉足新的领域，为商务的发展带来新商机，赢得更多利润。

在夏瑞芳主持下，早期的商务印书馆依托设备的更新和技术的改良，发展出更多的业务，成功地拓展了印刷产业链。比如，1898 年 8 月 26 日的《昌言报》第 6 册中，刊载有商务印书馆"专售大小活字"的广告，"本馆专铸大小新式活字铜模铅版精印中西书籍日期报单一切仿单并代办各种印书机器价廉物美中外驰名……近来各省大宪所办机器铅字大半购自本馆……"① 表明这一时期商务印书馆已将业务范畴扩大至金属活字、活版机械的销售领域，但所谓"专铸大小新式活字铜模"，应仅为代销日本等外资企业的活字，因为这一时期商务印书馆还没有开发字模所需的技术、资金与时间。

在收购修文书馆之后，依托于先进的设备，印刷产业链得到进一步扩展，创业元老高凤池甚至认为"商务基础之稳固乃发轫于此"②。这次收购，还使商务获得了多种字号的铜模以及其他机件工具、铅字材料等，商务自此以后，不仅拥有字模，还能进行活字铸造及销售，"自己有浇字机，可以卖铅字"③，业务范围和影响力因此得到大幅提升，赢利能力也大为提高，这在当时的中国印刷企业之中，是极少

①　孙明远：《商务印书馆的金属活字字体开发活动及其历史贡献》，《新西部（理论版）》2016 年第 7 期。
②　高翰卿：《本馆创业史》，《商务印书馆九十五年》，商务印书馆 1992 年版，第 4 页。
③　高翰卿：《本馆创业史》，《商务印书馆九十五年》，商务印书馆 1992 年版，第 4 页。

有的。

1904 年，商务印书馆在《时报》的创刊号上刊登"精铸铅字铜模"广告，用大号字体宣称"精印中西书报文件，专制照相电气铜版"，其广告内文说：

> 本馆创设已届八年，专售各种印书机器，自铸铅字、铜模、铅版、各式新样花边，凡印书报等器具一应俱全。各省官商书局、学堂多系本馆承办并代印各种书籍不下数千种，又发兑各种洋纸、学堂仪器、文具、华英字典读本兼译东西洋实学要书，早经遐迩驰名，无烦赘述。今各省屡奉明诏推广学堂，本馆增聘名宿编译各书及各种教科善本以应急需，又雇日本东京名手昼夜加工铸造新式大小铅字、铜模、铅版，较前笔画精深，质料坚固，刷印一切亦更悉心考究，以期美善而广招徕。如诸仕商欲办印书机器、铜模、铅字及委印书报、批购书籍等，无不格外从廉，以副雅意。①

从以上广告文字可以看出，自从商务印书馆与金港堂合资以后，设备和技术更上升了一个台阶。不久印刷方面逐渐开始采用雕刻铜版、珂罗版、铜锌版、电镀（铸）铜版和多色铜版等新技术。随着照相制版技术的引入，凹印机和多色胶印机也相继引进，商务成为中国最早承印纸币和有价证券的民营股份厂家之一。光绪三十三年（1907年），商务开始印制户部银行兑换券和大清银行上海地域版兑换券。

---

① 《上海商务印书馆精铸铅字铜模广告》，《时报》（创刊号）1904 年 6 月 12 日。

江南裕宁官银钱局伍元银元票亦是由商务印书馆印制的，采用雕刻铜凹版印刷，十分精美。

1907 年，商务印书馆还为浙江兴业银行印刷背面各版均为"金鸡报晓"图案的壹元、伍元、拾元纸钞三种。1909 年商务印书馆与集成图书公司分别为上海四明银行印制壹元、伍元、拾元纸钞一套。这些纸钞多为石版印刷，后来逐步采用铜版印刷。

商务印书馆曾多次为浙江兴业银行印制钞票，其中 1914 年前的立保单和承印合同都是夏瑞芳签署。从保单及合同的文字内容，可推知当时的印刷情况。[①] 这里说说两份保单和合同的简况。

浙江兴业银行由浙江铁路公司于 1907 年 3 月设立，是当时除了中国通商银行之外第二家发行纸币的民营银行，总部设于杭州，创办之初在上海和汉口就设有分行。此时商务印刷所以良好的印刷质量和信誉渐闻于世，也是当时国内为数不多能印制钞票的厂家，故兴业银行在有印钞需求之时，自然而然找到了商务印书馆。

1907 年 5 月，商务印刷所、编译所宝山路新馆所落成，全馆"计印刷所六百余人，发行所百余人，编译所七十余人，并诸分馆计之，盖不下千人焉"。[②] 商务承接和完成浙江兴业银行的印钞业务主要在1908—1910 年间。现在的上海市档案馆保存有五份署名者为夏粹方、木本的商务印书馆"保单"（一份为"合同"），三份送货单以及浙兴汉行两份有关清单，大致能真实反映出当年印钞种类、张数与交货日

①　柳和城：《上海商务印书馆为浙江兴业银行两次印钞考》，《商务印书馆馆史资料》2013 年第 3 期。

②　柳和城：《1907 年商务印书馆纪念册序文》，《出版史料》2002 年第 3 期。

期等情况。①

从上述资料记录来看，夏瑞芳经手承印的浙江兴业银行钞票按地域划分，有多种票面，有"上海拾圆票"、"汉口拾圆票"、"上海五圆票"、"汉口五圆票"。承印数额少则一万张左右，多则四万张，印数最多的是"汉口铜圆票"，达七万多张。纸币上均印有"上海商务印书馆制造"字样。商务向银行订立的"保单"，则是承诺承印钞票的保密性和质量，如第一份保单上写明："所有印票各版及印坏废纸，已全数销毁，可保工匠人等决无溢印仿造等弊，并将花纹秘密。如违以上各节，而有确实证据为敝馆工匠人等所为，致贵银行受有损害，皆归商务印书馆担任赔偿。欲后有凭，立此保单存照"②。保单的署名，除了总经理夏瑞芳，还有一位日本人"木本"，木本全名木本胜太郎，是当时商务印书馆聘请的日籍印刷专家。由总经理和印刷专家联名签署承印保单，可见银行方和商务印书馆对印钞任务的重视程度。

商务印书馆为浙江兴业银行印钞成功后，声名远播，此后相关订单和业务纷至沓来，既能为商务赚钱，又极大提升了印制质量，赢得了社会声誉，成为商务印书馆拓展印刷产业链的成功之举。

从张元济日记内容看，商务此一时期的印刷业务，有案可稽的有印商标、印钞票、印军用票、印有奖债券，还印刷过邮票。这些业务并非一般印厂所能接印，颇能反映商务印刷技术的水准。从建馆初期仅能印刷账簿之类的用品，到印制钞票、邮票等技术要求极高的票

---

① 柳和城：《上海商务印书馆为浙江兴业银行两次印钞考》，《商务印书馆馆史资料》2013 年第 3 期。

② 柳和城：《上海商务印书馆为浙江兴业银行两次印钞考》，《商务印书馆馆史资料》2013 年第 3 期。

证，这是以夏瑞芳为首的商务印刷专家们，多年孜孜以求所取得的巨大进步。

四、发行行更远

发行对于出版企业来说，如同一个人用来走路的腿脚，不可或缺。夏瑞芳自创办商务的第一天起，就对发行工作特别重视，人手少的时候，自己亲力亲为做推销；事业稍有发展后，就去聘请书业推销能手；有一定实力后，就开始在全国各地开设分馆。商务自从开始设分馆，销售额呈现倍增趋势，从此一发不可收拾，夏瑞芳甚至将商务的发行触须一直扩展到国门之外。有了这样强大的发行网络，商务的书刊市场占有率可以稳定地做到三分天下有其一。

（一）早期的发行

商务创办的第二年，夏瑞芳就尝试策划出版书籍了，这样的经营理念与他曾经赴日考察的经历有关。当时的日本，印刷与出版业务多融在一起，印刷企业兼做出版，出版企业也可自己印书，这给予夏瑞芳很大的启发。1898年，商务在夏瑞芳的筹划下推出《华英初阶》、《华英进阶》等英语学习工具书，由于切合了市场需求，畅销一时。当时商务出版的还有一本马建忠的《马氏文通》，是我国第一部运用西方理论方法研究汉语而写成的语法学术专著，居然也行销市场。那么这些图书的推销和宣传是怎样进行的？目前由于缺少档案资料，难以确知其详，但从商务早期创办人高凤池等人的回忆来看，创办的头几年，因人手所限，发行工作都是夏瑞芳亲力亲为，且颇有成效。商务的业务，上至管理调度，下至出店（送货），俱由他一人担当。夏既是（总）经理，又是一位出色的推销员。

夏瑞芳具有高度的市场敏感性，且对图书推销工作的重要性有切身体会，商务早期的发行工作在他的推动下，成效显著。高凤池在《本馆创业史》中讲述了夏瑞芳把商务发行业务做大的经过："迁北京路后二年，曾在交通路对马路现久成，曹素功的原址，开设沧海山房，同时聘用富有推销能力的人才，俞志贤君，吕子泉君，沈知方君，都于此时进馆。……于此时期发行所的业务也渐渐发达起来。"①商务迁入北京路是在1898年，此后仅两年，夏瑞芳即能够聘请书坊杰出人才专事图书推销工作，这种专业人做专业事的做法，正是商务印书馆总能走在同行前面的深层原因。章锡琛在《漫谈商务印书馆》中也说："商务开办的当初……由于夏瑞芳善于应付顾客和管理得法，营业十分发达。"②

高凤池这里提到的"三君"，称为"老书坊里的杰出人才"，从这三人后来的作为来看，远不局限于商务的事业。当时能请到这样几位

---

① 高翰卿：《本馆创业史》，《商务印书馆九十五年》，商务印书馆1992年版，第5页。按：高凤池此处提到的"沧海山房"，疑为"仓海山房"之误。经查相关出版史料，仓海山房并非商务印书馆所设，是在1898年之前就已设立的一家印书局，并代理售书。查"沧海山房"相关资料，所有提到商务印书馆设立沧海山房的书籍文章，其引证资料的源头，俱为高凤池此处的回忆。高凤池此文是事隔多年以后的回忆，是孤证，其所说"沧海山房"与"仓海山房"地址相同，但创设人与机构功能区别较大。故高凤池关于商务印书馆设立沧海山房的说法，本书存疑。

② 章锡琛：《漫谈商务印书馆》，《商务印书馆九十年》，商务印书馆1987年版，第105页。

发行人才为商务做事，并不容易。沈知方被誉为"书业奇才"，能力很强，也有傲气，夏瑞芳将之招纳入馆，给予优厚待遇，为的就是能够留住人才。沈知方又是一位有雄才、能折腾的出版家，后来离开商务加入中华，还创办过国学扶轮社、世界书局等出版机构。另一位吕子泉也非等闲之辈，后来创办了大东书局。第三位俞志贤长期在商务工作，精熟于发行业务，是发行所中层骨干。

商务印书馆正式组建发行所是在 1902 年。高凤池回忆："迁到北京路约有五年，在光绪二十八年的七月，忽遭火焚……发行所迁到河南路，地址为现在冠生园北隔壁之 171、173 号门牌。旋以营业发达不敷用，就在此时购进现在发行所的地产，迁入营业。"① 商务印书馆早期在机构设置上有一个特点，就是将发行所作为总馆的管理机构。因为夏瑞芳长期分管发行，又是总经理，如此设置有利于日常管理和调度。《商务印书馆成绩概略》中对发行所有明确定位："发行所为本馆之总机关。凡营业各事，发行所实总其成，各省分馆亦归其支配。"②

（二）全国设分馆

在发行方面，夏瑞芳领导下的商务印书馆为现代出版业开启了一扇新的大门，可称作出版业界的一大创举，那就是创设发行渠道，建立了遍布全国乃至世界各地的发行网点。

1903 年 4 月，商务印书馆设置第一个分馆于汉口。有学者考证，

---

① 高翰卿：《本馆创业史》，《商务印书馆九十五年》，商务印书馆 1992 年版，第 7 页。
② 汪耀华编：《商务印书馆史料选编（1897—1950）》，上海书店出版社 2017 年版，第 6 页。

商务印书馆同年还设立了广州分馆。① 设置分馆这件事对于商务印书馆，对于中国近现代出版业，都是极具开创意义的。

商务设分馆，其主要职能是扩大书刊发行。20 世纪初叶，书业发货的行规与现在赊销制近似，为了提高销售店推销本企业图书的积极性，通常不会提货就交款，而是等这批货销售得差不多了再结账，一年大约分两三次结账。这就给很多出版企业带来麻烦：当时全国交通和通信极不便利，出版企业销往外地的图书，都是赊账发货，如果销售点不及时结账，拿他没办法，因为路途遥远之地，催款收款的旅费和时间都牺牲不起，而恰恰外地的赊欠款又很多，这种状况让出版企业头疼不已。商务印书馆当时率先在经济发达、人口众多的城市设置分馆，成功探索出解决上述痼疾的办法。

最先在汉口和广州设置分馆，体现了夏瑞芳的战略眼光。当时的汉口，商业已非常发达，是华中地区最大的城市和码头，已有"九省通衢"之称；广州则是华南地区的经济和文化中心，人口众多，对图书的需求较华南其他城市要大得多。从全国范围看，商务坐落在上海，总馆的发行能力可以辐射到江浙之地，加上汉口和广州，设分馆的第一步，发行的网络已将华中、华南、华东地区覆盖。

紧接着几年间，商务的分馆不仅遍布国内，还设置到了海外多地，发行触须迅速扩张，开启了前所未有的新天地。

1906 年初，商务印书馆分别在北京、天津开设分馆，发行网络覆盖了京畿重地。到 1907 年，又先后在奉天(今沈阳)、福州、成都、重庆、开封、长沙、太原、济南设置分馆。到 1912 年底，已在全国

① 汪家熔：《商务印书馆史及其他》，中国书籍出版社 1998 年版，第 119 页。

各大中型城市设立分馆 20 多家。①

　　商务前后开设的分支馆总数多达 86 家。没有设置分馆的各省，设置了特约经销处 300 余家，至于各地设立的销售网点，在 1909 年就已达 1000 多处。在国外设置分馆的地方则有朝鲜的汉城，日本的东京，越南的河内，美国的桑弗兰昔司戈（今旧金山）以及南洋群岛。② 分馆是商务印书馆发行网络中的主要支点，沿着这些支点，商务还根据不同地区、不同需求，设置了规模较分馆更小也更为灵活简单的支馆、现批处、特约经销处等多种形式的网点。

　　分馆支馆的任务就是发行，并不涉及其他业务。从商务印书馆后来在 20 世纪 30 年代改定的《分馆章程》的内容看，商务早期分馆的功能单一，就是销售，当然不止销售本馆图书，还包括很多图书之外的用品，如文具、体育用品，甚至包括药品。"分馆的销货以下列种类为限：一、本版图书；二、本馆其他出品；三、外国文图书；四、中西文具；五、理化器械及药品；六、体育用品；七、其他教育用品。"商务的分馆和支馆有所区别，主要是分馆规模大一些，独立建账，支馆的规模较小，且不建独立账，账目合在就近的分馆内。在其他功能和营业活动方面，分馆和支馆基本相同。③

　　商务早期设置的现批处和特约经销处，则是根据具体业务的变化

---

　　① 汪耀华编：《商务印书馆史料选编(1897—1950)》，上海书店出版社 2017 年版，第 6 页。

　　② 《1907 年商务印书馆纪念册》，转引自柳和城：《书里书外——张元济与现代中国出版》，上海交通大学出版社 2017 年版，第 411 页。原文为："分馆之设，当二十九年始于汉口，以次及于广州、京都、天津、奉天、福州、成都、重庆、开封、长沙、太原、济南。他省未设分馆者，有代理处三百余家。在外国则有朝鲜之汉城，日本之东京，越南之东京河内，美国之桑弗兰昔司戈及南洋群岛而已。"

　　③ 汪家熔：《商务印书馆史及其他》，中国书籍出版社 1998 年版，第 120 页。

灵活设置，机动性强，充分体现了夏瑞芳务实和灵活的商业智慧。

现批处属于商务印书馆发行机构中的"零售终端"，类似于现在教材发行的代卖点。教材是商务的主业，教材的发行分季节，一般在春秋两季开学前，商务的分馆、支馆到偏远地方设点，销售教科书和词典等必备图书。现批处既向同行批发，也面向学校和个人零售，其最大的特点就在于"现批"二字：一手交钱，一手交货。但是现批处并不是流动的代销点，它的时间和地点相对固定，并非随机买卖，现批活动开始前后，分馆和支馆都与当地客户和学校书信往来，谈定大体的需求和产品，避免盲目性。这样的经销方式成本低，规模大，效率高，而且是点对点，非常划算。

商务还设有特约经销处，这种机构类似商务请托的寄销处，而非自营。1910 年左右商务的特约经销处在全国大约有 300 处，这些特约经销处一般在县城里，营业额比较高。商务给予特约经销处的政策比一般零售店要优惠，大约会多 2—6 个百分点的销售折扣，这样特约经销处可以进行转批销售，还能保证一定的利润。部分经销处有自己的独立门店和招牌，[①] 还有一部分则直接打着商务的牌照独立经营，或者挂两块招牌，但他们并不是商务自己的机构。[②]

商务的发行和销售网络中还有一类小巧灵动的经销店，就如现在的零售店，数量众多，坐落在县城街区或集镇，兼卖一些文具用品。据记载，当时在河南和河北省，还有一些没有固定场地单靠串村走巷

---

① 据汪家熔《商务印书馆史及其他》第 121 页："徐州的普育书局、福建浦城的浦城书局等，都是特约经销处。"

② 据汪家熔《商务印书馆史及其他》第 121 页："'商务印书馆苏州分销处'是邹企达、朱鼎浩两人的资本。'商务印书馆胶东分销处'，则是烟台诚文兴书局的另一块招牌。"

的小书贩，他们专门与学校做图书买卖，也销售商务的书。①

　　经过几年的扩张，夏瑞芳编织了一张遍布全国的发行网络，基本覆盖了全国经济文化相对发达的地区。各分馆和支馆在这张网络中是极重要的连接点，他们上对总馆负责，下与各批销处、零售店联系供货收款，使这张发行网运行畅通，助力商务的经营日渐扩大。

　　说商务设立分支馆是一大创举，不仅是指商务分支馆的规模和数量令同行仰视，更重要的是通过对分支馆重要功能的配置，完善了商务的发行管理体系，使其运行通畅而高效，特别是其中几大不可或缺的功能，支撑了商务的庞大运行体系。

　　商务的分支馆有储备货功能，可有效预防缺货、断货。

　　在清末民初，物流的运行极为缓慢，大批量的图书异地供货，耗时耗力，很不合算。那么通过各地的分馆来备货和发行，既可节省时间，亦可减少缺货、断货的现象发生。

　　分支馆需要收集市场信息，提出加印数字。

　　分支馆通过各地的销售和发货数字，还能及时了解市场信息，较为准确地提出下一步的加印和添货建议，作为总馆发行所的决策依据。"一般初版书由编译所提出印数。此后的重印即由发行所决定。发行所根据各分馆的报表'轧销'，和自己库存，推算销售情况，决定何书应该印，印多少。"②

　　部分较大规模的分馆，还具备生产印制能力，作为总馆的支撑，甚至在危难时期替代总馆的功能。最为典型的例子是，1932年一·二八事变，日军的轰炸将位于上海宝山路的商务印书馆总馆和东

____

① 汪家熔：《商务印书馆史及其他》，中国书籍出版社1998年版，第121页。
② 汪家熔：《商务印书馆史及其他》，中国书籍出版社1998年版，第124页。

方图书馆夷为平地，五家印刷厂烧毁了四家。危急之时，商务印书馆的领导层通过大力扩充北京和香港分馆的生产能力，不断生产商务版图书供给市场，来弥补因总馆受损带来的巨大的市场空隙。当时的北京分馆、京华印书局和香港分馆，主动担起责任，为总馆分忧，使商务终于渡过了难关，并得以在当年 8 月 1 日复业，其后迅速恢复生产，再次振兴。

商务印书馆拥有这样一个无远弗届的发行网络，就可以将自己编辑的出版物源源不断地推送到全国乃至全世界的读者手中，这种能力在 20 世纪初叶的书业企业中，绝无仅有。正因为如此，商务当时还成为许多世界著名的出版公司在中国的业务代理商。在 1912 年前后，已经有五家英国出版社和两家美国知名出版社委托商务做他们的代理商。①

（三）营销办法和策略

一开始，商务对于书籍的营销方法非常单一，主要靠人力推销。事业发展以后，商务在营销方面逐渐意识到媒体和广告宣传的重要性和便捷性，而且在自办报刊上刊登广告，一举多得，有效地促进了图书销售，扩大了商务的品牌。夏瑞芳灵活务实，善于捕捉各种机会进行商业宣传。商务的业务由小到大，在初创时期就能引起文化名家注意，在某种程度上也要归功于这些宣传。在夏瑞芳的主导下，商务尝试了多种营销宣传方式，收效颇佳。

---

① 《访谈｜周武：商务印书馆的上海岁月》，澎湃新闻 2017 年 10 月 10 日，见 https：//www.thepaper.cn/newsDetail_forward_1800825。

第一种方式，是印刷时嵌入"上海商务印书馆代印"字样。

在以印刷为主业的早期，夏瑞芳总能想出别出心裁的广告方式，借此扩大影响，推销业务。比如他将商务承印的所有书刊页面下角印上"上海商务印书馆代印"几个小字，既像商标，更是一种便利的广告。商务代印的《原富》、《支那文明史》、《文变》、《定性分析》等书籍，《外交报》、《格致新报》、《亚泉杂志》等报刊，都附有这几个字，无论翻到哪一页，都能见到。这样的小设计，加上商务的印刷质量过硬，很容易引起别人的注意，久而久之，这种不花钱的广告就使商务印书馆为更多的人熟悉。杜亚泉先生曾说："时上海各印刷业滥恶相沿，无可与谋者，于是咸踵于商务印书馆……"[1] 乃至于南下上海不久的蔡元培、张元济等人都注意到了小小的商务印书馆。日本研究近代中日文化交流的专家实藤惠秀说："《昌言报》开始三期印刷完全和《时务报》时代一样，而到第四期突然面目一变，三号铅字成为四号铅字，并且比之过去给人一种鲜明的感觉。因为铅字好了。仔细观察，在这一号目录的旁边有'上海商务印书馆代印'字样。"[2]

第二种方式，是印制书目和样本，广为发放。

商务为扩大图书销量，很早就采用自印本馆书目和样本进行征订的营销方式，收效非常显著。商务印书馆的综合性可供书目自 1910 年开始编印，多年不曾中断，平均每季一册。这种册子所收书目多，印制成本并不小，但商务舍得投入。

商务对于读者的书目宣传服务堪称周到。据记载，商务常印制专

---

① 杜亚泉：《鲍咸昌先生事略》，《商务印书馆九十年》，商务印书馆 1987 年版，第 9—10 页。

② 汪家熔：《商务印书馆史及其他》，中国书籍出版社 1998 年版，第 127 页。

题单张小册子分类寄发给读者，因为有针对性，其营销效果比报纸广告好。"经常在杂志中夹附调查表，请读者填写姓名地址，研究何类学科，喜欢看何类书。这些调查和通讯现购（邮购）每次购货 10 元以上的名单，统统做成发信用地址模片，分类保存。遇有新书与他们喜爱相合的，寄发给相关读者。逢五、逢十年印些实用的纪念品，如电报电码本、火车时刻表等。这些实用性资料印在单页码，双页码上则印各种书目、邮购章程。"① 这些从读者出发的营销手段，既赢得了市场份额，又积累了良好口碑。

第三种方式，是在报纸和刊物上刊登书目和广告。

当时有影响的报纸，如《申报》、《时报》等，书刊广告版一栏常见商务的图书广告。此项花费不是小数目，一般的出版企业不敢涉足。后来夏瑞芳和张元济决定入股《中外日报》，也是因为早年在报纸上做过图书推销广告收效甚佳，有利用报纸营销图书的战略考量。有时并不需要花钱购买广告版面，在那些行销甚广的报刊上刊发新书目录和新闻，也是收效很好的一种宣传。商务自己所办的刊物影响甚巨，用以宣传自己的图书再合适不过，《东方杂志》、《教育杂志》、《小说月报》等，都可见商务版图书的广告。

还有其他形式的营销活动。

在图书营销方面，商务早期想出了很多行之有效的办法，即使今天的出版社，也常采取类似的方式做宣传和营销。一是举办社会性的培训，一举两得。如 1909 年清政府出台规定，非师范毕业生从事学校教学必须进行资格检定。商务就自行举办函授师范，聘请教育名

---

① 汪家熔：《商务印书馆史及其他》，中国书籍出版社 1998 年版，第 127 页。

家，针对检定考核科目开课，帮助学员通过资格检定。这些学员就是一线的教师，参加培训会缴纳费用，同时这些学员通过检定后，对商务印书馆的服务有了好印象，同等条件下选用学生课本时肯定优先考虑商务版。二是发放和回收类似读者问卷调查，锁定目标客户。如商务发行《教育杂志》时，"只要学校填一张概况表，就可以免费收到一年杂志。其实，一本杂志中就附有若干广告页。还有些教育学图书评价文章，这些也能引起读者的购买欲。"① 商务印书馆通过其书刊中附印或附送的宣传单、广告页，常年使那些忠实的读者受到商务书刊的"熏陶"，有购买需求时第一个想到的肯定是商务版，所以这种买卖，对读者有利，商务更是受益。三是选择与学生相关的节日，举办竞赛，给优胜者颁奖，以此联络学生和家长的感情。这种办法与商务教科书的销售是直接关联的。

对于商务版图书的发行，夏瑞芳等人倾注了大量心血，将发行的配套服务，做到了那个时代书业企业的最高水准。这里说说几种商务早期有效促进图书发行和售卖的方法。

一是编印《出版周报》介绍新书。

商务印书馆出版有一份《出版周报》，是一份读书杂志，其中有固定的篇幅是商务版新书的介绍。遇有其他报刊对商务版书籍的评价和介绍，《出版周报》也都收集并刊载。这些商务新书的介绍是售货员必须要读的，通过这样一份刊物，营业员对所有在售的本版书就能有所了解，向顾客介绍时可做到有的放矢。同时，这样一份刊物也是热心读者了解商务版图书的一扇窗口，一旦有感兴趣的书，按图索

---

① 汪家熔：《商务印书馆史及其他》，中国书籍出版社 1998 年版，第 127 页。

骥，非常便利。

二是在门店专设招待员。

商务印书馆发行所的一楼，设有商务最大的书店门市。该书店除了有售货员，还专门设有招待员。招待员的任务就是热情接待顾客，向顾客推荐本版图书。招待员除了需要较强的交际沟通能力，还要有好的记忆力，一是记住图书的概况，二是记住顾客的姓名、相貌和喜好什么书，下次光临时，招待员与顾客就如同老熟人一般，生意就好做了。商务著名的"交际博士"黄警顽，就是在商务发行所的门市做招待员，成就了他一生的事业。"顾客一进门招待员就主动上前接待。您来过一次，他就知道您尊姓大名和喜爱什么书，然后引导您到需要的柜台前。一面和您说话，一面告诉您最新出的您喜欢的新书。到柜台前售货员拿出那本书请顾客翻翻，才告退。售货员也非常热情，这笔买卖自然成了。"[1] 按照商务总发行所的要求，各分支馆的经理和门市主任，日常的主要精力也都放在接待读者上。商务对于图书销售终端的重视和投入，包括设专门人员为买书的顾客提供周到热情的服务，对于今天的书业仍有借鉴意义。

三是培养勤勉尽责的营业员。

在商务的发行所工作，即使是当个普通店员也绝非易事。"一般初中毕业进发行所，要强制早夜读到高中水平。"[2] 对于营业员的管理，商务印书馆有严格的制度，"发行所会逐月统计并公布每人每月成交次数，使得每个营业员不得不小心对待每一位顾客"[3]。商务发行

---

[1] 汪家熔：《商务印书馆史及其他》，中国书籍出版社 1998 年版，第 128 页。
[2] 汪家熔：《商务印书馆史及其他》，中国书籍出版社 1998 年版，第 123 页。
[3] 汪家熔：《商务印书馆史及其他》，中国书籍出版社 1998 年版，第 123 页。

所的门市实行集中收银，故每月公布的营业员业绩细致准确，不会有误。营业员要代顾客选择图书，顾客决定购买后帮他交款、找零、捆扎，一笔买卖才算完成。据统计，商务的一名营业员每天的成交额在200笔左右，可以想见劳动强度是很高的。正因为有这样业务过硬的发行和销售队伍，商务印书馆的经营业绩才会在同行中出类拔萃。

四是借政府力量推销教科书。

在教科书的推销上，商务印书馆善于借助政府的力量。当然对于商务来说，教育和行政资源都很丰富，夏瑞芳在这方面又擅长应对，教科书在各地的推销少有阻碍。商务版教科书发行的基本方式是：新课本编印完毕，每学期开学前，夏瑞芳以商务印书馆总经理的名义，向各省教育行政首脑报告各册教科书的优点，请求予以推荐；获得同意之后，商务就将报告、批示和数目印刷成册，分发各分支馆和零售店，作为向各学校推销时的根据。当然，这样的批示不可能轻易得到。商务印书馆也必须付出相当的成本和诚意。据1906年1月商务印书馆的股东会记录，有一项决议是："现有京、外官场与学务有关，可以帮助本馆推广本馆生意，又助本馆办事之人格外出力，拟酌留三万余元股份，任其附入"①。从中可以看出，在教科书的推销环节，相关利益各方的互利互惠是少不了的。对于商务来说，回报肯定比付出高得多。当然，当时商务印书馆经营得法，利润很高，以1905年为例，当年所获净利为股本的73%，非常可观，所以附股之人，亦能获高利。

五是详细规范服务细节。

---

① 宋原放主编，汪家熔辑注：《中国出版史料·近代部分》（第三卷），湖北教育出版社2004年版，第11页。

图书销售的细节管理非常重要，比如店面书籍的陈列、货架的摆放等，都对销售有影响。商务有两个细节管理值得一说。

第一个细节，是对于图书陈列，规定"务必轮流陈设"[1]。意思是要将商务版图书平摊在货柜上而不是插放在书架上。这样就可以让印制精美的图书封面吸引读者的注意，并方便读者随手拿起书翻阅。调查显示，读者购书随机性大，一本书的封面设计，某一行字、某一幅画的吸引，都可能促成图书的销售，关键是要读者能看到书的全貌。看似很小的细节，实则对于图书的销售极为重要。商务发行的管理者能做到关注这样的细节，说明是图书销售的行家。

第二个细节，是要求营业员收到求购图书的信件后，必须在两天内将书寄出。当时的图书邮购虽不普及，但已经有不少读者开始尝试这种新的购书方式了。邮购图书量少，事繁，不一定能有好的盈利，但是商务秉承为读者做好服务的理念，把读者满意视作最重要的事，所以商务规定，邮购必须在收到来信来款两天内将书寄出。"如果因故，如太忙，或缺货，必在两天内将原因写信告诉读者，并告诉哪天能寄出。"[2] 这样的规定，必定能在读者中获得良好口碑。商务的品牌形象，也是在这些细节管理中逐步建立起来的。

从上述的梳理中可以知道，夏瑞芳亲自管理发行，在图书销售上耗费了大量精力，尝试了很多新招数，收效明显。这其中有很多经验，对于当今书业仍不乏借鉴作用。

商务刚创办时，图书发行任务还不重，夏瑞芳聘请的沈知方等优秀发行人才做起来游刃有余。但是经过几年的发展，规模越来越大，

---

① 汪家熔：《商务印书馆史及其他》，中国书籍出版社 1998 年版，第 129 页。

② 汪家熔：《商务印书馆史及其他》，中国书籍出版社 1998 年版，第 130 页。

需要大量的书店营业员，而且书店营业员不能仅仅只会收款记账，需要有一定的文化，熟悉不同类别的图书，才能将图书推荐给读者，达到销售的目的。这样的人员社会上供不应求，夏瑞芳决定依靠商务自己的力量培养发行人才。

1909 年 6 月，夏瑞芳找到编译所编辑蒋维乔，委托他办理"商务印书馆附设商业补习学校"，并请张元济出任第一任校长。从此，商务开始自己培养发行队伍。

商务印书馆的商业补习学校自 1909 年 7 月开办，至 1923 年共举办 7 届，每届招收 15—20 岁的初、高中学生 30—50 人不等，前后毕业学生总数为 318 人。学习年限每届学生长短不一，第一届上课时间最多，时间有一年半，全天上课，实习期间，晚上上课，持续两年半。后来的几届学生上课时间改为 3 个月或半年。学校开设的课程比较齐全，主要着眼于技能培养，应用性非常强。主要科目有职业道德、常识、中文、英文、书牍、簿记、看洋（鉴别银元真伪）、珠算及印刷知识等。补习学校教员都由商务在职的有丰富学识和实践经验的职员担任。学生补习、实习期间，膳宿全由商务供给，每月还发给一定津贴。

商务印书馆所办的发行培训学校虽称为"补习学校"，但在这里既能学习到真正的技能特长，又有较为优厚的待遇，毕业就有工作，而且是在商务印书馆这样一个大型的影响巨大的文化企业上班，这是很多年轻人梦寐以求的事。所以在当时的上海，商业补习学校成为年轻学子们特别是寒门学子报考的首选，竞争非常激烈。第一届报考者就有 374 人，只录取 46 人。第三届报考者多达 1000 余人，参加考试 870 余人，最后仅录取 58 人。第四届在上海、北平、汉口、广州四地招生，报考人数比第三届更多，最后只正取 41 人，备取 10 人。第五届报名有 550 余人，录取 46 人。商务领导层对补习生要求严格，坚持宁缺毋滥，"如果学生入学后学业无进步，就要叫他退学，空下的名额由备取生递补；退学的学生多了，就在第二年春季续招插班生补上"①。

该校的毕业生学有所长，不担心没有工作，他们可在商务就业，也可到别的企业去工作，商务不予限制。当时书业企业正在发展期，用人需求量大，特别是专业的发行人员，仍然供不应求，中华书局、世界书局、开明书店、广益书局等出版机构中都有"商务补习学校"的毕业生。由于学校的教学针对性强，管理严格，学生的学业基础扎实，再加上一段时间的实习锻炼，学生对本行业已经有所了解，工作起来较为得心应手，进入角色也快，所以该校学生毕业后大都成为商务印书馆的业务骨干，曾任商务印书馆上海发行所所长的张子宏，以及被人称为"交际博士"的黄警顽，都是补习学校第一届毕业生。

商务为培养发行力量创造了一种新的培训形式。特别是在发行人员培训的理念上，有独特和先进之处。比如将培训学校授课与实习相结合，这样的教育方式一改传统模式，借鉴了西方学用结合的教育理念。夏瑞芳分管发行，因早年接受过清心学校的职业培训，思想开放，能注意学习外国企业的先进之处，所以非常重视发行队伍的培训，使发行人员业务能力、工作效率不断提高，服务质量持续改善。这些先进的培训理念和经验，对后来我国图书发行业产生了深远的影响。②

---

① 高信成：《商务印书馆发行队伍培训之回顾》，《图书发行研究》1995 年第 3 期。
② 高信成：《商务印书馆发行队伍培训之回顾（续完）》，《图书发行研究》1995 年第 4 期。

（四）做大发行产业链

为了使商务早日发展壮大，夏瑞芳不仅在印刷业务方面不断拓展，在发行业务方面更是利用门店和渠道的优势，多方探索新业务，寻找各种商机，做大发行产业链。

商务早期在发行方面做得最多的拓展业务是代售。"发行所既卖本版书，又经营相当多如文具仪器、西文原版书、古旧书。早期还经营外版书……"[①]"在1900年出版的、由商务印书馆承印的《亚泉杂志》上，商务印书馆有关于卖印刷机器、铅字、纸张油墨的广告。"[②] 这些售卖的商品，有的是商务自己制造，如印刷物品及文具，更多的则是代售。因为商务印书馆的分支馆遍布全国各地，这些机构的代售业务虽然规模不大，但是也有一定的利润，并且能够增加人流量，扩大门店的影响。

商务的代售范围包罗极广，甚至代理销售过胶鞋。因为此业务的代售点较多，故由商务发行所总经管。为规范此项代售业务，商务印书馆还制定有《橡皮底鞋寄卖优待章程》。该《章程》第一条规定：凡本埠鞋铺洋广货铺或其他兼营鞋业之店铺，悉寄卖本馆之新到橡皮底鞋，经与发行所所长接洽者，得依本章程办理。[③] 对于像胶鞋这类售卖量大的商品，商务不仅零售，而且还做批发。商务还规定，寄卖商铺须有可靠的保人，并与商务签订保单，保证每月底结一次账。

此外商务代售过的货物还有"派克笔、华脱曼自来水钢笔、维纳

---

① 汪家熔：《商务印书馆史及其他》，中国书籍出版社1998年版，第124页。
② 汪家熔：《商务印书馆史及其他》，中国书籍出版社1998年版，第75页。
③ 吴相：《从印刷作坊到出版重镇》，广西教育出版社1999年版，第340页。

斯铅笔、网球拍、网球鞋、柯达相机、阿克发相机、蔡司伊康相机等"①，其代售商品范围之广，丝毫不比当今兼营其他零售业务的书店品种少。

其次是做西书的发行代理。商务 1913 年即开始设置西书部，"代理美国金恩（Ginn）公司等著名出版公司的书籍。《大英百科全书》即由商务印书馆寄售"②。对于西书部的经营，商务的领导层要求不必赚钱，但不亏本。西书部在图书推销上也非常积极，这其中也秉承有一种做文化传播的公益精神。他们派人当推销员，想尽各种办法进行推销，还向各地有英文科的学校写信，进行调查并打折推销。西书部做发行代理是全程服务读者，他们代客户向外国出版机构发出订单，或者直接从外国进书，并在西书部建立卡片。"读者欲购西文书，部里要先查卡片，看是否有货，确系有货后，方可请读者径至西书柜前购取。商务还培训职员，了解寄售西书书名、作者姓名等书籍资料，以备读者查询。对不识英文的销售人员，也严格规定不得随便打发读者，要由销售人员自己代读者打问清楚，力求以优质服务来提高销售量。"③

早期商务代印《昌言报》，以优良的印刷质量得到张元济等革新派人士的认可。戊戌变法失败后，梁启超等人远遁日本，创办《清议报》，商务印书馆成为该报在上海的代售点。1898 年刊印的第四册《清议报》版权页上标明了该报世界各地的销售点，即"本馆各地代派处"，众多的代派处之中，就有"上海北京路商务印书馆"。承接这种海外

---

① 吴相：《从印刷作坊到出版重镇》，广西教育出版社 1999 年版，第 340 页。
② 吴相：《从印刷作坊到出版重镇》，广西教育出版社 1999 年版，第 339 页。
③ 吴相：《从印刷作坊到出版重镇》，广西教育出版社 1999 年版，第 339 页。

代售业务，经济效益上可能并不划算，但是却可以因此扩大交往，结识朋友。夏瑞芳等人与维新派人士的交往和渊源，就是在这些报纸印刷和发行的业务来往中开始的，并且逐渐建立起彼此信任的关系。这正是多元化业务拓展带来的巨大发展红利，封闭和守成的企业，不可能有这样的机遇。

五、资本运作

清末民初，出版企业之中产生了多个优秀市场主体，成为中国近代企业的先驱，商务印书馆是其中的典型代表。这不仅因为出版企业掌握了先进的印刷技术、有知识生产的能力，更在于它们实现了向现代企业的过渡和转变，熟谙市场规则。更有企业，在做大做强的过程中，运筹有方，不断开展兼并收购，尝试多元化的产权投资等，这一方面，商务印书馆是先行先试者。夏瑞芳以其时代少有的企业家的天赋和胆略，在资本运作方面大胆出手，纵横捭阖，增强了商务的影响力和实力，令同行瞩目。

夏瑞芳早年主导进行的几次收购、合资和投资项目，于商务的发展极具助力，如盘入修文书馆，与金港堂合资，后来参股《中外日报》等。这些"资本运作"，有的是成功消弭了竞争对手，引进大量发展资金，如与金港堂合资；有的是看准时机，接盘经营不善的印厂或书局，以较低价格购进设备和资源，极为合算，如盘入修文书馆、直隶官书局；还有的是主动亮剑，令竞争对手实力不支，终被收并，如中国图书公司，以及乐群书局、国学扶轮社等。

中华书局也曾差点被商务印书馆收购。在教科书竞争最激烈之时，陆费逵曾与夏瑞芳就双方联合进行过磋商。后来夏瑞芳去世，中华书局因过度扩张导致资金链断裂，遭遇"民六危机"，商务获得收购良机。不过此时商务内部意见不一，令张元济、鲍咸昌等人踌躇难决，鲍曾问计于日本股东山本条太郎。据张元济日记记载："鲍君问，中华究可收买否？山本曰，不可买。一、书业归我独占，招忌愈。二、办事人无外患必骄，骄为最大之病。"① 商务印书馆最终放弃收购，山本的建议有可能起了一定作用。

商务印书馆在夏瑞芳时代掀起的并购风云，刷新和照亮了清末民初中国民营出版产业的资本运作历史，即使现在回顾，也不能不对夏瑞芳的胆识和魄力由衷感佩。

修文书馆和金港堂的收购、合资情况前文已涉及，这里梳理几例商务印书馆在夏瑞芳总管时期进行的较少被人关注的并购与合资案例。

（一）投资《中外日报》的是非曲直

商务实力逐步增强，一直在寻找机会扩大影响力。1904 年以一万元入股《中外日报》，就是商务早期进行资本运作的不俗手笔，也是夏、张合作促成的一次做强商务的难得机遇，只可惜未能持久。

商务能和《中外日报》达成合作，与夏瑞芳看重报纸的宣传作用密切相关，同时夏瑞芳与《中外日报》创始人汪康年也有过多次合作，

---

① 《张元济全集》（第 6 卷 · 日记），商务印书馆 2008 年版，第 326 页。

彼此并不陌生。商务从一开始涉足出版领域时，夏瑞芳就非常重视报纸广告的宣传效应，且运用得法，收效显著。汪康年早年在上海将《时务报》改为《昌言报》后，在印刷方面与商务有过合作，对商务的印刷质量很满意。及至商务印书馆出版《华英初阶》等书籍时，夏瑞芳等人除了亲自到各学校去推销，还做了一件开拓性的营销尝试，就是在汪康年的《中外日报》上大做广告，广泛宣传，而且还通过《中外日报》的营销网络进行销售，收效不错。因此，夏瑞芳等商务决策层对于报纸特别是日报的宣传功效，是有切身体会并乐于合作的。

汪康年与张元济也是老朋友，二人相识于 1889 年浙江己丑恩科的考场。后来汪康年创办《时务报》，二人交往甚多，书信往还，惺惺相惜。1898 年汪康年自办《时务日报》之时，经费短缺，张元济及时给予借款帮助。不久《时务日报》改名为《中外日报》。1898 年秋张元济来到上海南洋公学，二人交谊渐笃，由私谊发展到事业上的合作，《中外日报》也成为张元济倚重的教育和出版事务宣传媒体。《中外日报》由于汪康年等资深报人的努力，影响力日益扩大，当时已有一定的社会地位。有资料表明，"1898 年 8 月，更名后的《中外日报》在各地的代派处有 31 个城市共 35 处：华北（直隶、山东二省）6 处，华中（湖南、湖北、四川、江西）6 处，华南（广东、福建、香港）5 处，国外（日本神户）1 处，其他 17 处均在华东，其中安徽 1 处，江苏与浙江各 8 处，换言之，商务印书馆出版的书籍至少可以在上述 31 个城市里进行公开销售"①。虽然这个时期《中外日报》销量还不及《申报》等报纸，但如果每天售出的近万份报纸上都可登载商务印

---

① 林盼：《清末新式媒体与关系网络——〈中外日报〉（1898—1908）研究》，博士学位论文，复旦大学 2013 年。

书馆的书目广告，加上那个时期的报纸还具有一传十、十传百的可能性，其宣传广告效应是非常可观的。

然而可惜的是，《中外日报》此时在经营方面并无大的起色，经费短缺，难以为继。在与商务印书馆合资之前，《中外日报》所拥有的资本总额约万余元，大概是3000元现金，9000元固定资产的规模，报馆的商业经营并不成功，而且急需较大资金的支持，否则可能停业。①《中外日报》在1904年左右面临的困境，张元济较为了解，并看到了商务与之合作的机会。如果双方能够达成合作，商务印书馆可将《中外日报》作为宣传平台，利用日报的广告宣传优势，还有书刊寄售的功能，扩大商务品牌影响力，增进销售，赢得读者；《中外日报》方面，不仅可以扩充资本，渡过难关，并在与当时几大报纸如《申报》、《新闻报》、《时报》的竞争中底气大增，有望在上海主流大报之中占据一席之地。双方如果合作，可以各取所需。

两家在上海都是具备一定影响力的文化机构，既具备了互补性的合作条件，又有张元济从中牵线，很快就达成了合作协议。

1904年，商务印书馆管理层作出决定，正式入股《中外日报》。进行这笔投资，对于商务来说，也是一项重大决策。在双方所签署的合同中，规定增添股本10000元，每50元为一股，共计200股，由张元济、夏瑞芳等人认付。合同全文如下：

　　一、股东应得权利新旧一律，毫无歧异。

---

① 林盼：《商务印书馆与〈中外日报〉合作始末——清末书局与报馆互动的一个案例》，载上海市档案馆编：《上海档案史料研究》（第十五辑），上海三联书店2013年版，第63—64页。

二、报馆账目、生财，均以现有账册为凭。自本年八月初一日起，所有赢亏彼此相共。

三、股本安月官利六厘，一年分两次支给。自四月至九月为一次，自十月至次年三月为一次。

四、如有赢余，作十成分派，以六成归股东，一成为公积，三成为办事人花红。

五、报馆事务公推汪仲阁（即汪诒年，本书作者注）为总理，各股东并不干预。

六、由新旧股东公举四人每月星期在报馆会议一次，讨论报馆改良、进步、推广事宜。如有要事，由总理各集股东临时特议。

七、每年春二月由总理将前一年支收账目造缮齐全后，由股东公举查账董事一位到馆查阅账目。其余股东如欲查阅，亦可到馆查看。①

商务印书馆的这笔款项，对于《中外日报》而言，是解了燃眉之急。双方共同出资，共同经营，共同负担责任，得利则按资本进行分配，形成了"合资"的局面。

合作初期，商务印书馆与《中外日报》在业务方面的互动和倚重一度顺风顺水，各得其所，达到了相互促进、共同发展的理想局面。

一是商务印书馆借重《中外日报》的媒体优势不断加强出版物的宣传和推广。在《中外日报》日销万份的报纸广告推动下，商务印书

---

① 张人凤、柳和城编著：《张元济年谱长编》（上卷），上海交通大学出版社 2011 年版，第 146—147 页。

馆的书刊名满全国，知名度迅即提升。而商务的资金投入，对于《中外日报》缓解经营危机，同样有着无可比拟的重要性。

《中外日报》每期都会列出《外交报》、《东方杂志》及《绣像小说》的目录，只要商务出版新书，必然会在报上刊登大幅广告，吸引读者前往购买。在双方合资之前，商务印书馆虽然将售书广告分别刊于各大报纸之上，但往往会将篇幅最长的所谓"广告特稿"在《中外日报》上登载。在商务出资入股之后，《中外日报》在一定程度上成了商务印书馆的广告"专属"报纸，在 1906 年、1907 年的《中外日报》上，每天皆可看到一整版的商务印书馆新书广告，甚至公开宣布"本馆新书广告定登《中外日报》第二张"。《时报》、《申报》等报纸也间或出现商务广告，但远没有《中外日报》出现得那样频繁。甚至商务印书馆在其他报纸刊登宣传广告时，还因担心篇幅过长，而加上一句"本书详细情形，请观二月十三、十四、十五日《中外日报》告白"①。

二是商务将《中外日报》作为对外的主要传声筒，发布各种消息和启事。

合作之后，商务印书馆常借《中外日报》这一媒介发布各种启事。1906 年 3 月，商务印书馆通过《中外日报》发布消息，表示"近来各同业及著作家新印书籍，往往未经知照，遽列本馆为发行所或寄售处"，因此特意"登报布告，嗣后各同业及著作家新出图书，如欲以本馆为发行所或寄售处者，务须先与本馆总经理人商妥，得其许可，方能刊列，否则本馆只可登报辩诬，声明在先"。同年 9 月，因沈知方离馆，夏瑞芳专门在《中外日报》上发布告白，称由沈知方经

---

① 《订正三版第一册蒙童读本〈国文教科书〉》，《警钟日报》1904 年 5 月 16 日。

管之事"更有他友接办，如蒙惠顾及赐函，即请径致敝馆经理人接洽可也"①。

三是商务印书馆所出版的各种书刊，可借助《中外日报》的派报网络实现销售。

双方合作期间，商务印书馆所出版的各种书刊，一般都会进入《中外日报》的派报网络。到了1906年之后，基本形成了这样一个合作过程：商务印书馆一出新书，即在《中外日报》上做广告，随后通过商务设于各地的分馆以及《中外日报》的各地派报处，将书刊短时间之内发售全国，速度既快，覆盖也广。如1907年出现在《中外日报》上一整年的各种寄售、发兑书刊广告，几乎包含了商务印书馆出版的所有教科书、地图及各种文史类书籍。1907年前后，商务印书馆在"名都巨镇已设分馆者凡十二处"，而《中外日报》有三十余个派报处，二者累加，相当于商务出版的书刊，在全国四十余个城市中开设了五十多个对外发售的"窗口"②，加上此时《中外日报》每期销售约有一万份，这样规模的叠加效应，使商务版出版物的知名度和影响力得到了极大提升。

四是商务印书馆的优势资源也为《中外日报》的发展提供了后台支撑。

双方合作，也并非只有《中外日报》为商务充当宣传和销售平台，实际上，商务印书馆的丰厚资源，也为《中外日报》的发展提供了帮助。1904年日俄战争爆发，为了能够图文并茂地报道这场与中国前

---

① 《上海商务印书馆广告》，《中外日报》1906年9月6日。

② 林盼：《商务印书馆与〈中外日报〉合作始末——清末书局与报馆互动的一个案例》，载上海市档案馆编：《上海档案史料研究》（第十五辑），上海三联书店2013年版，第70页。

途命运攸关的战事,《中外日报》通过商务印书馆,"觅得日本金港堂日俄战地图原稿,由本馆摹绘发印,不日告成。是图于东省地方详列靡遗,阅者按图而稽,即于驻军开战各地无不了如指掌",①待地图印完之后,就和报纸一起分送到各个派报处。这样的合作还有不少,比如《中外日报》上刊登的文章、小说在结集之后,也会通过商务印书馆及其分馆进行寄售。②

1908 年,商务印书馆与《中外日报》的合作渐入佳境之时,风云突变,由汪康年的一系列公开声明为起端,双方的合作无法再继续。

双方分手的原因很复杂,导致合作终止的因素也很多。从商务印书馆的角度,肯定是不愿意失去这样一个合作伙伴的。有人认为可能是商务对于《中外日报》经营干预过多所致;也有人认为夏瑞芳等商务管理层对于《中外日报》的经营有所指点或建议,应是代表股东行使应有权利,无可厚非。分手的主导者,是以汪康年为代表的《中外日报》一方。双方由紧密合作到突然分手,不仅可惜,个中缘由亦令人费解,这里略作梳理。

第一层原因,此时《中外日报》实际掌控人汪康年遭遇社会地位危机,由京返沪后力图全面掌控报纸。1907 年 6 月,汪康年的业师、大学士瞿鸿禨卷入"丁未政潮"③,被迫开缺回籍,长期追随瞿鸿禨,希望能够实现立宪主张的汪康年也遭牵连,所办的《京报》被清廷查

---

① 《本馆特别广告》,《中外日报》1904 年 6 月 16 日。

② 林盼:《商务印书馆与〈中外日报〉合作始末——清末书局与报馆互动的一个案例》,载上海市档案馆编:《上海档案史料研究》(第十五辑),上海三联书店 2013 年版,第 70 页。

③ "丁未政潮",指清末清流派与北洋派之间的党争。

封，从此在朝廷中枢失去了可以仰仗的高层人物。同年9月，汪康年堂兄汪大燮卷入苏杭甬保路风潮，汪康年受到牵连，被人讥为"沪上五毒"之一，在江浙同乡群体中失去了以往的核心地位。因为以上两件事，1907年底回到上海的汪康年，无论在政治资源还是在社交圈子中，都已失去影响力，唯一能有所依凭来重塑形象的阵地，只有《中外日报》了，他必然会尽一切可能，抓住这一根最后的稻草。

第二层原因，汪康年等人对商务印书馆长期存在戒备心理。这表现为两点：一是商务印书馆日渐发展壮大，与《中外日报》的经营不善形成对比，商务对于报纸的经营事务，从股东的角度讲，也有适当干预或提出建议的权利和义务，但是这种情景发生于汪康年等人失势之际，同时商务的经营又如此成功，夏瑞芳和印有模关于报馆经营方面的建议，势必为汪康年等人警惕，因为汪康年等人担心失去《中外日报》的掌控权。二是商务印书馆的日股成分，也是汪康年等人对商务不满的原因。1906年12月，汪大燮在信函中提及，"弟办报馆事，兄不谓然，如专为政府作机关报，事甚无谓。因政府识量不广也。如不为彼说短长，必站不住，受人之命令而为之，而又不从，岂能立哉？况又羼商股，又为夏瑞芳等不明不白、来历不清之本，必多辍轫，万能得当，不如已也"①，清楚地表达了对商务资本来源的怀疑，以及合资之后报馆面临的管理问题。商务印书馆的日资色彩，确实在当时屡遭诟病。1905年8月，《上海泰晤士报》在一篇报道中说，"《中外日报》半为日人之报"，而张元济"亦为日人资本所开商务印书馆经理人之一"。对此，《中外日报》深感无奈，不得不请律师发表声明：

---

① 林盼：《清末新式媒体与关系网络——〈中外日报〉（1898—1908）研究》，博士学位论文，复旦大学2013年。

"《中外日报》半系日人，此语尽属不确，该报主人之利益，日本人并未与有关系。"①

第三层原因，商务印书馆想在《中外日报》的经营方面有所作为，但引起了汪康年等人的警惕和不满。这应是汪康年等人决心不再与商务合作的主因。当时报纸竞争激烈，《中外日报》经营状况不理想，商务对此不可能无动于衷，商务的资本强势，夏瑞芳、张元济等人的社会资源优势，有形无形之中，都对汪康年等人有挤压之势。

根据《夏曾佑日记》记录，张元济在双方合资前后，就已经是中外日报馆的常客了，他与夏瑞芳经常参加《中外日报》的活动和饭局，对报纸的形势非常了解。如 1904 年 10 月 13 日，"午刻与瑞芳、颂阁（汪诒年，汪康年二弟，时在上海主持《中外日报》，本书作者注）小饮"；1905 年 3 月 19 日，"午刻至馆，与印锡翁、夏瑞芳、昭宸、菊生、浩吾、颂阁闲谈，共饮"；7 月 30 日，"余与菊生至馆，偕穰卿（汪康年，本书作者注）、瑞芳至万年春午饭"。张元济在 1906 年初致在北京的汪康年的信函中说，"《中外日报》近年闻仍亏折，仲兄（指汪诒年，本书作者注）深以为忧，坚欲告退。弟与夏瑞芳竭力劝慰，然经济上无能为力，馆中办事人亦不敷，明年仲兄拟添清一二人，看来只可作守势，而不能取攻势矣"②。可见，在商务印书馆与《中外日报》合资之后，商务高层如夏瑞芳、印锡璋等，确有参与《中外日报》经营的记录，甚至在《中外日报》要不要继续办下去的问题上，都有一定的发言权。

---

① 《西报登录古柏律师函》，《中外日报》1905 年 8 月 17 日。

② 林盼：《清末新式媒体与关系网络——〈中外日报〉（1898—1908）研究》，博士学位论文，复旦大学 2013 年。

同时作为主要股东，夏瑞芳、印锡璋等人对于报社的经营状况，不会不表达自身的想法。张元济同样视商务印书馆为心头至爱，对有损商务利益的事，他也不会坐视。在《中外日报》的经营每况愈下的现实面前，如果汪康年等人首先想撇开商务，张元济也不会再强求。

还有一个原因，是触发矛盾爆发的导火索，就是汪康年听信传言，失去了对张元济的信任，迅速为合作画上句号。汪康年听到的传言说，张元济在汪康年不在上海的时候，已经开始筹划以第二大股东的身份渐进式地占据《中外日报》，甚至还放出话"君能偿则已，否则以报归我"。且不论这种说法是真是假，至少对汪康年的判断造成了很大的影响。因为这样的传言，双方之间的信任关系遭到了严重的挫伤。

汪康年不仅在言语之中对张元济代表的商务有了非常明显的敌意，而且迅速行动，在向其堂兄汪大燮筹措款项无果后，立即找两江总督端方和上海道台瑞澂借款，将商务印书馆所拥有的股份全部赎回。

1908年4月11日，《中外日报增添股本合同》宣布作废，一切股本及股利归还投资人，[①]《中外日报》与商务印书馆四年的合作就此终止。这件事对张元济触动很大，张曾在致浙江铁路公司同僚孙廷翰的信件中说："穰卿屡言济等谋吞伊报，故于前月杪将股本垫款收回，不再与闻。关系业已断绝。"[②]字里行间，满是无奈和不解。

四年合作，商务的资本平进平出，财务上没有获利，但在品牌

---

① 张人凤、柳和城编著：《张元济年谱长编》（上卷），上海交通大学出版社2011年版，第258页。

② 《致孙廷翰(1)》，《张元济全集》（第1卷·书信），商务印书馆2007年版，第518页。

和无形资产方面，还是获益不少。就这一点看，夏瑞芳等人在商业方面，精明老辣，未做亏本生意。商务的资本数额远比《中外日报》要大，合作之初，商务的资本超过 20 万，而《中外日报》只有近 3 万，商务以巨无霸之姿屈居第二大股东，对于《中外日报》而言，始终存在着被兼并的阴影。换言之，在商务与《中外日报》的博弈中，商务是优势的一方。^① 所以 1904 年合资之后，商务印书馆对于《中外日报》大量代售其他书局出版的书刊的业务，应该是行使股东权利并对此有所约束和限制，以免威胁其在业界的强势地位，这种"排他性思维"在所难免，也可作为双方合作之后《中外日报》不再积极参与代售活动的一种解释。如果汪康年等人视此为一种强势干预，并有所排斥，也是正常反应。

资本入股后的权责利，分得越清楚越好，资本应通过股东会行使应有的权力，否则是非多，合作难。双方的合资合同之中，没有明确规定各股东的权责究竟如何，甚至对股东会议的设置及权限，也语焉不详。从合资合同的内容看，如果报馆主持人不想召开类似会议，就可以长期不开会。也就是说，双方合作的制度基础并不牢固。

汪康年等人虽是报业能人，但也有一些缺点，主要在于：一是商业经营上缺乏才能，这一点与夏瑞芳相比，高下立判；二是因朝廷有靠山，在文化圈与官场之间貌似游刃有余，实则暗含风险，这方面与张元济相比，又少了看破官场风云的冷静和低调，缺了文化名宿的大度和圆融。双方合作过程中的分分合合，实际上未损商务实际利益，但是《中外日报》更加命运多舛。文化企业的命运，往往与企业负责

---

① 林盼：《商务印书馆与〈中外日报〉合作始末——清末书局与报馆互动的一个案例》，载上海市档案馆编：《上海档案史料研究》（第十五辑），上海三联书店 2013 年版，第 81 页。

人的性格紧密相关，汪康年和汪诒年本是报人出身，书生本色和文人秉性过重，在经营方面是难擅胜场的，这也是性格决定命运的一例佐证。

1908 年 8 月，上海道台蔡乃煌以各大报纸"昌言无忌，据实直书，有碍行政"的名义，斥巨资将《中外日报》、《申报》、《舆论日报》等报纸"购回自办"①，汪康年、汪诒年兄弟不得不发布公告，离开报馆，此时距《中外日报》与商务印书馆终止合作，只有四个月时间。设若《中外日报》与商务的合作时间再长一点，这次巨资回购的获益者，又是商务印书馆。

（二）收并乐群书局和国学扶轮社

世人大都了解陆费逵离开商务创办中华书局，沈知方后来也离开商务加入中华，最终中华在教科书市场与商务分庭抗礼的故事，但对于沈知方在此之前参与或主持创办的乐群书局、国学扶轮社的情况，则知之甚少。这两家出版机构的创办和发展，体现了沈知方爱折腾、不服输的性格，也寄寓了他的商业理念和文化追求，不过最终还是未逃脱被商务接盘的命运。沈知方厕身商务还能这般折腾，既得益于夏瑞芳对他的了解和爱护，也给他自己积累了独立闯天下的经验和经历。夏瑞芳对沈知方的包容，既体现了大书局的气度，同时也是一种减少竞争对手的策略。沈知方后续辗转腾挪的历程，如投奔中华书局，再独立创办世界书局，也佐证了夏瑞芳的识人眼光，沈知方终非

① 《上海报界之一斑》，《东方杂志》第六卷第十二号，1910 年 1 月 6 日。

池中物。不过商务没给他足够大的平台，肯定留他不住。

1. 乐群书局的命运：其兴也勃焉，其亡也忽焉。

乐群书局除了拥有文艺名刊《月月小说》，早期的经营乏善可陈。该书局在沈知方加入后才经营教科书，并试图从商务手中争利益，可惜手段不太好，被夏瑞芳起诉，败诉后一蹶不振，终被商务收购。

乐群书局的全称是"乐群图书编译局"，1905 年创办，创办人和经理人都是汪惟父（也作汪惟甫），聘请吴趼人、周桂笙担任总撰述和总译述。书局创立之初，主要出版文学书籍，其亮点是创办了近代四大文艺期刊之一的《月月小说》，因此在近代出版史上留下了名字。[①] 沈知方大约在 1906 年加入乐群书局，此后开始出版教科书。

沈知方和乐群书局的动作很快，1906 年 4 月 9 日，《申报》就登出了以《赠书致谢》为名的教科书广告："《蒙学修身教科书》，是书两册，为蒙学第一年学期教科书，计凡 40 课，意主德育，而以浅近平实之语出之，儿童读之，最易感觉。编辑者为山阴陈世型氏，印行者则上海乐群书局也。"此后几个月，乐群书局又有十多种教科书在《申报》上刊登广告。

乐群书局有《月月小说》的社会影响力，加上出版教科书的不菲利润，刚开始发展势头非常不错。1906 年 10 月，乐群书局也开启并购之门，出资将坐落在美租界内的上海官书局及其印刷设备等器物全部接盘，在硬件方面实现了改头换面的升级。这次收购给了汪惟父扩大规模的底气，像商务印书馆一样，开始建厂造屋，自备铅石印机

---

① 王鹏飞：《沈知方晚清时期出版活动考论》，《河南大学学报（社会科学版）》2018年第 4 期。关于乐群书局的发展脉络，多处借鉴王鹏飞先生此文，未一一标注，特此说明并致谢。

器，"承印各种书籍仿单等，并承印五彩月份牌、钱票钞牌以及各种图画"①，又将书局分设为发行、印刷和编译三大部门，初步形成了规范而富有生气的发展格局。书局所办《月月小说》也开始改由自己印刷，刊物登出特别广告说："启者：本报出版以来，辱承海内外欢迎，销路日广。顷自第五号起，特自备活版机器自行精印，按期出版。第五号并加增图画及小说四五门，皆极有趣味之作，以符读者诸君之雅望。准正月念日出版，特此布闻。"②

不过世事难料。乐群书局出版的教科书，就是找一帮所谓的编撰者草成急就之章，其内容大量"借鉴"了商务印书馆的教科书，毕竟商务教科书的内容和质量是一个标杆。乐群书局不仅在发不义之财，还不知止境，迅速扩大规模，这不是完全无视商务印书馆的存在吗？1907年春，夏瑞芳终于忍无可忍，提起诉讼。3月7日，《申报》以《严惩翻印教科书》为题报道了事情的经过：

> 商务印书馆执事夏瑞芳，投公共公廨，控乐群书局主沈芝芳翻印教科等书出售，有碍版权，求提究办。前晚，谳员关太守提案讯问，夏供：乐群书局出售之书，计教科舆图等，均翻自商务书馆，请究讯之。沈供：书中词意，大同小异，并非照翻，以后改过，求思薄罚。太守判交保，限十天，罚银一千两，贴偿原告亏耗，仍候签差，将已成未售之书，吊案销毁。

由此可知，对于商务印书馆夏瑞芳的指控，沈知方没有赖账要

① 《上海乐群书局特别广告》，《月月小说》1907年第6号。
② 《月月小说社特别广告》，《月月小说》1907年第6号。

滑，只求减轻处罚。那么乐群书局的教科书虽未完全翻印商务版，但肯定是大抄小改无疑，所谓"书中词意，大同小异，并非照翻"。然而太守的判罚是严惩：贴偿原告亏耗并毁书。乐群书局本来底子薄，败诉之后元气大伤，其所办刊物《月月小说》也旋即停刊，最后转手他人。书局经此诉讼，偃旗息鼓，退出了上海出版业的竞技场，大约在 1907 年或 1908 年间被商务印书馆收购。①

难得的是，夏瑞芳此时对于沈知方仍然给予厚待，在沈知方回商务做事后不久，即聘他为发行顾问，月薪 200 元，是不做事的高薪员工（一般编辑月薪不过 30 元左右）。有人对此不满，夏瑞芳却说："我不是不知道他有点懒散，但他的才气宏阔，我们非留用他不可，假使一旦让他离去，将来必定是个商务劲敌。"②

2.国学扶轮社：沈知方的"文化情怀"。

沈知方在商务作为发行顾问，很是清闲，不甘沉寂的他又开始谋划创办新的出版机构。不过这次不是为商业利益，而是为传承家学，实现文化理想。

史料记载，沈知方与王均卿（文濡）合伙创办了国学扶轮社。创办的具体时间一说是 1905 年，而据《上海出版志》记载是创办于1902 年，还有一说则是在 1910 年至 1913 年创办。最后一说似更符合实情。③

沈知方创办国学扶轮社，与他加入乐群书局翻印教科书意图赚钱

① 海上漱石生：《退醒庐著书谭》，载韦兰史、施济群、郑逸梅编：《金钢钻小说集》，上海金钢钻报馆 1932 年版，第 37 页。
② 应文婵：《文化事业中一段掌故》，《书斋志异》，中国友谊出版公司 1984 年版，第115 页。
③ 郑逸梅：《国学扶轮社、秋星出版社的史料》，《出版史料》2004 年第 2 期。

不同，国学扶轮社承载着他的家族使命和文化理想。沈知方虽然出身寒微，但其祖父是一位好读古书的饱学之士，曾意欲召集同人编撰历代古文总集而未成，沈知方要实现祖父未竟之志。香港大学龚敏教授曾言：

> 作为出版商人的沈知方虽以利益为旨归，但既然能招致黄人、王文濡等合作创办出版社，可见彼此在实际的经济利益以外，定然还有着一些文化、教育等理念上的契合，决然不至于在一部辞书的利益上作短视的投机，这从在黄人生前印行的《国朝文汇》《普通百科新大辞典》，以及身后由王文濡在一九二六年代为印行的《中国文学史》等大部书籍的出版，处处可以显示国学扶轮社的创办目的，并不是沈知方个人的谋私行径。①

国学扶轮社的出版业务，以刊行中国传统文化读物为主。合伙人王均卿长于国学，加上国学大师刘师培等人的参与，出版过一些质量颇高的大部头书籍，都在当时流传甚广，后来不少出版社也时有翻印。这些出版物中，有两本大书值得一提：第一本是《普通百科新大辞典》，其词条集知识性和可读性为一体，开近代百科全书释义方式之先河，它体现了沈知方敏锐的商业眼光；第二本是《国朝文汇》，该书融入了沈知方浓厚的文化情怀，也在一定程度上完成了其祖父的心愿。多年以后，对于沈知方策划出版的《国朝文汇》，著名学者钱仲联曾说"清代诗文，载自今日，一代完整的选本，只有黄人、沈粹

---

① 龚敏：《西学东来与黄人〈普通百科新大辞典〉的编纂》，载项楚主编：《新国学》（第7卷），巴蜀书社 2008 年版，第 345 页。

芬《国朝文汇》、徐世昌《晚晴簃诗汇》两种"①，可见《国朝文汇》在文化传承上的价值。

1912 年，商务印书馆专门订立章程，禁止董事会成员和所有职工经营与商务印书馆所经营相同的商业，经报告董事会同意者例外。②这份章程的问世，与沈知方、陆费逵等商务员工不无关系，也可能是沈知方 1912 年底脱离商务印书馆的主要原因。1924 年进入世界书局的刘廷枚回忆说："因他（沈知方）与人合办乐群书局、国学扶轮社等出版社，与商务业务相抵触，并与该馆主要负责人之一张菊生在发行业务方面见解分歧，致不能久安于位，即转与陆费逵等合创中华书局。"③ 1913 年 2 月，沈知方出任中华书局历史上唯一的副局长。

国学扶轮社创办时间不长，但在沈知方的主持下，出版了一批大部头的传统文化读物，即使以今天的眼光来看，也不无价值。可惜的是，国学扶轮社的业务兴盛时期也只到 1913 年左右，伴随着沈知方从商务离开和到中华书局任职，国学扶轮社从此了无消息。国学扶轮社创办之初就没有设置印刷和发行机构，其相关业务委托给中国图书公司。1913 年中国图书公司被商务并购，改名"中国图书公司和记"，国学扶轮社的图书印刷和经销业务也相当于被商务收购。④ 从出版物的价值而言，国学扶轮社也完成了出版的使命，在出版史上留下了鲜明的印记。

① 钱仲联：《梦苕庵论集》，中华书局 1993 年版，第 170 页。

② 郑逸梅：《国学扶轮社、秋星出版社的史料》，《出版史料》2004 年第 2 期。

③ 刘廷枚：《我所知道的沈知方和世界书局》，载全国政协文史资料委员会编：《昔年文教追忆》，中国文史出版社 2005 年版，第 98 页。

④ 郑逸梅：《国学扶轮社、秋星出版社的史料》，《出版史料》2004 年第 2 期。

（三）中国图书公司的昙花一现

晚清兴学堂、废科举以来，教科书的需求量成倍增长，商务印书馆看准时机精心编撰"最新教科书"一举成功，在中华书局创办之前，罕有其他出版机构能与之叫板。不过只要有利可图，就有出版机构趋之若鹜。当时这些机构中真正有所成就、可与商务一争短长的，只有席子佩等人发起组建的中国图书公司。不过它也最终没有逃脱被商务印书馆收购的命运。

中国图书公司于1906年创立，资本50万元，发起人是当时上海报业"四大金刚"之一的席子佩。为了提升公司在书业中的影响力，席子佩利用自己在报界的影响力和人脉，特聘清末状元、时任江苏教育会会长的张謇为董事长，沈信卿（恩孚）为编译所所长。张謇、沈信卿都是清末民初江浙士绅中的风云人物，他们不仅声名显赫，而且财力雄厚，一开始就为中国图书公司设置了高起点，这一点要比商务印书馆草根创业的成长历程亮眼得多。

中国图书公司成立的初衷，就是想与商务印书馆在教科书领域一争短长。从该公司的招股说明书和章程中，可以看出创办人的雄心和抱负，在反复强调爱国的声明之中，似乎还有创办人对于商务印书馆资本中有日股的指责：

（1）中国图书有限公司招股缘起（代论）：

夫教育权之宜巩护，书籍之宜视为重要，编译、印刷、发行事业之权不可旁落，今日所已知者也。资本弱小之书局必被强大者所兼并，他日所必至者也。然则我人何勿早自为计乎。早自为计则上可以保国权，下可以免侵略。中国图书公司之所以发起者以此。①

（2）中国图书有限公司章程：

……

一、本公司以巩护我国教育权，驱策文明之进步，杜绝外人之觊觎，消灭后来之祸患为宗旨。

二、本公司系中国人公众创办，不入外国人股本，故定名中国图书有限公司。

三、设编译部，编译精良适用之图书、教本，以发本国人之爱国心，增进学界之幸福。

四、设印刷部，改良印刷上之各种工业，以图美术之进退，即以收回利权，杜绝障害(吾国应用之精良印件，历来取之外洋，不第为绝大之漏卮，且生种种之障害)。

五、设发行部，推广销路，发利益于同业；集合团体，联络各埠声气以保全我国书商应得之利益，且俾外人无谬种于我教育界。……②

"招股缘起"之中的"编译、印刷、发行事业之权不可旁落"之说，很能引起时人共鸣；而"早自为计则上可以保国权，下可以免侵略"的话，突出强调爱国之热忱，显得尤为高调。

中国图书公司成立后，立即组织一批长期从事教育工作的教师编写教科书。据叶九如回忆，"张季直（张謇，本书作者注）一派人物

---

① 《申报》1906 年 4 月 25 日。

② 《申报》1906 年 4 月 25 日。

如林康侯、叶鸿英等四人负责总务、编辑、印刷、发行职务。设办事处于南京路，发行所于河南路商务印书馆对门，建印刷厂于小南门陆家浜，铅、石、彩色等印机齐备"①。不仅如此，公司还计划在龙华设立造纸厂，摆开了与商务展开竞争的大架势，一时成为"商务教科书营业上唯一的劲敌"②。

尽管中国图书公司来势凶猛，然而他们瞄准的对手过于强大，商务的夏瑞芳、张元济加在一起，"文武双全"，不惧任何对手。此时商务印书馆因"最新教科书"的成功成为书业领头雁，夏瑞芳在教科书发行成功之后踌躇满志，陆续在全国各大中型城市设立分馆和支馆，建立了一整套比较完备的编译、出版、印刷、发行与销售体系，其出版物包括中小学教科书及其他启蒙读物，大受市场欢迎，因而对中国图书公司咄咄逼人的架势并不畏惧，反而利用中国图书公司的弱点节节进逼，使其很快败下阵来。关于双方的角力过程，还有一个说法：对中国图书公司形成严重打击的，是夏瑞芳在教科书市场与中国图书公司较量的同时，曾暗中派人收购中国图书公司的股票，低价抛售，造成该公司股东的混乱，更致其经营不顺，最后不得不偃旗息鼓。③

从另一个层面看，张謇、沈信卿等人虽然很有名望，他们的身份和地位，固然可以在短期内提升中国图书公司的影响和竞争力，拓展公司的势力范围，但他们对教科书出版并不在行，单凭主事者的地

---

① 子冶整理：《中国图书有限公司章程》注③，载宋原放主编，汪家熔辑注：《中国出版史料·近代部分》（第三卷），湖北教育出版社 2004 年版，第 156 页。

② 陆费逵：《六十年来中国之出版业与印刷业》注⑧，载张静庐辑注：《中国出版史料补编》，中华书局 1957 年版，第 283 页。

③ 温云荣等编：《中国老赢家秘籍》，中国发展出版社 1994 年版，第 136 页。

位和声望，并不足以使中国图书公司在激烈的同业竞争中立于不败之地。中国图书公司虽然资金雄厚，但其内部组织远不如商务健全，编辑和发行的经验也不如商务丰富，所出版的教科书除了高等小学的史地教科书稍有名气外，其余均无法与商务版教科书相媲美。① 叶九如的回忆里评价中国图书公司时说，"惜负责人一派官僚作风，致营业不振，发行所收歇"②。

经过几年的较量，中国图书公司在市场竞争中逐渐失势，公司最后不得不向商务妥协认输，于 1913 年将所有家当以 8 万元的价格全部盘给商务印书馆，改称"中国图书公司和记"。张元济在 1914 年 5 月所作《在民国三年商务印书馆股东常会上的报告》中提到："本公司本年（1913 年）盘受中国图书公司，计盘价连费用计洋八万余元。该公司营业由本公司派人照常办理，以发行、印刷为两部，各自经营，不相混杂。"③ 原本 50 万元资本的公司，最后被如此低价收购，商务印书馆应是得了不小的便宜，因为该报告中还有这样的说明："而印刷生意近来颇为发达，该公司受盘出面人系托本公司股东周九颐堂具名立约，免得过为外人妒忌，合并声明。"④

中国图书公司创办时资本雄厚，超过商务，其"招股缘起"中说"资本弱小之书局必被强大者所兼并，他日所必至者也"，此际看来，却像是预测自身命运的谶语。这也说明，企业经营管理能力不行，资本再大，名人再多，也无济于事。在这场竞争之中，夏瑞芳领导商务

---

① 周武：《论民国初年文化市场与上海出版业的互动》，《史林》2004 年第 6 期。

② 蒋维乔：《创办初期之商务印书馆与中华书局》，载张静庐辑注：《中国现代出版史料丁编》（下），上海书店出版社 2003 年版，第 400 页。

③ 《张元济全集》（第 4 卷·诗文），商务印书馆 2008 年版，第 302 页。

④ 《张元济全集》（第 4 卷·诗文），商务印书馆 2008 年版，第 302 页。

印书馆稳扎稳打，不乱阵脚，最终胜出，显示出雄厚的实力，这也为后来面对中华书局、世界书局的教科书之争积累了经验。

（四）收购直隶官书局（京华印书局）

商务印书馆与金港堂合资后，夏瑞芳即将收购触须从上海延伸到了北京，收购了官办的直隶官书局，这又是一个奠定商务发展基础的大手笔。夏瑞芳主导的这次收购非常具有典型性，显示出清末出版业在变革时期的发展态势，那就是官办书局衰落，民间出版业兴盛，商业出版急剧扩张。

京华印书局前身是由康有为、梁启超等人创办的强学会书局改组而来的官营印刷机构（也称强学书局），于1884年组建。[1]强学书局创办不久即被查封，查封的原因在于其政治上倾向维新，思想上传播西学。1896年，清政府将强学书局改组为京师官书局，又称直隶官书局。1898年，直隶官书局被并入京师大学堂。1905年，商务印书馆接盘北京直隶官书局，取名京华印书局。

直隶官书局原址在北京虎坊桥，改为官办以后经营毫无起色。官书局规模不大而官派不小，主脑人物有督办、提调等，门口还高悬"局务重地，禁止喧哗"的牌子，主要业务是印刷官报、宫门抄、内府书籍及光绪二十七年（1901年）废八股兴学堂后的教学用书等。[2]

---

① 刘鹏：《北京京华印书局》，《北京档案》2009年第12期。
② 王之恕、宣节：《北京京华书局五十年》，载全国政协文史资料委员会编：《文史资料存稿选编》（第23卷），中国文史出版社2002年版，第249页。两位作者曾先后任京华印书局经理。

官书局开办后勉强能维持日常支应，业务乏善可陈。后来官书局的官员注意到上海的商务印书馆创办不久即成为行业领军企业，管理得法，遂与商务印书馆订约，由商务选派人员来官书局助其提高印刷技能，改进出版业务，并约定了期限。这是商务收购官书局之前的一次试探性合作，时间应在 1905 年之前，商务印书馆与金港堂合资之后。此时商务教科书已经刊行全国，产生巨大影响，夏瑞芳宏愿初偿，志在四方，北京官书局的邀约恰逢其时，夏应承助其试办，是情理之中的事。

经过短期试办，因官书局人员官气十足，与商务的管理模式和工作方式难以融合，收效甚微。故双方合作不久，就在原议基础上改约，于 1905 年由商务印书馆出资收购。夏瑞芳等人看好北京的市场，所以不惜资本，收购时不但将机器设备全部作价，即官书局出版未售的木版印刷书籍及木版，也全部作价收购，还有官书局所有对外承印的书籍业务，商务也全部接手。不过接盘之后，商务自己的出版物，并未在该厂生产。收购完成，为扶持其独立发展，书局的对外名称，既不用官书局名称，也没加上商务印书馆的标签，而是命名为"京华印书局"。

被商务接办后的京华印书局，淘汰了木版印刷设备，仅利用铅印、石印设备，受惠于商务的管理和技术，印刷质量大幅提升。因为印刷质量优良，业务大为扩展，甚至承接了大清银行有价证券的印制业务，经营规模也随之扩张，不久即在大清银行附近的吕祖阁（现和平门内北新华街西侧）扩添彩色石印，称为北厂。北厂建成后还承印其他彩色印件，业务发展迅速。到 1910 年，商务印书馆接办才五年，京华印书局南北两厂就已发展到相当规模。南厂主要业务为黑色石印、铅印、装订，职工约 150 人；北厂主要业务为彩色石印证券，及以圆盘机为各银行在国外印来的钞票加印行章，职工约 100 人。

辛亥革命之后，京华印书局的业务有所转向，主要因为铅印书刊的利润不及证券、票据类业务优厚，遂将业务重点放在印制有价证券、新式账簿、股票、单据、商标之类，业务逐渐扩大，甚至发展到东北、西北各省。

京华印书局的设备精良，实为商务印书馆的北京印刷分厂，收购接盘后的各项业务和管理，都由商务印书馆主导，所以它的发展和壮大，与商务是同步的。在夏瑞芳主持商务印书馆时期，京华印书局已发展到相当规模，经营上颇见起色，后来甚至有"南有商务、北有京华"的赞誉。由于有这样一个规模较大、设备齐全的北方印书局存在，在商务印书馆 1932 年遭遇日军毁灭性轰炸时，京华印书局得以为商务总部承接赶工加印教科书等重要业务，为商务后来的快速复兴立下了功劳。这也是早期以夏瑞芳为首的商务领导层奠定的根基，大难之时，尚有分支机构为其分担压力，确保教科书印制按时完工，经济命脉尚存，实为不幸之中的万幸。

作为商务印书馆的一个分厂，京华印书局内部组织管理规章制度，大体上也和总馆一致。在接办京华初期，商务创业不久，仅汉口、广州有分馆，对分支机构的管理，尚无完整制度，因此对京华印书局除设置经理外，其他管理部门、生产部门，仍暂沿用官书局原有的组织。此后，商务的分支机构遍及全国，管理制度逐渐严密，对分厂组织规定，不设经理改设厂长，厂长之下设股，股以下设课，课以下设组。厂长及股、课主要负责人由商务的总管理处委派，技术管理人员适当从总厂调用，其他职工就地进用，但须签订雇用契约送经总馆核准。

京华印书局的负责人，在收购后都是总馆委派。京华印书局的首任负责人，是商务印书馆的股东张廷桂，他曾两次进京执掌京华印书局。张廷桂在职时和商务印书馆的北京分馆经理孙壮（伯恒）、天津分馆经理王显华，共同掌管商务在华北的一切事务，号称商务的"北方三霸"，也即商务总馆对于北京经营业务的监督组织者。在王显华调沪、张廷桂辞职后，孙壮成为商务总馆在北方的首席代表，孙壮在京任职长达 40 年，后期京华印书局的事务也主要由孙掌管。①

京华印书局在日据时期走向衰落，抗战胜利后稍有复苏，中华人民共和国成立后业务开始复兴，发展迅速，职工增加到三百多人。1954 年 5 月京华印书局随商务总馆一起公私合营，成为高等教育出版社的印刷厂，属国家出版总署领导，名称未变。1962 年，京华印书局同中华书局北京排版厂等合并，名称仍为京华印书局。"文革"期间改称北京第二新华印刷厂。"京华印书局"的名称起于 1905 年被商务印书馆收购之时，止于 1967 年，作为商务印书馆的北方印厂，是商务繁荣发展的重要支点和见证，历经清末、民国、中华人民共和国，存名六十余年。②

---

① 王之恕、宣节：《北京京华书局五十年》，载全国政协文史资料委员会编：《文史资料存稿选编》（第 23 卷），中国文史出版社 2002 年版，第 254—255 页。
② 刘鹏：《北京京华印书局》，《北京档案》2009 年第 12 期。

夏瑞芳（1871—1914）

鲍家子婿 6 人，左起夏瑞芳、鲍咸亨、鲍咸昌、郭秉文、张桂华、鲍咸恩

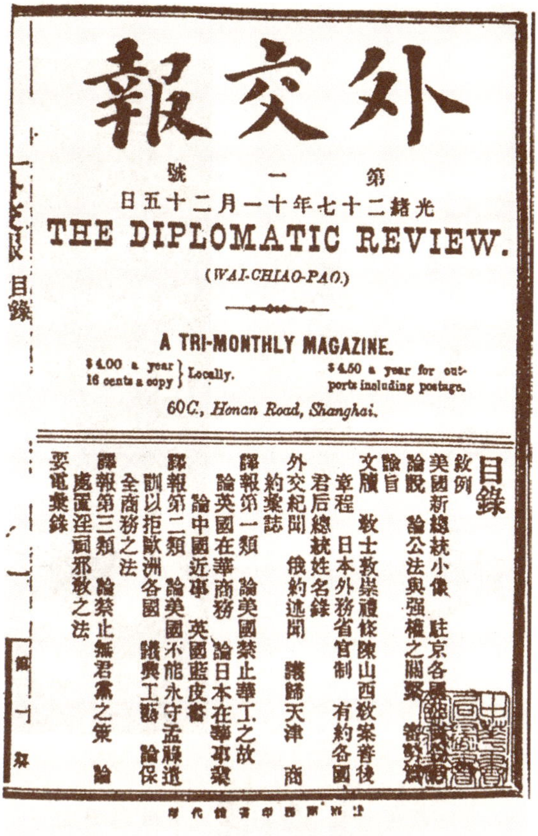

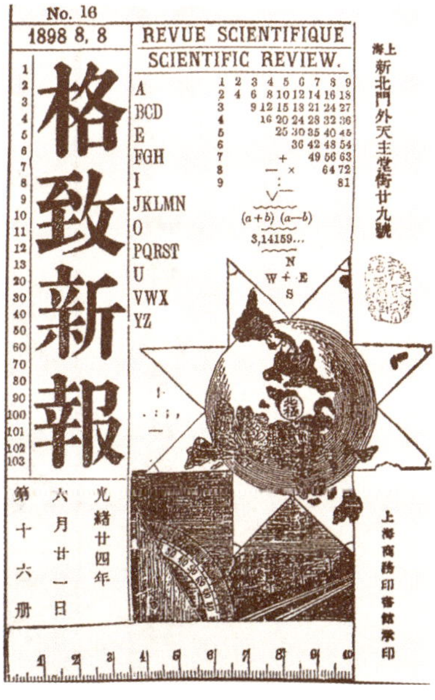

有"商务印书馆代印"字样的书刊

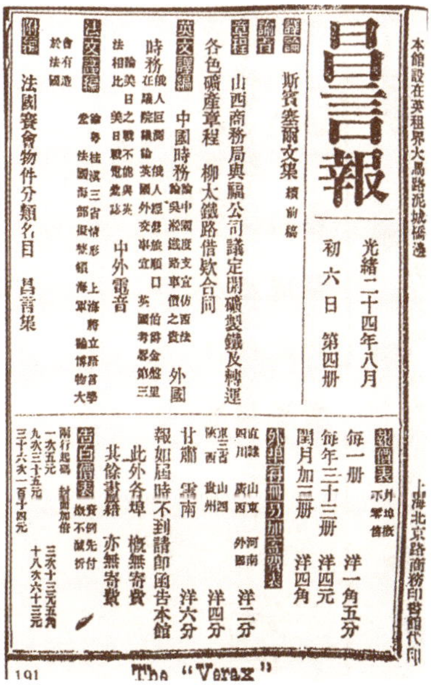

外交報

第一號

光緒二十七年十一月二十五日

THE DIPLOMATIC REVIEW.

(WAI-CHIAO-PAO.)

A TRI-MONTHLY MAGAZINE.

$4.00 a year
16 cents a copy } Locally.

$4.50 a year for outports including postage.

60C., Honan Road, Shanghai.

目錄

敘例

美國新總統小像　駐京各國……

論說　論公法與強權之關繫　……

諭旨

文牘　教士教槩禮條陳山西教案善後章程　日本外務省官制　有約各國君后總統姓名錄

外交紀聞　俄約述聞　議歸天津　商約彙誌

譯報第一類　論美國禁止華工之故　論英國在華商務　論日本在華事業　論中國近事　英國藍皮書

譯報第二類　論美國不能永守孟祿遺訓以拒歐洲各國　議興工藝　論保全商務之法

譯報第三類　論禁止無君黨之策　論處置淫祠邪教之法

要電彙錄

上海北京路商務印書館代印

本館設在英租界大馬路泥城橋邊

昌言報

光緒二十四年八月初六日　第四冊

譯論　斯賓塞爾文集　續前稿

諭旨

章程　山西商務局與福公司議定開礦製鐵及轉運各色礦產章程　柳太鐵路借款合同

英文譯編　中國時務　外國時務

法文譯編　中外電音

附編　法國賽會物件分類名目　昌言集

報價表　每一冊　洋一角五分　每年三十三冊　洋四元　閏月加三冊　洋四角

外埠寄冊另加寄費表　直隸　山東　河南　四川　廣西　外國　洋二分　東三省　山西　陝西　貴州　洋四分　甘肅　雲南　洋六分　此外各埠　概無寄費　其餘書籍　亦無寄費　報如屆時不到請即函告本館

告白價表

上海北京路商務印書館代印

No. 16

1898 8, 8

REVUE SCIENTIFIQUE

SCIENTIFIC REVIEW.

格致新報

光緒廿四年六月廿一日

第十六冊

上海新北門外天主堂街廿九號

上海商務印書館代印

有“商务印书馆代印”字样的书刊

繡像小說

第壹期

馬氏文通

馬建忠著

商務印書館裝行

日本前文部省圖書審查官　小谷重
日本前高等師範學校教授　長尾槙太郎　校訂
編　長樂　高鳳謙
浙江　鹽　鹽元濟
九蘇武進蔣維喬　俱編纂
　陽湖莊俞
上　海商務印書館印行

最新國文教科書

商务印书馆早期发行的书刊

商务印书馆的第一家分馆——汉口分馆

商务印书馆的制版间（20世纪初）

商务印书馆的总发行所（20 世纪初）

商务印书馆的东方图书馆（1926 年对外开放，为商务印书馆 1904 年创建，1909 年命名为"涵芬楼"）

"橡皮股票"风潮期间夏瑞芳致张元济的信

"橡皮股票"风潮期间夏瑞芳与沈继方的协议

2017 年修缮一新的夏瑞芳故居（上海市青浦区朱家角镇）

夏瑞芳全家福

第五章

克难奋进

时间来到 1909 年，商务印书馆已经成立 12 年，诸业顺遂，成长快速，一派生机。夏瑞芳这一年 38 岁，正当壮年，膝下一子七女，是八个孩子的父亲。企业的重担，家庭的责任，以夏瑞芳惯有的自信和勇毅，都能游刃有余地去承担。其固有的雄心和抱负，正如其所愿，在一步步施展。

如果我们截取 1909 年这一时段来看商务的发展，可以概括为这样几句话：发展迅速——资本每年增长 30%；规模宏大——营业额 169 万元，占全国书业三分之一；业务多元——除出版主业之外，又进军印钞业务、机器制造、房地产等，诸业并举，发展状态如日中天。商务领导层都在四十岁左右，正是干事创业的黄金年龄。商务有如此成就，并不完全是得天时地利，更得益于商务创办人与后期加盟者张元济、印有模等人的精诚团结和奋发有为。在这样的成绩面前，作为总经理的夏瑞芳，无疑是激动的、振奋的，甚至还可能头脑发热。

福兮祸所伏，世事白云苍狗。商务的坎坷和挑战，在1910年的春天来临了。

一、"橡皮股票"风潮

夏瑞芳在商务发展的大好形势之下，不断扩大产业边界，多方拓展业务，甚至开始涉足风险极高的房地产和股票市场，为他后来的投资失败埋下了伏笔。

（一）"橡皮股票"的疯涨和暴跌

上海是冒险家的乐园，也可能是伤心之地。

20世纪初，随着新兴汽车工业的迅速发展，橡胶轮胎的使用量剧增，国际市场上橡胶的价格飞速上涨。东南亚是盛产橡胶的地方，国际金融资本纷纷在这里设立橡胶公司，并将总部设在上海，以便从这个远东最大的金融中心进行融资。自1909年开始，各国设在上海的洋行开始招募股份发行股票。橡胶公司股票收益大，所以上海人闻讯纷纷抢购橡胶股票，不少人因此一夜暴富。一方面，外国洋行不遗余力大肆宣传；另一方面，国际市场上橡胶价格不断上涨。在这样的背景下，股票交易渐趋疯狂。不但一般商人，就是普通市民、地主以及一些完全没有股票交易经验和完全不懂橡胶知识的人，也争先恐后地加入到购买橡胶股票的行列中。

资料记载，1909 年 4 月 4 日，上海成立最早的兰格志橡胶公司在市场上的价格是每盘（每盘为 10 股）780 两，时隔一个多月就已涨到每盘 1160 两，1910 年 4 月 9 日时更高达每盘 1475 两。地傍橡树公司的股票价格 1910 年 2 月 19 日时为每盘 25 两，同样时隔一个多月，4 月 6 日时即上涨一倍达到 50 两。柯罗麻公司的股票价也同样如此，1910 年 2 月 16 日时为每盘 17.5 两，经过一个月，到 3 月 17 日时就已上涨到每盘 36 两。[①] 股票这样猛涨，诱使更多的人参与进来，投资变为投机，上海的各大钱庄也纷纷介入股票市场，推波助澜。特别是在华外商银行，不仅允许橡胶股票可按票面额压借现款，还大肆向中国的钱庄、个人发放购买橡胶股票的贷款，同意中国钱庄用庄票[②] 作为购买橡胶股票的支付手段。如此一来，上海的钱庄主异常活跃，不顾后果利用外国银行贷款进行橡胶股票投机。与夏瑞芳资金往来频繁的正元钱庄大股东陈逸卿，就调用了大量资金套购橡胶股票，甚至不惜向汇丰、麦加利等外国银行借贷。[③] 这样做的直接后果，使中国钱庄里的商业资本几乎全部被吸引到橡胶股票的交易中去，用于商业活动的资金，渐渐陷入枯竭状态。

如此疯狂的股票行情注定不能持久。1910 年 6 月，最大的橡胶

---

① 习辉编著：《新中国金融 60 年风云》，中国金融出版社 2010 年版，第 9 页。

② 庄票是由钱庄签发的载有一定金额并由其负责兑现的一种票据，可代替现金在市面流通，但流通范围仅限于发行者所在地的某一狭小范围。

③ 汪家熔：《橡皮股票风波中的夏瑞芳》，《出版博物馆》2009 年第 2 期。

消费国美国出台了限制橡胶消费法案。7月初，伦敦市场上的橡胶行情急剧下挫，由4月时每磅橡胶十二先令五便士急剧降到7月底的九先令三便士，随后猛跌到六先令。① 国际橡胶市场价格猛跌，很快引起上海橡胶市场的恐慌，橡胶价格也随之暴跌，股票价格更是一落千丈。关炯之先生的记述，生动地再现了他的这次炒股经历：

　　在1910年上海市面出现一种橡皮股票，没有多时，有钱人竞相购买，一些公馆太太小姐换首饰、卖钻戒，转买股票，如痴如狂，有了钱，还要四面八方托人，始能买到股票。我因做会审官多年，认得洋人，费了许多力买到若干股，买进时每股为30两银子左右。上海县知事托我买，我也代他买到些股。我买进之后，股票天天涨，最高涨到每股90余两。有许多外国人知道我有股票，手里拿着支票簿，只要我肯卖，马上签字。有一天星期五，股票开始下跌，但为数极小，第二天星期六，只有上午行市，比昨天又小，我心中有点动摇。当时有一老洋人，系研究外国股票的权威，我去问他橡皮股票下跌的意见。他说："股票下跌，正是大涨的先声，据我看，这种股票最高可以涨到200两一股，你如愿意卖出，就卖给我好了。"我听了他的话，决计不卖。第三天星期日无行市，不料自下星期一起股票价天天下跌，由每股90几两，跌到80几两，由80几两跌到70，到60、50、40，只跌不涨。……到了后来，我每股只卖得2两银子。②

---

　　① 习辉编著：《新中国金融60年风云》，中国金融出版社2010年版，第9页。
　　② 上海市政协文史资料委员会编：《上海文史资料存稿汇编·社会法制》，上海古籍出版社2001年版，第86—87页。

橡胶股票开始狂跌，那些借贷给中国钱庄购买股票的外国银行，此时也慌了神，赶忙催着各钱庄归还贷款。到 1910 年 7 月下旬，受陈逸卿掌控的正元、兆康、谦余三大钱庄因资金周转不灵，同时倒闭，连带与他们有资金来往的数十家大小钱庄和商号跟着受累，一起倒账。钱庄和商号的倒闭和亏损，引发全局性的金融风潮，震动上海，波及全国。有资料表明，外国资本在这次金融危机中卷走的资金高达 4500 万两。[①] 大清王朝本就摇摇欲坠的根基，在这次金融危机中再次受到重创。

（二）资金拆借起祸端

在这次风险极大的股票风潮中，生性爱冒险的夏瑞芳也加入了橡胶股票的买卖。他不仅没有赔钱，还大赚了一笔，约四十万两。高凤池在橡胶股票风潮发生之后写给张元济的信中，提及沈继方不愿承接宝兴公司债务时说"彼要求瑞翁将此次橡皮股票余利分拨一半（大约二十万两），再付现银数万两。"[②] 确证夏瑞芳炒股赚了约四十万两。不过浮财来得快，去得更快。不久之后，因为夏瑞芳做房地产投资用人不当，加上橡胶股票风潮的冲击，夏瑞芳不仅赔光了炒股所得，还不得不抵押自己在商务的股份来清偿债务。

事情的缘由还得从夏瑞芳设立宝兴公司说起。

1904 年，商务印书馆的资金逐渐充裕。当时宝山路一带尚未开发，是上海的"郊区"，地价便宜。商务印书馆遂于 1905 年在

---

① 汪敬虞主编：《中国近代经济史：1895—1927》，人民出版社 2000 年版，第 1628 页。

② 汪家熔：《橡皮股票风波中的夏瑞芳》，《出版博物馆》2009 年第 2 期。

宝山路新建印刷所，于 1907 年开始启用。印刷所工人多，上班路途远，当时交通落后，工人们长途跋涉劳顿不堪，遇到雨天更难准时上下班。为解决这个问题，夏瑞芳个人与其信任有加的沈继方合资成立宝兴公司，一则可建房租给工人居住，二则可专事房地产生意。宝兴公司很快在印刷所旁边兴建了一批住房，租给工人居住。在《商务印书馆的股东（董事）会记录》上有一则相关记录，光绪三十三年（1907 年）十月十八日议：

> 本印刷所各工人住居之处距离甚远，因此每逢下雨路上不能按照时刻定到，因路远跋涉步履艰辛已甚，到厂之后办事即觉委顿，不能踊跃。现经斟酌，本印刷所各友及各工人住居附近新屋内，每幢房屋贴洋一元，以资体谅，俾路上可以早为工作办事。如遇做夜工之时，归宿亦顾便当。但此项贴费以一二年为度。①

据记载，宝兴公司当时的注册资本大约 3 万元，而兴建商务印书馆工人宿舍以及其他房屋的资金，都是从正元等钱庄借贷，宝兴公司的日常经营都由沈继方负责。从这里也可以看到，商务印书馆此时的管理仍然缺乏规范和监督，夏瑞芳和沈继方的行为，按照现代企业的管理规范，涉嫌关联交易和利益输送，是不应该被允许的。

沈继方，字季芳，浙江绍兴人，与世界书局创办人、商务早年聘请的"跑街"沈知方是同乡，相交颇深，也有资料说二人是结义兄弟。这二人在商务时都得到夏瑞芳的充分信任，担任过商务的高级职员，

---

① 汪家熔：《橡皮股票风波中的夏瑞芳》，《出版博物馆》2009 年第 2 期。

后又先后离开商务加入中华书局。沈继方在商务有很大实权，掌管印信、合同、票证等要件，并兼管宝兴公司。高凤池说："季芳为瑞翁第一心腹，素来较自己亲戚尤厚。"[①]

由于宝兴公司扩大产业需要正元钱庄的资金支持，夏瑞芳是商务总经理，调度资金时碍于正元钱庄经理何兆政的情面，有时将商务的存款放一部分到正元。所以，商务印书馆和宝兴公司都与正元钱庄有大量的资金往来，商务印书馆是存款，宝兴公司是贷款。

尤为危险的是，在橡胶股票风潮席卷各大钱庄之际，商务仍有资金存入正元钱庄，据高凤池所述，"正元自正月以来，常存三四万两，至本月初五日，瑞翁代其调票[②]一万二千五百两，十五日，又代其调票六万两。此二次调票皆未到期，正元已倒，由本公司吃亏……先时印锡翁（印有模，本书作者注）处有押款五万两，归下瑞翁，拟凑足十万，归三德堂之押款。事为何兆珍（政，本书作者注）所知，即与瑞翁商借。虽一时未允，后被逼不过，只允其调去。此十五日下午三点之事。至晚七时，正元倒矣。计四时之久，被骗六万金。殊为可惜。"[③] 商务以前在正元钱庄经常存款约 40000 两，股灾时经过夏瑞芳调度，先后又存入 72500 两。在最后一笔存款到达正元钱庄四个小时后，正元就倒闭了。

被这次股票风潮和金融危机所裹挟，商务被正元倒闭所牵累的亏损高达 115000 两，这是高凤池在致张元济的书信里陈述的事实。这

---

① 汪家熔：《橡皮股票风波中的夏瑞芳》，《出版博物馆》2009 年第 2 期。

② 庄票到期不入账，付款方调换票据要求延期，即为"调票"。不过这里是钱庄"调票"，就是套用企业资金。

③ 汪家熔：《橡皮股票风波中的夏瑞芳》，《出版博物馆》2009 年第 2 期。

件事在张元济的书信和当时商务董事郑孝胥的日记里都有记载。另加谦余、兆康两家钱庄倒闭所致的亏损，商务总损失约 140000 两。

当时郑孝胥已是商务股东，他在宣统二年六月十六日（公元 1910 年 7 月 22 日）日记中记载："午后，商务印书馆开特别会议，夏瑞芳经手，被钱庄倒去十四万。"[①]

张元济在致郑孝胥、印有模和高凤池的信中，也对此事表示极为惊骇："本公司被正元等家倒欠共七万之数，为之惊骇不置。又闻粹翁为正元调票，致被波累，有六万之巨。"[②]

这还只是商务印书馆和夏瑞芳资金损失的一小部分。

夏瑞芳放手让沈继方经营宝兴公司，但最后的结局令人沮丧。沈继方的经营手法，就是先借贷，再建房，再将所建房抵贷资金，再建房。这样的模式，风险极大。根据高凤池在橡胶股票风潮期间写给张元济的信函可知，宝兴公司经过数年经营，在上海大马路、宝兴路的房产及其他产业规模"总计之，何至五六十万"[③]。正元倒闭，宝兴公司借贷正元的款项，以其资产相抵之后，还欠正元二十九万两之多。"闻之岂不骇人，此皆由季芳一人胡作妄为所致。"[④]

正元倒闭，致商务印书馆损失巨大。

多家钱庄倒闭，引起上海金融市场一片恐慌，清政府不得不出面干预。上海道台蔡乃煌等人急请两江总督张人骏出面调停救市，张人骏转奏朝廷，清政府于 7 月 27 日批准向外国银行紧急借款。政府出

---

① 中国国家博物馆编，劳祖德整理：《郑孝胥日记》（第三册），中华书局 1993 年版，第 1265 页。

② 《张元济全集》（第 2 卷·书信），商务印书馆 2007 年版，第 515 页。

③ 汪家熔：橡皮股票风波中的夏瑞芳》，《出版博物馆》2009 年第 2 期。

④ 汪家熔：《橡皮股票风波中的夏瑞芳》，《出版博物馆》2009 年第 2 期。

面救市的措施使市面恐慌得到一定缓解，但并不得力。紧接着又发生了雪上加霜的事件，正元等几大钱庄倒闭后，陈逸卿被拘押于租界，没过多久因扛不住压力而自杀。那些受陈逸卿钱庄牵连而巨亏的钱庄和商号，原本还存有一线索还的希望，这一下完全断了念想，市场和人心再度陷入恐慌混乱。张人骏等人情急之下，不得不采取更极端的方式，令所有欠债的商户和个人有钱还钱，不还钱就抓人。

宝兴公司在这种情况下也只能停止营业，并变卖资产还债。刚开始，沈继方还答应宝兴公司的债务由他一人承接应对。然而不久形势更加恶化，沈继方发现自己不仅还不起巨额债务，还可能有牢狱之灾，遂找夏瑞芳和商务赖账，不愿承担宝兴公司的损失和债务。高凤池七月十六日致张元济的信中，对沈继方的言行有详细记述："今彼反悔言前，大有借倒账一事，作为谋利机缘。彼要求瑞翁将此次橡皮股票余利分拨一半（大约二十万两），再付现银数万两。如此要求，实使瑞翁力所不逮，亦被逼倒。一面又唆使瑞翁向公司要求银十余万两偿补之，以为彼之破产由宝兴，宝兴之创设为利便公司。且彼与瑞翁均有大功于公司（指三德堂借款），曾屡要公司购买宝兴产业不允，以致今日使其一人受破产之羞，云云。事经瑞翁一再劝解，挽人情商，皆不见允。今宝兴欠款已由瑞翁出为了理，与彼无涉，彼尚不满意。今竟将宝兴合同图章怀藏避面，数日不见。其无理取闹、存心不良如此。"[①] 高凤池述及此事，言语中不无鄙视愤恨之意。

这里让人痛心的，还有"今宝兴欠款已由瑞翁出为了理，与彼无涉，彼尚不满意"一节。沈继方先前深受夏瑞芳信任，才有机会经营

---

① 汪家熔：《橡皮股票风波中的夏瑞芳》，《出版博物馆》2009 年第 2 期。

宝兴公司，一旦大难临头，遂变脸无情，将所有责任债务都推给夏瑞芳。而夏瑞芳宽厚仁慈，以一己之力将宝兴债务承担下来，但他的家底从此变卖一空，最后还背负一身债务，令人惋叹。

夏瑞芳答应承担宝兴公司的损失，可能因为沈继方觉得空说无凭，二人还立了一份协议，名为《立合同议据》，其中有几句话颇堪玩味："今因宝兴公司所欠正元庄款，除将各产抵偿外，一时未能理楚。盖因彼此共事多年，意气相授，所有沈季芳名下应亏之数，现由夏某某担任帮同料理。"[①] 这位与夏瑞芳"共事多年，意气相授"的沈继方，在正元倒闭宝兴停业后不久，很快暴露出市侩的一面。沈在翻脸不认账之后，不仅卷走了宝兴公司的合同图章，还"声言尽力破坏公司。在外播散种种谣言。凡彼经手之存款，如数取去"[②]。其播散谣言的目的，是为了煽动将存款存于商务的股东和储户找商务提现，在商务已倍感困窘的情况下落井下石。

根据汪家熔先生的记述，这一番折腾下来，夏瑞芳炒股所赚40万两尽数补贴到宝兴公司的亏空之中，另外还倒欠商务约10万两。"夏不仅贴出了股票所得，还将宝兴公司的房地产全部处理掉，最后又借了商务印书馆10万两，才还清沈季芳的各项欠款。"[③] 对夏瑞芳个人而言，损失极为惨重。对商务而言，也是多方受损，元气大伤，甚至有人认为几乎到了破产倒闭的程度。[④] 即将破产的说法，是指可能发生取款挤兑事件，在极端情况下，会导致商务资金链断裂而破产。

---

① 汪家熔：《橡皮股票风波中的夏瑞芳》，《出版博物馆》2009 年第 2 期。
② 汪家熔：《橡皮股票风波中的夏瑞芳》，《出版博物馆》2009 年第 2 期。
③ 汪家熔：《橡皮股票风波中的夏瑞芳》，《出版博物馆》2009 年第 2 期。
④ 杨扬：《商务印书馆：民间出版业的兴衰》，上海教育出版社 2000 年版，第 69 页。

（三）危机处理

在商务面临重大挑战的关键时刻，夏瑞芳作为总经理深陷债务纠缠之中无法脱身，管理层的核心人物只有张元济威望最高，能支撑危局，可惜张元济尚在海外游历考察，无法短时间内赶回。故高梦旦、高凤池等人勠力同心，兼管起全馆事务。高凤池向张元济描述此种情景时说："梦翁（高梦旦，本书作者注）因兼顾二所，不免过劳。身体时有欠安。故董事会有不能办事之势。际此极困难时，适阁下远离，诚公司之大不幸也。弟本庸才，断难维此危局，日夜恐惧。"[1] 好在"馆内办事人尚能守职生意如常；诸事尚镇静"[2]。

危机已经发生，严重的后果会接踵而来，这是商务成立以来面临的最严峻的一次考验。举其大者，有这几件事需要及时审慎处理：

一是沈继方的言论可能造成对商务存款的挤兑，须有应急措施。此事经董事会召开特别会议，提出备选应急方案，已有所提防。所幸后来没有发生挤兑危险。

二是夏瑞芳为承担责任，提出辞去总经理职务，董事会对此如何表态，事关重大。投资决策失误，于公于私都造成重大损失，对此窘境，夏瑞芳并没有诿过于人，而是自己竭力承担责任。事情发生后，夏瑞芳向董事会提交了辞职信，深为自责。在 1910 年 6 月 16 日召开的董事会特别会议上，夏瑞芳做总经理报告时明确提出自己办事失察，应受责罚。他在报告中说："六月十五日正元庄倒闭，本公司存款有元四万四千两，票款有元七万两千余两，十六日谦余、兆康两

---

①　汪家熔：《橡皮股票风波中的夏瑞芳》，《出版博物馆》2009 年第 2 期。

②　汪家熔：《橡皮股票风波中的夏瑞芳》，《出版博物馆》2009 年第 2 期。

庄相继倒闭，计存有谦余元八千余两，兆康元四千两。又本公司存于德大庄元一万六千余两，闻该庄亦有摇动之势。以上情形实瑞芳平日办事失察，咎无可辞，应请董事局诸公惩办。至以上各款应如何办理之处，应请董事局筹议办法，瑞芳自必遵行，帮同办理，合陈情形以闻。"[1] 会上面对董事局的质问，夏瑞芳也是以"此次公司失损乃瑞芳之疏忽，与他人无涉"作答，愿意独自承担责任。不过尽管夏瑞芳提出辞职，以商务当时的管理模式，董事会如果同意其辞职，一时之间又哪有合适的总经理人选来代替夏瑞芳呢？

三是日本股东原亮三郎等人已知商务被倒账招致巨大损失之事，日方股东对此事的态度，商务必须高度重视。对于夏瑞芳擅自将大量资金存入正元等钱庄招致倒票损失的事，商务的很多同事和股东都是有看法的。商务的重要作者和股东严复，就写信给张元济说夏瑞芳"自营私业，致损公司"，并担心存款不保，特地请张元济将他在商务的 5000 多元存款取出，转存到麦加利银行。高凤池认为，夏瑞芳调票和来往的正元、德大、谦余、兆康几家钱庄信誉并不是很好，"声名极平常，凡沪上殷实钱庄皆不与往来。菊翁在申时亦屡告不与往来。即弟与账房，亦屡劝不听……凡遇此种有关系事，既不照章报告董事会，亦不询商他人，一己独断独行。以致酿成此局"[2]。看来对夏瑞芳的专权任性，高凤池早就有看法了。

夏瑞芳个人深陷债务苦海，商务印书馆此时也危机四伏。这个时候，只有靠张元济拿主意了。10 年前夏瑞芳重金聘请张元济加入商

---

① 周武、陈来虎整理：《新史料：商务印书馆董事会议录》（一），《上海学》（第一辑），上海人民出版社 2015 年版，第 286 页。

② 汪家熔：《橡皮股票风波中的夏瑞芳》，《出版博物馆》2009 年第 2 期。

务，堪称近代出版史上最成功的一次"挖角"。事后被一次又一次证明，此举确实是商务能够兴盛发达并基业长存的一大关键。

张元济是夏瑞芳事业上的伙伴和搭档，他生性稳重，对于夏的冒险和投机并不赞同。但是夏瑞芳是商务的总经理，在这个关键时节，商务的管理层不能乱，一旦处置不慎，局面就会失控。张元济在海外知道"橡皮股票"风潮和夏瑞芳受损之事后，深感震惊和惋惜，他在致郑孝胥、印有模、高凤池的信中写道："……粹翁为人心肠太软，面情过重，因此不免举措失宜，又不肯听弟言提早出洋，致被牵累，殊为惋惜。"[①] 虽然震惊和心痛，但张元济对于夏瑞芳的失误，完全是从爱护和帮助的角度提出批评，并由此反思公司管理的制度缺失。同时张元济对于事态的处理非常清醒和冷静，他函告高凤池等人："对于公司，宜示外人以镇静，而自己宜竭力筹备一切办法，宜主收束，不知市面坏至何等地步也。公司有款，宜取其最有信用者，否则无宁不存，即存亦宜定一限制。"[②]

尽管商务出现了严重的危机，不过内部管理程序没有乱套。正元钱庄倒闭次日，商务印书馆召开董事会特别会议讨论处理此事。从这次会议的记录看，董事会按照议事规则，对于夏瑞芳未经董事局通过，擅自将公司大额资金存入正元钱庄之事予以问责。1910 年 7 月 22 日（农历六月十六日）董事会特别会议的记录中说：

　　……

　　二、董事局质问：查存项簿内自二月初五日以后，未经董事

---

① 《张元济全集》（第 2 卷·书信），商务印书馆 2007 年版，第 515 页。
② 《张元济全集》（第 2 卷·书信），商务印书馆 2007 年版，第 515 页。

局签字。查五六两个月正元存款元多，何故？十五日存票七万余两，有无缘由？均请总、副经理查复。

三、夏粹翁答复：二月初五日以后，因张菊翁起程，无人签字，正元以前往来甚久，公司颇得其力，前年瑞芳亦颇受其益，故此次六万存票因情面难却，以致破例；另壹万贰仟余两之票乃初五日所出，因未到期退回。此次公司失损乃瑞芳之疏忽，与他人无涉。

四、公议办法：目前只能责成总、副经理尽力设法收账矣。结算实亏若干，再行开会决议此案收束之办法。以后每次董事会均需将存款簿交董事会，由会长或临时会长签字。以后所有银钱出入之务，需总、副经理随时商酌，共担责任。[①]

夏瑞芳在董事会上，对出现危机的原因进行了解释，其中有一条是他自己"因情面难却"，这也是张元济批评过的一种性格缺陷。商务董事会此时没有别的办法，提出两种应对措施：一是总经理和经理尽力去收账；二是规范办事程序，严格执行签字和商酌程序。

这次"正元倒票"所引发的一系列变故，导致商务印书馆和夏瑞芳个人有多大的损失，具体的债务如何分担，目前尚无确定的资料和数据。郑孝胥的日记记载，商务被钱庄倒去约十四万两。商务印书馆的董事会会议记录，也大略是这个数字。但此时事情才发生不久，后来是否收回部分款项，或者还有新的亏蚀？这些债务夏瑞芳承担了多

---

① 周武、陈来虎整理：《新史料：商务印书馆董事会议录》（一），《上海学》（第一辑），上海人民出版社 2015 年版，第 286 页。

少？需要更多的资料才能确定。

1910年10月1日，①夏瑞芳写给张元济一封简短的信函，述及"沪上市面不振"及"正元倒票"等事，内容如下：

菊翁先生大人阁下：

屡接手示，承愈感甚。惟不能详复，歉甚。敬将紧要各件略复于后，余由号信另详。

一、公司本年上半年生意较去年多做数万元，请阅寄上之月结单使知。

二、近日沪上市面不振，现银稀少，兼之今日蔡道奉旨革职，道库放出各款或次收回，恐市面更难支持矣。新任系刘印燕翼，到任后如何补救，尚难预料。

三、公司被正元等所倒各款约须吃亏三万余金。此偕（皆）弟一人忽略所致，请谅之。

四、弟自己名下被何兆政等拖欠六万金。现结算尚余十万金，想可支持过去。所有前欠各庄之款现均清偿。

五、宝兴公司已倒。弟名下应亏五万金，有正元之存款可抵。其余股东各自料理。

六、公司除还三德堂二万五千金外，尚存现银九万余两，大半转存正金、道胜二银行，故无甚险。

以上各种均系紧要。弟甚盼吾兄早同，由西伯里亚回申为感。

---

① 信件落款"八月廿八日"，并说这一天上海道台蔡乃煌被革职，由此推定"八月廿八日"系农历时间，这一天是公历的10月1日。

余容信详。专此敬复。

秋安不一。

八月廿八日弟夏瑞芳顿首①

从这封信函中，可以读解出不少重要信息：

其一，夏瑞芳认为正元等钱庄倒票带给商务的损失大约三万余两，公司的损失是他造成的，主动承担了责任。

其二，公司受损数额与高凤池在前述信中的说法并不一致。

其三，公司剩余资金九万余两现都存到了正金、道胜两家外资银行，不会再有倒账风险。

其四，夏瑞芳此时对商务以及个人损失的估计还是较为乐观的，正元的欠款、宝兴倒闭的损失，自己尚能承担。推算大概此时正元等钱庄虽然已倒，但政府仍在补救，还钱的希望还是有的。

其五，沈继方此时可能已被抓，此时并未出现夏的个人财产损失殆尽的情况。夏所赚约四十万两股票盈利并未提及，是否填补了宝兴公司的窟窿尚难断定。

在夏瑞芳写这封信之后，金融危机的严重后果更加扩大，乃至发展到不可收拾的地步。

蔡乃煌向外国银行借款，积极救市，收效显著。但是正元钱庄倒闭刚两月，清政府便责成蔡乃煌从上海最大的两家票号源丰润、义善源提取 190 万两"沪关库款"，用以支付当年的"庚子赔款"。为了

---

① 该信首见于汪家熔先生所著《中国近现代出版家列传·张元济》一书（上海辞书出版社 2012 年版，第 192 页）书中未说明出处，且部分文字有错讹。此处引用文字得友人帮助，在汪著引文基础上有修改。夏瑞芳此信原件现收藏于上海中国新闻出版博物馆。

保持上海金融市场稳定，蔡乃煌对清政府要求提出异议，建议暂由大清银行筹款垫付。处理蔡乃煌奏折的度支部（财政部）侍郎陈邦瑞与蔡乃煌素有积怨，蔡的合理化建议遭到弹劾，军机处将其奏折定性为恫吓、不顾朝廷颜面，将蔡革职。蔡乃煌被革职之时，细思不能因小失大，酿成大患，再次奏请朝廷宽限时间。哪知这次奏请仍被定性为恫吓，蔡再遭军机处申斥。受此羞辱，蔡怨愤不已，在卸任前夕不再顾及后果，以比清政府限定的时间更快的速度，从源丰润提取巨额银两，使支撑上海金融市面信心的最大票号源丰润终于倒闭。不久之后，1911年初，另一家支撑上海金融市场的票号义善源也因官场斗争而最后倒闭。[1] 至此，救市的最后一线希望破灭，上海乃至全国的金融崩盘……

覆巢之下无完卵。如此一来，夏瑞芳寄希望能收回一点的钱庄欠款，不仅不可能归还，连存款也打水漂了。

从1911年4月夏瑞芳写给张元济的一张便函内容看，夏瑞芳确实有可能在1910年的"橡皮股票"风潮和钱庄倒闭之灾中，个人财产损失了近20万两（不计股票所赚40万两）。便函内容转录如下。

> 去年共亏，连利在内，约十万两
>
> 现尚欠约八万两又二两
>
> 现尚存（五洲）药房股九千两
>
> 大马路地亩二万两
>
> 虹口地、苏路股及各种合股资本约四万两

---

① 闵杰：《清代"橡皮股票风潮"始末》，《中国金融家》2004年第11期。

共存约五万两

四月×日夏抄①

若按此函所说，夏瑞芳前一年共亏约 10 万两，现尚欠 8 万多两，总亏损已近 20 万两。

因为缺乏更多的佐证资料，加上信函文字表述不是很清晰，这里只能揣摩两封便函的大概，推知夏瑞芳的财产损失。张元济在 1911 年提出《夏瑞芳亏蚀之处理意见》时说"据云亏欠约二十万两"②。这一说法与上述夏瑞芳写给张元济的便函中所说的亏欠数字（超过 18 万两）相差不大，应大致可信。由于宝兴公司欠正元钱庄款项就达 29 万两，夏瑞芳承接了这些债务，那么夏瑞芳的股票余利很可能填补了宝兴公司的这部分欠款。这样计算下来，夏瑞芳个人共承担了近 60 万两的财产损失。

不过尚有三个疑点，由于缺乏资料，无法确知。

一是夏瑞芳这 20 万两债务具体是怎么构成的，与正元等钱庄的倒票、与宝兴公司的倒闭是怎样的一种关联？商务印书馆因钱庄倒闭而致的损失，夏瑞芳个人承担了多少？这些疑问目前无从查考。

二是夏瑞芳个人约 40 万两股票盈利，是否全部倒贴进这次金融危机导致的亏损之中？汪家熔先生认为是，但未提供更具体的资料佐证。③

---

① 汪家熔：《中国近现代出版家列传·张元济》，上海辞书出版社 2012 年版，第 193 页。汪著对此便函未注明来源，录此仅供参考。

② 《夏瑞芳亏蚀之处理意见》，《张元济全集》（第 4 卷·诗文），商务印书馆 2008 年版，第 287 页。

③ 汪家熔：《橡皮股票风波中的夏瑞芳》，《出版博物馆》2009 年第 2 期。

　　三是夏瑞芳既然此前炒股赚了40万两，那么他的炒股本金从何而来？炒股盈利达40万两，按照前文关炯之当时炒股的经历，入手时30多两一股的股票最高涨至40多两，按本金翻三倍的股票盈利，夏瑞芳也大约需要20万两本金才能赚到40万两，这钱从何而来？若夏瑞芳与正元等钱庄存在借贷炒股的资金往来，则必有更复杂的交易过程，高凤池的信中说"……盖瑞翁有明知其险而不得不存之势。就正元而言，瑞翁代宝兴公司或自己名下挪欠何至二三十万"[①]，似有所指涉，但详情现无从考证。

　　夏瑞芳几乎倾尽所有个人资产清偿亏欠之后，还背负了20万两的巨额债务。这一次的教训特别惨痛，损失巨大，清偿无期。夏瑞芳也形神受困，精神涣散，以致"虽在公司办事，亦不过敷衍门面"[②]。

　　夏瑞芳在"橡皮股票"风潮之后提出辞职，商务印书馆董事会应未予同意。从郑孝胥1910年12月19日所记"夏瑞芳来，托查奉天种萝卜情形"[③]，1911年6月3日所记"至时事报馆，晤菊生、瑞芳、梦旦，余谓：宜编通俗少仪教科书，养成少年知礼之风气"[④]。1912年所记，夏瑞芳于10月29日"商办天津特立印刷所及整顿各分馆陈列法"，[⑤]又于

---

　　① 汪家熔：《橡皮股票风波中的夏瑞芳》，《出版博物馆》2009年第2期。

　　② 《张元济全集》（第3卷·书信），商务印书馆2007年版，第570页。

　　③ 中国国家博物馆编，劳祖德整理：《郑孝胥日记》（第三册），中华书局1993年版，第1294页。

　　④ 中国国家博物馆编，劳祖德整理：《郑孝胥日记》（第三册），中华书局1993年版，第1323页。

　　⑤ 中国国家博物馆编，劳祖德整理：《郑孝胥日记》（第三册），中华书局1993年版，第1440页。

11月9日"新屋落成宴客"①……可见夏瑞芳仍在管事。这其中确有同僚好友和商务股东的支持帮助，使夏瑞芳逐渐恢复元气，继续掌管商务日常运营，但同时也可以反向说明，夏瑞芳并没有在巨额债务的重压下一直意志消沉，以致无心办事。

不过经此一事，夏瑞芳在股东和商务的形象多少会受到一些负面影响，这是夏瑞芳必须承担且无法避免的。

1911年1月，张元济结束环球之行回沪，不停奔忙于商务的日常事务之中。4月22日召开商务印书馆股东常会，张元济在会上提出：

> 去年钱庄倒账，本馆被倒银六万四千七百五十两。内正元庄五万五千六百两，谦余庄八千两，兆康在壹仟壹佰五十两。此项账款暂作三成盘入红账，俟将来收到若干再行结束。
>
> 此事董事局平时失察，咎无可辞。应请各股东另行选举，以孚众望。②

张元济在这里没有过多指责夏瑞芳，把责任归结为董事局失察，巧妙地化解股东们的心结。夏瑞芳在公司和股东中间威望甚高，虽有之前的失误，但是这次股东常会重新选举董事的结果，夏瑞芳仍然和张元济、高凤池、高梦旦、鲍咸昌、郑孝胥一起当选为公司董事。③

---

① 中国国家博物馆编，劳祖德整理：《郑孝胥日记》（第三册），中华书局1993年版，第1441页。

② 张人凤、柳和城编著：《张元济年谱长编》（上卷），上海交通大学出版社2011年版，第318页。

③ 张人凤、柳和城编著：《张元济年谱长编》（上卷），上海交通大学出版社2011年版，第318页。

在另一次商务董事会上，张元济提议商务股东以高于原值的代价承购夏瑞芳在商务的股份，以帮助夏偿还债务。张元济说：

> 夏君现借公司银十万两，每年八厘息，应付八千两。据云亏欠约二十万两，有产业四、五万两可抵，尚欠外债五、六万两……如夏君将一千股分售去，共售十五万元。还清公司之债，可赢一万元。连变售他项私产，共还外债五万两。尚欠外债五万两。① 此五万两仍须公司另行给与特别利益，方能筹还，否则每年俸给及花红不过仅资家用而已。
>
> ……
>
> 现有一策：夏君之一千股，计十万元，由六十五万元之旧股东承受。其中约有十五万元系零星股东，或于夏君素无交谊者，除去不计外，由五十万之股东按股承受。每有一股者出洋三十元（如有一百股者，出三千元，得十股），再由此旧股东转售他人。如能自己留存最好，否则让与他人，每股售一百二、三十元，总尚不难。是每股不过受损五、六元。此为旧股东特别扶助夏君之私谊，亦即为顾全后日所得之利益。
>
> 夏君既得此十五万元以清债务，尚余外债约五万两，仍由公司借与之。每年特别给与利益若干，先还此债务。若干年清债之后，再延期数年，为夏君自有之利益。如此则其债务有清偿之

---

① 清末"银两"与"银元"并行使用，一块银元（一元）大致相当于0.72两纹银。夏瑞芳如卖掉股票得15万元，相当于银两约10.8万两，仅够偿还其所欠商务印书馆10万两。故张元济说"如夏君将一千股分售去，共售十五万元。还清公司之债，可赢一万元。连变售他项私产，共还外债五万两。尚欠外债五万两"。

日，而清偿债务之后，尚有希望可得特别利益，以为后来生计之地。

夏君去年所为之事，由于冒险之性质，其负股东之委任，贻公司之损害固不待言。然商务印书馆十年来能臻此地步，虽有种种之原因，而得力于夏君冒险之性质者亦甚不少。此次虽不能不责其非，然亦宜有以报之。故能筹得一策，使其可以清理债务，仍将来之希望，则既以报夏君往日之劳，仍可得其后日之力，而公司可冀发达，股东亦仍有利益可沾。①

可惜的是这次提议未获通过，张元济又积极寻找新的办法，他多次与日本股东磋商，以求解决夏瑞芳的债务清偿问题。

1911 年 9 月 30 日，原亮三郎获知夏瑞芳因股票风潮亏损严重，致信张元济说："因银币等跌价，夏君遭意外失败，实堪同情，此乃商业上常事，奈何奈何！来函言'事关本馆重要人物，且与本馆营业□信大有妨碍'，我等至为同感，并感遗憾。"同时告知张元济已约定山本条太郎尽快赴沪磋商此事。②张元济于 11 月 26 日写给原亮三郎的信中，详细讲到对这次事件的看法和希望帮夏瑞芳解困的意愿，他写道：

夏君之事本系个人损失，惟为数过钜，形神受困，虽仍每

---

① 《夏瑞芳亏蚀之处理意见》，《张元济全集》（第 4 卷·诗文），商务印书馆 2008 年版，第 287—288 页。

② 柳和城：《书里书外——张元济与现代中国出版》，上海交通大学出版社 2017 年版，第 623 页。

日到发行所办事，而精神涣散，不能如以前之周密。现届冬令，亟须筹划本年结账，并当筹备明春贸易，而高翰卿君分内之事已属甚繁，不能兼为夏君之代，且恐夏君之事万一不能支持，一旦披露，必须出而清厘欠款，不能复办本馆之事，彼时本馆必大受影响。今年市情不振，外间已有商务印书馆亏蚀之谣，若夏君个人破产，则本馆现在所收入之存款三十万，必致纷纷取回，仓卒之间如何应付，此事实大危险。故前请长尾君代为转陈，恳请来沪商议两端：一为维持本馆免被市情恐慌所牵之事；一为扶助夏君令其安心，得以专力办理本公司之事。此二事者端绪甚繁，非笔墨所能详尽，前闻阁下有腊杪年头来沪之说，故请早日启程。今接来电，似一时未能就道，殊为失望。然元济之意，仍欲请先生从速惠临。山本先生前告元济，于阳历十一月来沪，倘能同行尤为感幸，否则请先生先行，于公司实大有裨益也。①

12月17日，张元济致信原亮三郎、山本条太郎，提出处理夏瑞芳财产亏损的方法并征求二人意见。这一次经过磋商协调，商务中方股东达成了一致意见。张元济告知原亮三郎等人解决夏瑞芳经济之困的办法："由本馆借银十万两于夏君，以其所有本公司股票一千〇八十股又南京路地产、中英药房股份为抵押之物。夏君亦已允从，已于昨日立定契约，特此奉告。"②

次年1月22日，张元济又致信原亮三郎和山本条太郎说：

① 《张元济全集》（第3卷·书信），商务印书馆2007年版，第568页。
② 《张元济全集》（第3卷·书信），商务印书馆2007年版，第570页。

　　同人等彼此筹商，以为夏君已往之事已无可言，今为公私兼顾，惟有防其将来不再失足。然夏君既负如是重债，清偿无期，而心志自不能定，心志不定，则虽在公司办事，亦不过敷衍门面，不能振刷精神，且非特心志不定已，也必时时存一清偿债款之念，于是投机冒险之事，仍不免染指，危机隐伏，为害甚深，此不徒于公司非宜，即为夏君私计亦未得也。①

对于夏瑞芳的困境，张元济在信中告知了后续的解决之法。他说：

　　同人筹议，以为欲使夏君安心在公司办事，必使其有清偿债款之望。惟为数过巨，一时实无善策，现拟跟其借款之息为常年五厘，五年之内暂不还本，每年将股份应得之息先行划付，此常年五厘息外，其余任其偿还在外所欠之债，以五年为限。一面将夏君所抵之十万金移转于三井洋行（即本馆以十万金存三井，再由三井借金于夏君），以免与商律有所抵触。再查夏君每月薪水仅支墨银二百元，从前本不敷用，且一切应酬有为公司而起，而又不能开支公账者，亦属不少。同人之意，以为夏君遭此变故，其家况不如从前，必使其无内顾之忧，方能专心一志于公司之事，拟自宣统元年起每月加支薪水一百元，全年应酬费二千元，以资津贴。同人为维持公司，扶助夏君双方起见，目前只有如此办法。夏君亦深感公司扶助之意愿，专为公司尽力，不复再蹈前非，同人亦惟

---

① 《张元济全集》（第 3 卷·书信），商务印书馆 2007 年版，第 570 页。

有随时劝告，尽力防闲，以尽保全公司，爱护夏君之责，彼此商议意见相同，特再函告，伏祈从速示复，不胜祷盼之至。[①]

这封信的要旨，即为夏瑞芳设计具体的解困方案，减其借款利息，加其薪水，增加其公务支出费用等，助其全力为商务办事，不为借债烦忧，不为生计发愁，拳拳之心见友情。

张元济苦心孤诣，多方协调，尤其是写给日本股东的多封信函，将商务面临的困难、夏瑞芳的精神状态以及夏的能力对于公司的重要性，都作了充分的阐述，这其中也包含一定的策略，意在说服日本股东，大家一起帮助夏瑞芳，助夏解困，也是帮助商务，帮助股东自己。

在张元济的轮番劝说下，日本股东虽略有责怪，但仍然能从商务大局出发，给予了很多友好且实际的帮助。

不久，山本在给张元济的一封回信中，对夏瑞芳亏空事和张元济的提议予以谅解。山本说：

> 屡奉大札，言及营救夏君及有关商务印书馆之金融事……夏君不顾重任，急求一己之利，失败而累及商务印书馆，实属大憾。但如今咎之何济？恰如来函所示，善后之急务，惟有先救夏君之急，使其复能为商务印书馆效力。……我等不得已……分头向念及之银行交涉，但由于商务印书馆不属于敝国公司法之法人，于敝国又无工厂或分馆，难得资本家之信任，故目前金融之望颇难实现。……但贵馆已自三井通融得五万两，年底尚能由分

---

① 《张元济全集》（第3卷·书信），商务印书馆2007年版，第570—571页。

馆及各往来户收进大量账款，想不至于陷入不拔之苦境。越年，销售量即能倍增，一般市场金融亦可能逐渐缓和，确信新年到来，经济界之兴旺恢复亦必定可期。故切望诸君倍加协力，逐步巩固经营基础，谋求发展之道。①

此前在致山本的信里，张元济希望山本想办法在日本找银行贷款，以解决夏瑞芳的困境。山本在回信中讲明，为帮助商务和夏瑞芳解困，已"分头向念及之银行交涉"，但因为商务不是日本注册的公司，日本的资金不能借贷给商务。

（四）善后措施

股票风波平息了，商务虽然承担了一定的损失，但是从这次风波中汲取了教训，危机的应对使商务能够走得更好、更远。这是商务领导层的英明睿智之处。

这次危机，使商务有两个大的改变。

一是夏瑞芳的个人权力受到限制。

因为夏瑞芳在商务的股份地位特殊，加上夏瑞芳权力过大，商务印书馆之中敢于批评或指出夏瑞芳错误的人极少，与夏瑞芳"意气相投"的张元济，是敢于提出批评的极少数人之一。这样的诤友和益友，殊为难得。"橡皮股票"风潮发生后，张元济尚未回国，即对此事进行了反思并提出了公司治理法制化的建议。

---

① 周武：《张元济：书卷人生》，上海教育出版社1999年版，第102—103页。

关于夏瑞芳在商务印书馆早期的领导风格，日本学者樽本照雄有一个评价，他说：

> 夏瑞芳提出的工作方案很多。把英文教科书翻译成汉语、购买日译原稿但失败、收购修文书馆的机器、劝张元济和印有模投资于商务以突破经济上的难关等等。这些都是由夏瑞芳一个人全盘处理的。可以说商务印书馆一直是由夏瑞芳为主的家庭企业。
>
> 这个家庭企业的情况从创办商务开始，持续到那个橡皮股票的 1910 年。夏瑞芳投资的橡皮股票蒙受了巨大损失从而结束了其一个人的支配体制。
>
> 金港堂的原亮三郎和商务印书馆的夏瑞芳好像是一对双胞胎。
>
> 原亮三郎创办金港堂，首先翻刻教科书以后编辑出版教科书，把金港堂变为了一个巨大出版社。大家都知道金港堂在文艺方面也扩大其业务，并得到了很大的成功。
>
> 原亮三郎作为经理由他一个人支配金港堂，他跟夏瑞芳一样是个独断独行的人。①

樽本照雄的评价，部分切中了商务印书馆早期运行体制的要害。

同样，中国出版史学者汪家熔先生也认为，夏瑞芳在"橡皮股票"风潮之后无所作为了，"因为这次风波，夏瑞芳提出辞去商务印书馆总经理职务，商务印书馆结束了夏瑞芳时代"②。

---

① ［日］樽本照雄：《清末小说研究集稿》，齐鲁书社 2006 年版，第 220 页。
② 汪家熔：《橡皮股票风波中的夏瑞芳》，《出版博物馆》2009 年第 2 期。

实际上，我们从商务 1910 年后的发展历程中，仍然可以看到夏瑞芳活跃的身影。后来应对中华书局的挑战，乃至多次亲赴日本磋商最终收回日股，商务的夏瑞芳时代仍在延续，只不过他自己吃一堑长一智，商务的管理制度也在由"人治"向"法治"渐渐转化，这些举措，得益于张元济的睿智和坚持。

张元济在致友人和日本股东的信函中，对夏瑞芳的优缺点有一些中肯的评价。他在致郑孝胥等人的信中说：

> 粹翁为人心肠太软，面情过重，因此不免举措失宜……对于粹翁，此次尚为正元调票，不免从井救人，弟谓粹翁如驶顺风路船，如饮酒过醉，往往不能自立，殊为危险。从前本公司办事，不能尽按法律，致粹翁屡为外界牵累，公司亦大受影响，以后宜按照法律，及严定办事权限，保全公司，亦正所以保全粹翁也。①

夏瑞芳作为商务的总经理，在这次股票风潮中确实犯了错，他的大胆和爱冒险的天性，对商务初期的发展贡献很大，但冒险不可能每次都成功，也会带来损失，这是客观事实。在识人用人方面，夏瑞芳不乏爱才惜才和用人不疑的魄力，如早期对沈知方、沈继方等人的重用；但是在识人驭人方面，正如张元济指出的"心肠太软"，对下属管束不严，对他们的错误不忍责罚，如沈继方的作为招致夏瑞芳个人和商务印书馆的巨大损失，这也是夏瑞芳作为管理者必须面对的教

---

① 《张元济全集》（第 2 卷·书信），商务印书馆 2007 年版，第 515 页。

训。"面情过重"的缺点，在与正元钱庄经理何兆政等人的财务往来
中暴露无遗，何某在倒闭之前几小时向夏瑞芳求告调票，当时市面上
已现大灾来临之兆，夏瑞芳可能不知情，但何兆政作为钱庄经理对此
中风险不会不知，他利用夏瑞芳"面情过重"的性格特点，欲损人而
利己，手段卑劣，自己后来也进了牢房。

这些冒险和失误，并没有使夏瑞芳失去同人的信任和在商务的地
位，张元济多方运作助其解困，中日双方股东也通情达理，答应以低
息贷款的方式借款给夏瑞芳渡过难关，五年之内可不还本，公司还增
加了夏瑞芳的薪水和用度支出。夏瑞芳逐渐恢复工作状态，张元济称
"夏君亦深感公司扶助之意愿，专为公司尽力，不复再蹈前非，同人
亦惟有随时劝告，尽力防闲，以尽保全公司，爱护夏君之责"。当然经
此风波，夏瑞芳的"独断独行"从此收敛，这既有夏瑞芳的个人自觉，
也有商务的制度制约，这对于夏瑞芳本人和商务印书馆，都是好事。

二是商务的管理和制度得到进一步完善。

正元倒闭的第二天，商务就召开了董事会特别会议，会上除了
明确夏瑞芳的错误和责任，还对以后办理此类事项的流程作出了明确
规定。会议记录特别提到："以后每次董事会均需将存款簿交董事会，
由会长或临时会长签字。以后所有银钱出入之务，需总、副经理随时
商酌，共担责任。"[1] 这是商务在管理上的快速反应，是对擅自决策的
行为在制度和流程上予以防范，化解以后的风险。

在夏瑞芳打不起精神办事的时候，张元济面对商务的巨大困难，
挑起了处理危机的重担。他在帮助夏瑞芳度过危机的同时，开始着手

[1]　周武、陈来虎整理：《新史料：商务印书馆董事会议录》（一），《上海学》（第一辑），上海人民出版社2015年版，第286页。

弥补公司的制度漏洞，加强管理。张元济此时提出的最重要的两条意见：一是将公司的现款分散存入最有信用的钱庄，每家的存款数设定限额，以不超过 5000 为宜，如仍有余款，可存入信用好的外国银行；二是完善公司制度，"以后宜按照法律严定办事权限"。1912 年 2 月 11 日，张元济考虑到公司办事章程和组织还不完善，董事及经理人的权限也没有分清，担心将来可能使公司大受损害，便致书日方合资者，要求山本或原亮来沪面商"更改章程，划清董事及经理权限，订立管理银钱出入规则"等事宜。这些建议，大多付诸实施，夯实了商务的发展基础。

二、教科书之争

在商务印书馆的多事之秋，中国政局开始了翻天覆地的改变。1911 年，革命党人掀起了推翻清政府的辛亥风云。4 月，广州发生了黄花岗起义；6 月，四川保路运动风起云涌；10 月 10 日，武昌起义发生，革命党人成立湖北军政府，宣布废除"宣统"年号，成立"中华民国"。随后，全国各省纷纷响应，辛亥革命取得胜利。

商务的危机没有因为"橡皮股票"风潮的结束而停止，随着政局的改变，更大的威胁接踵而至。早在辛亥革命之前，面对时局的变化，商务印书馆内部有人提出修改教科书内容，以顺应革命形势，但张元济等人没有采纳。[①] 现在革命成功，政权更迭，就有人趁势抓住

---

① 杨扬：《商务印书馆：民间出版业的兴衰》，上海教育出版社 2000 年版，第 73 页。

这千载难逢的机遇，想让商务印书馆的教科书成为明日黄花，其市场备受冲击，陷入严重危机。

1912 年元旦，中华书局与中华民国同日宣告成立，主打推出的当家产品，就是顺应辛亥革命胜利形势而编撰的中华教科书，欲与商务的教科书分庭抗礼。筹划和带头做成这件大事的人，就是曾向商务印书馆建议修改教科书而未被采纳的"出版天才"、年仅 27 岁的商务印书馆编译所出版部部长陆费逵。

（一）陆费逵的成长

陆费逵（1886—1941），字伯鸿，出身于书香门第，少年时代就梦想成为出版家。1903 年在武昌先后创办昌明书店和新学界书店，经销《革命军》、《猛回头》、《警世钟》等进步书籍。1905 年在武昌加入日知会，并担任评议员，后出任《楚报》的记者和主笔，撰写了不少抨击时弊的文章。不久《楚报》被查封，陆费逵也遭通缉，遂避祸于上海，担任武昌昌明书店上海支店经理，其间参加了上海书业商会。1906 年加入文明书局做编辑，兼文明小学校长和书业商会补习所教务长。

在文明书局任职期间，陆费逵常与高梦旦一起出席上海书业商会会议。高梦旦发现陆费逵是一个出版奇才，却不为文明书局重用，就与张元济商议，以重金挖角成功，聘任他到商务担任《教育杂志》编辑兼交通科科长。陆在商务一展长才，一年后就晋升为出版部部长兼交通部部长、《教育杂志》主编和讲习社主任，深受商务编译所领导的赏识和重用。高梦旦深知陆费逵绝非等闲之辈，不甘久居人下，为了让他在商务安心于本职工作，亲自做媒，将侄女嫁给他。陆费逵任职期间，张元济还曾挑选他陪同自己赴京参加中央教育会议。对陆费逵的欣赏和爱护，商务领导层都有不同程度的显露。

可是这一切努力，都阻挡不了一位有志青年的创业步伐。当辛亥革命这一机遇来临，陆费逵义无反顾地要去开创新天地，哪怕与老东家和有知遇之恩的前辈们竞争，亦在所不惜。

其实，陆费逵骨子里与生俱来的，似乎就有某种浓烈的民族主义倾向，与商务印书馆基因（中日合资）不合。他的教育思想和理念，在他主编《教育杂志》期间，已然作过全面阐述，其中论及爱国思想，延伸到教育领域，对于殖民主义的痛恨和排斥，充斥字里行间。他说：

> 试一考夫全国学堂所用之书，有不令人悚惕者哉！彼日本于满洲何亲，而干戈甫息，遽令嘉纳谋其教育。我国教育之萌芽未苗，而营书业仪器业于我国者，踵相接也。吾国民犹未醒乎！印度为英人教育所熏化，台湾为日人教育所熏化，已非复前此之印、台人矣。书籍诚最善之无形感化物，最精之灭国无烟炮哉。吾学识浅陋，不能为读者广征博引，吾惟愿读者读波兰亡国史、越南亡国史、埃及史、犹太史；吾更愿读者参英美之国民读本，日本之小学读本，及吾国外人所编各教科书而读之。呜呼，吾神怆矣！①

① 吕达主编：《陆费逵教育论著选》，人民教育出版社 2000 年版，第 13 页。

陆费逵认为出版业乃"利源所在，主权所在"，其对于外资进入出版业，是非常反对的，甚至疾呼"以堂堂大中国，竟无一完全自立之书籍商"①。他的爱国热忱、对于外资的警惕和排斥，正是他牵头创办中华书局的强大动力。

从陆费逵的这些观点来看，他对于商务印书馆的日股成分，虽然身在商务时不便明说，但内心肯定是不会赞同的。

（二）中华书局的诞生

陆费逵对于时事的了解程度以及对时局的预判能力，也比商务领导层更全面、更准确。商务高层与政界人物多有来往，但也正因为如此，政界人物对于革命形势的判断反可能误导了夏瑞芳和张元济。夏瑞芳作为总经理，一方面受困于前期的财务困境，精力有所旁移；另一方面，只是埋头产业发展和事务管理，对于革命形势的发展了解无多。张元济自入商务，其所提建议和所做决策，少有失误，唯此次对于革命形势的变化之快，有所误判。因此，在商务不知情的情况下，中华书局从商务脱胎而出，对商务的震动程度可谓前所未有。

蒋维乔叙述商务印书馆未及修改教科书的原因时说："是时革命声势，日增月盛，商务同人有远见者，均劝菊生，应预备一套适用于革命之后之教科书。菊生向来精明强干，一切措施，罔不中肯。然圣人千虑，必有一失，彼本有保皇党臭味，提及革命，总是摇首。遂肯

---

①　吕达主编：《陆费逵教育论著选》，人民教育出版社 2000 年版，第 8—9 页。

定的下断语，以为革命必不能成功，教科书不必改。"① 蒋氏之言虽带偏见，但商务印书馆高层对辛亥革命时局判断失误，却是不争的事实，由此导致对教科书的防变措施非常滞后，从而让新成立的中华书局在教科书市场占尽先机，一炮打响，立定了门户。

中华书局的创办人有五位，除领头人陆费逵以外，还有戴克敦、陈寅、沈颐、沈继方②，都是从商务出来的。沈继方原是夏瑞芳倚重的人，经过"橡皮股票"风潮和宝兴公司破产的打击，与商务结怨，从商务出来也是情理之中，但他不懂出版，帮不上陆费逵什么忙。戴克敦、陈寅、沈颐三位都是编译所的人，戴、沈在国文部，1905年进商务，1912年初离开，他们的长处，只在编写教科书。以这样的人马，成立一个书局与商务摆开竞争架势，陆费逵很有点势单力孤，这种气魄和能力，常人难以具备，从书局最初的运筹和管理来说，陆费逵相当于孤军奋战。当然，他敢于如此，也有他在商务积累的经验作为底气，其中有两个重要因素值得注意。

一是陆费逵在商务积累了编撰教科书的经验。据蒋维乔的日记记载，早在1910年，"正月十四日晨九时，夏粹翁邀往议论陆费伯鸿在外私编教科书，公司拟将其书买入。余不赞成，亦不反对"③。说明陆费逵很早就有重编教科书的想法并付诸了实践。夏瑞芳获知此事后，拟花钱购买，也是为了消除竞争。蒋维乔后来在《创办初期之商务印

① 蒋维乔：《创办初期之商务印书馆与中华书局》，载张静庐辑注：《中国现代出版史料丁编》（下），上海书店出版社2003年版，第398页。
② 很多人将沈继方和沈知方误为同一人。沈知方1913年2月才加入中华书局，任副局长，后脱离中华书局创办世界书局。沈继方作为创办人先后担任过中华书局理事、监察、1916年5月病故。
③ 《蒋维乔日记选》，《出版史料》1992年第2期。

书馆与中华书局》中再提此事时，用语更带贬义："陆野心勃勃，在馆外与人合谋，私编小学教科书全套，其实如国文、算术、历史、地理、理科等，只成第一册，即登广告号召。商务方面夏瑞芳、张菊生见之大惊，责成梦旦与之交涉。结果，将其稿以重价购回，对伯鸿更增加薪水……"[①] 商务领导层虽然用心良苦，但到了辛亥革命前夕，再已无法阻止陆费逵另起炉灶。

二是陆费逵为了创业，从商务拉走了一批编辑和发行人员。[②]

中华书局创办时的主要人员，以及教科书的编撰发行经验等，都脱胎于商务。在这个意义上，可以说是商务印书馆孕育了中华书局。

（三）竞争与角力

中华书局伴随中华民国的成立，携革命之风潮和教育新理念，在教科书市场与商务对垒，着实成为商务的强劲对手。自此以后，两家出版大鳄开始了针锋相对的竞争。

陆费逵能够预见辛亥革命后需要什么样的教科书，实得益于他对现代教育的深入研究和卓越见解。他在《中华书局宣言书》中称：

> 立国根本，在乎教育，教育根本，实在教科书。教育不革命，国基终无由巩固；教科书不革命，教育目的终不能达也。[③]

---

① 蒋维乔:《创办初期之商务印书馆与中华书局》，载张静庐辑注:《中国现代出版史料丁编》（下），上海书店出版社 2003 年版，第 398 页。

② 杨扬:《商务印书馆：民间出版业的兴衰》，上海教育出版社 2000 年版，第 74 页。

③ 陆费逵:《中华书局宣言书》，《申报》1912 年 2 月 23 日。

新创办的中华书局，在发行教科书时，采用低定价策略，同时可以先领书再付款，以扩大发行量。陆费逵通过这些办法，一下子就把商务印书馆的教科书市场夺走近半。与此同时，商务教科书因为其编撰和审核都是在清政府时期，难免有帝制时代的印迹，在内容的创新性方面一时无法与中华教科书相抗衡。

因此，在 1912 年，商务版教科书印出后滞销严重，令夏瑞芳和张元济等倍感压力，虽想尽办法加强推销，成效并不大。查看张元济和郑孝胥当年的日记，多有商务领导层商议决策如何与中华书局在教科书销售方面竞争的记录。

《张元济日记》1912 年 6 月 3 日记有："本日约印（锡璋，本书作者注）、夏（粹方，本书作者注）、高（梦旦，本书作者注）、俞志贤诸人到编译所，议定新编教科书廉价发售、照定价永远对折。"①8 月 3 日记有："致（庄，本书作者注）百俞信，言云南贵州有妥善公所，批售教育杂志，无不格外通融。不独杂志，苟于发行规则无所牵掣，亦无不欢迎也。"②

《郑孝胥日记》1912 年 7 月 30 日记有："往印书馆，与菊生谈馆中所揽印刷交易多误期限，宜增制造之力，使不失信用，则竞争者可以不战却矣。"③9 月 18 日记有："至印书馆，商教科书减价事。"④9 月 26 日记有："至印书馆，谈奉天教科书事。奉天教育会欲自编教科书，

---

① 《张元济全集》（第 6 卷·日记），商务印书馆 2008 年版，第 2 页。

② 《张元济全集》（第 6 卷·日记），商务印书馆 2008 年版，第 4 页。

③ 中国国家博物馆编，劳祖德整理：《郑孝胥日记》（第三册），中华书局 1993 年版，第 1426 页。

④ 中国国家博物馆编，劳祖德整理：《郑孝胥日记》（第三册），中华书局 1993 年版，第 1433 页。

馆中拟函致教育会说以修改承办之法，夏瑞芳欲自赴奉天谋之。"①11
月 11 日记有："夜，赴张菊生之约，商议初高等小学教科书扩充销路
事，将以敌中华书局。"②11 月 16 日记有："至印书馆，菊生、瑞芳商
加赠教科书事，计每年须损十五万。"③

此间商务所遇到的教科书发行困境，基本都与中华教科书的市场
竞争有关。奉天的情况，比其他地方更为严峻，所以夏瑞芳欲亲往奉
天斡旋。凡此种种，已经倒逼商务印书馆必须及时拿出妥善办法，解
决本版教科书市场萎缩的困境。

商务与中华，从此在民初的教科书市场互不相让，展开了激烈
较量。

中华版教科书也存在明显缺陷，虽占得先机，但不可能完全取
代商务版教科书，因此在第一回合的较量中，商务能够转圜翻身。中
华版教科书成书时间仓促，内容选取和编排未经推敲斟酌，体例不统
一，文字粗糙，远不及商务版教科书的简明精细。近代教育家吴研因
曾经评论说："民国元年，中华书局崛起，发行一套《新中华教科书》，
这类教科书，文字反不简明。虽然因为政治的关系，很被小学教育界
所采用，但是不旋踵而就自然消灭。"④而在中华版教科书畅销市场的
同时，张元济和夏瑞芳一方面及时组织人力对商务原版教科书进行

---

①　中国国家博物馆编，劳祖德整理：《郑孝胥日记》（第三册），中华书局 1993 年版，第 1435 页。
②　中国国家博物馆编，劳祖德整理：《郑孝胥日记》（第三册），中华书局 1993 年版，第 1442 页。
③　中国国家博物馆编，劳祖德整理：《郑孝胥日记》（第三册），中华书局 1993 年版，第 1442 页。
④　吴研因：《清末以来我国小学教科书概观》，载张静庐辑注：《中国出版史料补编》，中华书局 1957 年版，第 150 页。

修订改编，一方面集中编译所的雄厚编辑力量编撰新的"共和国教科书"，在质量和数量上都远胜中华版，于 1912 年 6 月起，渐次推向市场。商务印书馆多年积累的编辑、印刷和发行力量，远非初出茅庐的中华书局可比。商务版教科书卷土重来，很快对中华版教科书形成碾轧态势，重新占据教科书市场霸主地位。

中华书局不甘心费尽心力占有的教科书市场被商务压制，遂抛出更狠的撒手锏，那就是拿商务的日股说事，掀起更激烈的互怼和竞争。

陆费逵在《中华书局宣言书》中提出四条出版宗旨：（一）养成中华共和国国民；（二）并采人道主义、政治主义、军国民主义；（三）注重实际教育；（四）融和国粹欧化。他同时打出"教科书革命"和"完全华商自办"两大旗帜，在辛亥革命胜利的背景下，可谓正中商务教科书的要害："教科书革命"暗指商务版教科书已落后于时代，"完全华商自办"明显是针对商务的股权结构中有日本股东的事实。

中日合资是夏瑞芳一手促成，对于商务的发展有巨大帮助，是一举多得的好事。更为关键的是，商务在与日本人合资的过程中，始终是获利多的一方，而且双方关系融洽，商务的经营管理权也一直在中方手中。但是这种良好的合作局面注定难以长久。因为甲午战争之后，清政府对日割地赔款，丧权辱国，激发了广大民众强烈的爱国情绪和仇日心理，到民国初年，这种情绪更加浓烈。

商务与日本人合资一事，在中华书局创立之前，已招人非议。报纸上也常有捕风捉影、无中生有的言论。如 1911 年 8 月，张元济当选中国教育会会长后，《申报》刊登《中国教育会之内幕》一文，点名攻击张元济"系日本金港堂主人所雇之商务印书馆经理人，中国教育会既归其主持，则表面上操全国之教育权虽为一书商，而里面操全国之教育权者实为一日本人，于中国教育前途生莫大之危险"①。这种说法纯属捏造，但也会影响社会舆论，有人就此说事，教育界也予以推波助澜，使商务日感被动。1910年清学部所编的中学教科书，因商务印书馆有日股，分派承印商时就不给商务。

在这种形势下，如果有人站出来指责商务印书馆有日本股东，商务是在帮助日本人赚中国人的钱，必使商务百口莫辩，舆论上处于十分不利的被动局面。中华书局在仓促间创立，底子薄，人员少，教科书虽打着中华民国旗号，但远未成套系推出，质量更无法讲究，所以只有高举民族主义旗帜打击对手，占据有利地位，在改天换地的大潮流中，从商务手中抢夺教科书的地盘。这种策略，虽有失厚道，但是冠冕堂皇，十分有效。

有资料记载："商务印书馆与日本合资一事，当时很少有人知道，中华书局为了打击商务印书馆，利用广大民众高涨的爱国激情和民族情绪，1912年在全国各家报刊上多次刊登中国人须用中国人教科书的大幅广告，揭露了商务与日本合资的秘密。在这种宣传舆论的威胁下，商务只得忍受巨大牺牲收买回全部日股。"② 如果没有中华书局如此咄咄逼人，商务印书馆收回日股的决策不会那么紧迫，代价也会低一些。

对于出版商来说，教科书永远都是香饽饽。中华与商务在教科书上的竞争是立体的、全方位的，双方分别使出各种手段打压对手、互毁互伤，也都付出了不菲的代价。

---

① 《中国教育会之内幕》，《申报》1911年8月22日。

② 胡维革主编：《中国传统文化荟要》(8)，吉林人民出版社2005年版，第180—181页。

陆费逵曾在 1914 年 10 月提交给中华书局董事局的提案中总结两家的竞争状况，从五个方面加以叙述：（一）廉价竞争。定价既廉，复改五折，实际批发四折以下，利益不及曩者之半，幸销数增加，否则殆矣。（二）广告竞争。广告费用较往年不止加倍，且时有互毁之举，精神耗费尤甚。（三）资本竞争。彼此欲防竞争之失败，不得不增加实力，竞添资本，对政学界之有力者竟之尤力，无形中不免有损失。（四）放账竞争。内地推销，权操同行，欲结其欢心，而放账加松，即使滥账不多，而资本搁滞，受损已不浅。（五）轶出范围之竞争，即倾轧是也。最后总结两家的竞争是："彼言我不可恃，我言彼危险；彼言我定价昂，我言彼有外股。盖彼此为自卫而竞争，究其极非彼此两伤两亡不已。"①

1913 年 8 月，商务新版教科书上市后，两家教科书的内容和售价各有不同，双方又在报纸上开始相互攻讦。如 1913 年 8 月 15 日《申报》第一版同时登载中华书局和商务印书馆的"声明"，且两则声明紧挨着排版，呈现出互不相让的架势。"中华称本版课本分量合于授课时间，内容注重国民教育，尤重于国耻割地赔款，印刷精良，封面耐用等为言；攻击对方不敷课时应用，有所顾忌不言甲午赔款数额，底面单页，字形过小。商务则以本版课本售价低廉减轻学生负担，便于普及教育为言；攻击对方分订几册，售价高出三分之一以上，以营利为目的；并谓本馆印厂有印机百数十架，工人千五百余，书籍皆自印，对方仅有印机十余架，多外厂代印，何能自诩精良等等。今天这家启事，明天那家声明，连篇累牍，延续二十余日之久，由此可以窥见两家初期公开竞争梗概。"②

---

① 钱炳寰编：《中华书局大事纪要（1912—1954）》，中华书局 2002 年版，第 12 页。

② 钱炳寰编：《中华书局大事纪要（1912—1954）》，中华书局 2002 年版，第 9 页。

这样竞争下去，势必给双方的营业带来极大的困扰和损失，中华的陆费逵固然已有切肤的体会，商务方面也同样是苦不堪言，高梦旦就认为，如此下去，"非两败俱伤，恐两败俱亡也"①。

为了避免"两伤两亡"，陆费逵曾于1913年主动找夏瑞芳商讨两家联合之事，"去年与夏君粹方曾言及联合之事，顾无从下手，且痛苦未深，彼此亦难降心相从"②。而后由于种种变故，联合始终未成。商务和中华若能促成联合，必又使中国近代出版业呈现出新的面貌。但历史无法假设，此事虽说留下了遗憾，也为中国最有影响的两家书业企业保留了各自独立发展的基础。正是因为商务中华双峰并峙，相互之间长期保持激烈竞争，所以双方都能够做得更好、走得更远。

三、收回日股

商务印书馆有日本人股份的事经中华书局的披露广为人知，在反日情绪高涨的民国初年，给商务印书馆带来了极大的伤害。这件事不解决，商务印书馆势必难以获得商业竞争的主动权，更为严重的是，极易在社会舆论和价值取向上授人以柄，成为受攻击的对象，即使自身清白，在当时的环境下，也难以辩驳。夏瑞芳和张元济等人非常清楚商务面临的这种困境，那么最直接的解决办法，就是收回日股，以图将来。

① 钱炳寰编：《中华书局大事纪要（1912—1954）》，中华书局2002年版，第13页。
② 俞筱尧、刘彦捷编：《陆费逵与中华书局》，中华书局2002年版，第308页。

（一）收回日股的决策

根据现有资料推断，商务印书馆正式商议收回日本股份的时间，大约是 1912 年。《商务印书馆志略》中说："乃于民国元年，提议收回外股，由夏瑞芳君与日本股东磋商，历时二载，会议数十次，始得全数收回。"[①] 在夏瑞芳赴日磋商之前，商务领导层还进行了多次商议才下决心收回日股。

有资料记述收回日股的决策经过是，"陆费逵为了同商务展开竞争，还公开揭露商务与日本合资的内幕，使商务更加被动。夏瑞芳是个明慧人，他在风云突变的政局中，立即敏感到'日资'对商务威胁最大。于是，他一面责成张元济迅速编辑适应形势需要的教科书，一面召开董事会（1909 年建立），提出了收回日股独资经营的建议。董事们一致同意，并责成他前往日本商谈"[②]。这里说夏瑞芳提出收回日股的建议之后，"董事们一致同意"，其实不然。据《郑孝胥日记》记载，1913 年 1 月 4 日"至印书馆，夜，会议收买日本股票事，余以为不便"[③]。郑没有说这次会议有哪些人参加，但是他提出了反对意见。可以推知，会议参加者至少应有夏瑞芳和张元济两人，二人既是董事，又一直积极主导与中华书局教科书的竞争角力。经过多次会议商讨之后，商务董事会在 1913 年 4 月左右作出决策，决定收回日股，

---

① 汪耀华编：《商务印书馆史料选编（1897—1950）》，上海书店出版社 2017 年版，第 72 页。

② 孔令仁、李德征主编：《中国近代企业的开拓者》（下册），山东人民出版社 1991 年版，第 314 页。

③ 中国国家博物馆编，劳祖德整理：《郑孝胥日记》（第三册），中华书局 1993 年版，第 1448 页。

并由夏瑞芳亲任其事。

1914 年商务印书馆收回日股之后的股东特别会议报告，将收回日股的决策过程作了较为详细的说明：

> 收回之说本属自扰。但同业竞争甚烈，恒以本公司外股为藉口，诋排甚力，公司因大受障碍。即如前清学部编成中学书，发商承印，独不与本公司，谓其有日本股之故。近来竞争愈烈。如江西则登载广告，明肆攻击，湖南则有多数学界介绍华商自办某公司之图书，湖北则审查会以本馆有日本股，故扣其书不付审查。如此等事不一而足，此不过举其大概。每逢一次之抨击，办事人必费无数之疏通周旋，于精神上之苦痛不堪言喻。故由董事会议决，将日股收回。此事关系重大，本应召集股东会筹议办法。只因事机宜密宜速，故由董事会担负责任，先行议决。此事应请股东原谅。①

可见作出收回日股的决策，绝非商务自愿，日本股东更不情愿。然而对手的攻击"诋排甚力"，商务"每逢一次之抨击，办事人必费无数之疏通周旋，于精神上之苦痛不堪言喻"，收回日股是商务董事会不得不如此的艰难决策。而且，此事决策难，执行更难。

---

① 宋原放主编，汪家熔辑注：《中国出版史料·近代部分》（第三卷），湖北教育出版社 2004 年版，第 29—30 页。《"中华民国三年一月商务印书馆股东非常会议"记录》全文请参见本书附录 5。

（二）艰难的谈判

回溯当时夏瑞芳为收回日股的奔忙和操劳，即使是几句简单的文献记载如"历时二载，会议数十次"，已道出其中的艰难和复杂，而且夏瑞芳不辞辛劳，几次前往日本磋商此事。由于商务正在发展，营业兴隆，有利可图，日方股东也不愿轻易放弃商务的股份。谈判之中的艰难曲折，可以想见，夏瑞芳的执着和坚持，为收回日股作出的种种努力和贡献，也一直为商务人所铭记。

《郑孝胥日记》1913 年 9 月 10 日记："夏瑞芳将同长尾赴东京议购日本股票。"[①] 次日又有记载："至印书馆，菊生愤愤言：日人太无理，非收回日股不可。"[②] 9 月 27 日记录："夏瑞芳自日本归，日本股东不肯售股。"[③] 一直到 11 月 12 日，双方的谈判才现转机。郑孝胥当天的日记记载："赴印书馆董事会，商收回日本股四十万，分四期付款。"[④]

1914 年 1 月 2 日，谈判基本通过。郑孝胥在日记中记有："晚，赴印书馆董事会，议收回日本股票事。总价五十四万余元，先付一

---

① 中国国家博物馆编，劳祖德整理：《郑孝胥日记》（第三册），中华书局 1993 年版，第 1482 页。

② 中国国家博物馆编，劳祖德整理：《郑孝胥日记》（第三册），中华书局 1993 年版，第 1483 页。

③ 中国国家博物馆编，劳祖德整理：《郑孝胥日记》（第三册），中华书局 1993 年版，第 1484 页。

④ 中国国家博物馆编，劳祖德整理：《郑孝胥日记》（第三册），中华书局 1993 年版，第 1490 页。

半，余以六个月为限。"①

1月2日的董事会内容补录于1月7日，有记录可查，详细内容如下：

民国三年一月七日董事会：

……

二、补录三年一月二日特别会议案，到者：伍秩庸先生、郑苏戡先生、印锡璋先生、叶揆初先生、张菊生先生、夏粹方先生、高翰卿先生，议决收回日本股东所有之股份，照所拟合同办理，所有贴还汇水一节如能再争核减若干最好，否则亦可定议，签字以后应存日本领事署注册为凭。

请夏瑞芳先生与福间甲松签押，并推董事会三人担任保证，伍秩庸先生、印锡璋先生、张菊生先生。

三、报告：本月六日在本公司与日本股东代表福间甲松签定合同，合同中应付之款均已付清，合同另录存案。又本公司与日本合办以来，已历十年，所有日本股东职员为公司尽力者，另送酬劳约一万五千元。

四、议决于一月三十一日开股东特别会。

（抄自商务印书馆上海办事处董事会议簿
第二册第 39—42 页）②

---

① 中国国家博物馆编，劳祖德整理：《郑孝胥日记》（第三册），中华书局 1993 年版，第 1496 页。

② 周武、陈来虎整理：《新史料：商务印书馆董事会议录》（一），《上海学》（第一辑），上海人民出版社 2015 年版，第 293 页。

1914 年 1 月 6 日，夏瑞芳与日方代表福间甲松在上海正式签署清退日股协议。

1 月 7 日，郑孝胥日记中有"收回日股已于昨日签字，付二十七万余两"之记载。[①]

这次董事会记录还有两个重大的事项值得注意。一是商务印书馆董事会考虑与日本股东合作 10 年，日本股东职员也一直尽心办事，决定另送酬劳 15000 元，体现出商务领导层的大度和人情味。二是决定于 1 月 31 日召开股东特别会，这次股东会确实特别：在董事会召开之时，总经理夏瑞芳是主角，正要作为商务的全权代表与日本股东签署退股协议；及至月底召开股东特别会议之时，却已物是人非。

（三）协议内容

夏瑞芳历尽艰辛，与福间甲松签订的收回日股协议，究竟是商务作了很大的让步，还是日本股东高姿态地退回了股份？对这一事实的判断，谈判亲历者是清楚的，商务董事会高层和日本股东自己是清楚的，但是学者们的看法并不一致。[②] 我们不妨先看看条款的主要内容：

今因为发展商务印书馆营业起见，愿将公司所有日本股东持有之股份总共叁千七百八十一股（下文统称曰该股份，其股份号数及股东私名附录于后），一律收买并归华人持有，而日本股东

---

① 中国国家博物馆编，劳祖德整理：《郑孝胥日记》（第三册），中华书局 1993 年版，第 1497 页。

② 主要是中日学者之间的看法有所不同。

亦念向来情谊，承认公司之希望，允从其请，愿将该股份全数售让，特请福间甲松为全体代表。兹将夏瑞芳与福间甲松议定条件订立合同如下：

第一条夏瑞芳应允收买，福间甲松应允出售，互相议定该股份之价，每股计墨银[①]一百四十六元五角，总计墨银五十五万三千九百十六元五角。自签定本合同以后，所有民国二年及以后公司之一切利益、损害概与日本股东无涉。所有公司前与日本股东订立之契约等一概作废。[②]

夏瑞芳和福间甲松所订立的协议有 12 条，1300 多字，其实条款核心内容，就在这个协议的前言部分和第一条。

这其中有几条重要信息。一是日本股东持有股份的总数是 3781 股，这次愿意全部让渡，由商务收买；二是对方议定对这部分股份每股作价 146.5 元，这其中 100 元是商务的额定股本，46.5 元是民国二年（1914）商务的盈余和无形资产的作价；[③] 三是商务以总价 553916.5 元买回日本股东的全部股份后，日本股东与商务之间解除了一切关系，而且，之前所签订的所有合同都一概废止。

与夏瑞芳签订退股条约的日本人既不是原亮三郎，也不是山本条

---

① 我国最早接触到的银元是墨西哥银元，所以当时习惯称银元为"墨银"；墨西哥银元背面铸有鹰，所以也称"鹰洋"。

② 《商务印书馆与日本金港堂终止合办合同》，载《申报》1919 年 7 月 25 日第 1 版及《张元济全集》（第 4 卷·诗文），商务印书馆 2008 年版，第 293—295 页。全文请参见本书附录 6。

③ 宋原放主编，汪家熔辑注：《中国出版史料·近代部分》（第三卷），湖北教育出版社 2004 年版，第 42 页。

太郎，而是一名叫作福间甲松的日本人。协议上写明福间甲松是"商务印书馆日本股东公推代表"。在商务印书馆的日方股东名单中，并没有福间甲松的名字，由此推知此人只是日本股东的代表，而非商务的股东。此人是什么来历，目前查不到任何资料。协议中出现的另外一位日本保证人藤濑政次郎，是三井物产会社的上海支店长。两位见证人，日方是山本条太郎，中方是张国杰，张此时身份是商务印书馆的监察人。

那么，以这个价格买回日方的股份是否值得？

根据契约规定，1913 年底商务股本总额为 150 万元，退还日股 55.39165 万元，于 1914 年 1 月 6 日和 6 月 30 日分两期各付给半数，同时负担相应的利息 4370 元，汇水差额 1.4477 万元及开办费 2769.58 元，合计约 21617 元，又付款衍期利息约为 12464 元，实际付给日方股本、利息共 58.82 万元左右。

1903 年 10 月中日双方各投资 10 万元，到 1913 年底历时 10 年 3 个月，日方获得的实际利润为 487117.10 元，年均利润率达 47.52%；商务的利润是 428923.10 元，年均利润率 41.85%。[①] 从这样的回报来看，日方的经济收益非常可观（见下表），商务印书馆的利润也是很丰厚的。10 年合作，投资双方从经济利益看，都收获颇丰。以约 60 万元的代价收回日方股份，对商务应对当时的环境和竞争对手意义重大，是不得不做的一件事，即使有所付出，也是利远大于弊，这是商务向前发展的必要条件。对商务而言，收回日股，是战略决策，不能单以经济利益去考量。

---

① 汪家熔：《商务印书馆史及其他》，中国书籍出版社 1998 年版，第 35 页。

商务印书馆日股投资和获利表①

年份	总股本（万元）	日方股本（万元）	日方新投资（万元）	股息（%）	日方取得股息（元）	备注
1903	20	10	10	—	7168	10—12 月
1904	20	10	—	—	24657	总股本是年底
1905	30	15	5	—	42564	—
1906	40	18	3	40	72000	—
1907	75	25	3.6	20	50400	有升股
1908	75	25	—	14	35280	—
1909	76	25	—	18	45360	—
1910	79	25	—	20	50400	—
1911	80	25	—	12	30240	—
1912	80	25	—	20	50400	—
1913	120	38	—	30	113430	升股
1914	—	—	—	—	80000	补偿日股
	合计	—	21.6	—	601899	—
本表据历年董事会发布红账计算。						

　　日本学者樽本照雄先生认为，商务印书馆在与金港堂的谈判过程中，对于编辑稿费、厂屋机器的估价太低："商务印书馆的评价和金港堂的不一样。应该说比金港堂的评价低得多。这么低的评价，不像话。……谈判的结果是商务要付给金港堂 63 万多元。应该说这个数字比预计要便宜得多，商务成功地节约了购买资金并收回了全部日股。"② 章克标先生则认为，金港堂所获的回报是优厚的："据说夏瑞

---

　　①　汪家熔：《商务印书馆史及其他》，中国书籍出版社 1998 年版，第 30 页。
　　②　[日] 樽本照雄：《清末小说研究集稿》，齐鲁书社 2006 年版，第 233 页。

芳亲自去日本好几次，最后出价 588200 元，收回了全部股份。十年之间，大约增长了五倍多。条件是比较优厚的。"① 汪家熔先生通过翔实的数据说明，10 年合作，日方股东获得净利 60 万元，取得了非常可观的收益："日方前后投入 21.6 万元，经 10 年，共取走 817899 元，获净利 601899 元，平均每年 60190 元，——27.87% 的利润。不能说不丰厚。当时一般投资年息官利 6—8 厘，即 6%—8%。"②

有趣的是，尽管中日学者的看法并不一致，但是都承认，商务与金港堂的合资，是双方都持续获益的十分成功的合作。

1914 年 1 月 10 日，《申报》刊登了商务印书馆拟召开"股东特别会"的公告，宣布公司"为完全本国人集资营业之公司，已将外国人股份全数购回"。

夏瑞芳除登报声明商务已完全收回日股外，还以赠送购书券等形式向读者进行广泛宣传，标明商务亦是"完全华商自办"，以消除中华书局散布的不良影响。

同年 3 月，商务即向农工商部备案，"申明公司股份完全由本国人出资自办"，让拿日股说事的人，再无丝毫置喙的缝隙。

前几年间，商务有日股一事，被别有用心之人渲染得沸沸扬扬，让商务如芒在背、如鲠在喉。随着清退日股合同的签订，作为书业企业的老大，商务终于消除隐忧，可以轻装上阵，在竞争市场上扬眉吐气了。

---

① 章克标：《商务印书馆引进日资杂记》，《文苑草木》，上海书店出版社 1996 年版，第 331 页。

② 汪家熔：《商务印书馆史及其他》，中国书籍出版社 1998 年版，第 29 页。

（四）回望十年合资

10 年中日合资，给商务带来的其他改变，比如公司治理、技术改进和业务优化等方面，则是更加值得一说的话题。

汪家熔先生有一篇文章题目就叫《主权在我的中日合资》，[①]较为系统地阐述了商务印书馆合资过程中中日双方的前因后果、股东和董事变化以及各自的收益，其结论就是"主权在商务"。虽然樽本照雄对此说法很不认同，[②]但是从我们了解到的 10 年合资历程来看，商务印书馆的日常经营和管理、重大事务的决策，虽然有日方董事和股东的参与，而决策权还是在中方。正如夏瑞芳所说的商务印书馆"藉外资，步外人成绩，以求开发大利"，即所谓在商言商，利用外资，师夷长技，但政治立场从未有变易，中方在企业主导权方面从未失责。孟森说夏瑞芳"君取道于中外合资，曾无一日失合资之职责"。[③]高凤池在讲起商务馆史时也不无自豪地说："利用外资而不为外资所束缚，本馆这点精神也值得一谈的。"[④]

商务对待外资的基本态度，即"洋股非不可合"，但要在保有主权、不受外人操作与控制的前提下进行。商务在引进日资时就是依循这个总原则而进行的，"用人行政一律归华人主持"、"日本股东均须遵守中国商律"、"聘用日籍职员可以辞退"。[⑤]在董事会人员安排上，最初中日双方各 2 人，1907 年改为中 3 日 2，1908 年为中 2 日 1，

---

① 汪家熔：《商务印书馆史及其他》，中国书籍出版社 1998 年版，第 21 页。
② ［日］樽本照雄：《清末小说研究集稿》，齐鲁书社 2006 年版，第 230 页。
③ 孟森：《夏君粹方小传》，《商务印书馆九十五年》，商务印书馆 1992 年版，第 20 页。
④ 高翰卿：《本馆创业史》，《商务印书馆九十五年》，商务印书馆 1992 年版，第 9 页。
⑤ 汪家熔：《商务印书馆史及其他》，中国书籍出版社 1998 年版，第 26 页。

1909 年改为全部由中方担任，从组织人事上牢牢控制了企业；在增资方式上，1905 年以后采取"增股不尽由老股而供官场、职工认股"的制度，使得中方的股户增多，股份比例增高，在股权结构上保证了企业的民族属性，也为日后清退日股、"完全华商自办"留下了有利的伏笔。[①] 立宪派的理论代言人梁启超就吸收外资问题曾提出过两个原则：一要用于生产，"用之于产生的，往往食外资之利"；二要管理得法，"苟能全盘布画，分期偿还，则虽多而或不为病"[②]。商务引进日资，借鉴日方的经验和技术，使商务发展产生巨大飞跃，在某种意义上践行了这种设想。

还有一点值得重点阐述，就是中日双方的股本在 10 年间的变化情况。夏瑞芳等人在增资扩股的过程中，有意逐年减少日方股份占比。从上文"商务印书馆日股投资和获利表"中可以看到：1904 年商务的股本 20 万元，中日各半；三年后商务股本 75 万元，日方股份 25 万元，只占三分之一。1913 年初，股东会决定增资 30 万元，实际是为收回日股作准备。在收回日股之时，据"中华民国三年一月商务印书馆股东非常会议"之记录："至民国二年（底），华人股份已居四分之三，日人股份仅得四分之一，即三千七百八十一股。日本股东对于公司毫无干涉，遇事亦无不协同维持。"[③] 这样的股本结构，对于后期收回日股，奠定了较好的基础：一是股权分散，日股减少，便于中方作决策；二是赎回股份的代价，比之最初合资的比

---

① 洪九来：《清末民初商务印书馆产业环境中的"日本"符号》，《湖北大学学报（哲学社会科学版）》2009 年第 6 期。

② 《梁启超全集》（第三册），北京出版社 1999 年版，第 1328 页。

③ 宋原放主编，汪家熔辑注：《中国出版史料·近代部分》（第三卷），湖北教育出版社 2004 年版，第 29 页。

例，中方降低了很多成本。这都要归功于夏瑞芳等商务领导层的深谋远虑。

商务印书馆与金港堂的合作，从公司治理到日常经营、从印刷技术到装帧设计、从编译图书（教材）到办刊、从资金的注入到职员的加入，日方对商务印书馆的发展促进，是全方位的。商务面临危机和困难时，日方股东也能热心相助。有关建立现代企业制度、编译教科书、提升印刷技术、解决橡皮股票危机等重大事项上，日方股东给予的帮助和影响，前文已作勾勒，这里再简单梳理几项前文未涉及的事例，这些事例体现了一个主要脉络，就是商务"以日为师，洋为中用"，由此更可见出中日 10 年合作，对于商务脱颖而出、领先同行的重大意义。

其一是公司经营方面，日本股东积极建言献策。

合资以后商务印书馆马上成立了董事会，双方董事保持着良好的合作关系。夏瑞芳、张元济每年都致信原亮三郎等日本董事告知商务的营业状况，共商经营方针。自 1909 年起日方股东不再担任董事，但原亮三郎、山本条太郎仍作为顾问对商务董事会的工作提出建议。

中日合资后，商务虽然成立了股份有限公司，但经理个人权力过大，经理对公司资金的投资权限不明，会计制度不健全，公私不分的现象严重。对此，具备现代企业管理经验的原亮三郎很是担心，他在 1909 年 2 月 12 日给张元济的信中说道："兹据贵国将来形势，虑及贵馆于经营上尚须妥加整理，巩固基础，官建立即便一旦产生急变或萧条亦能从容经营之计划……建议贵馆进行营业整理，依照各国商法规定，建立会计上公私不分现象之防止法，及董、监、经等重要人员，以及职员未得公司同意不得经营其他营业之防止法等。此议若何，敬希考虑制定各法为盼。"① 这些建议得到夏瑞芳等商务领导人一定程度的重视。那时书业中有"做小货"的陋习，从业人员私人出资印行书籍在店中寄售，商务印书馆亦有此现象，如高凤池的《地理问答》、王亨统的《天文问答》，都是这类"小货"。在原亮三郎提出建议之后，夏瑞芳等人很快采取措施，这类"小货"都由商务印书馆作价购进，划清了公私界限。当然，商务在健全制度方面做得并不彻底，比如对"董、监、经等重要人员"权限的划分和制约，没有明确的制度，"未得公司同意不得经营其他营业之防止法"并未建立，所以后来会在"橡皮股票"风潮中发生危机，还有中层骨干投资或参与其他书业企业经营，也给公司带来很大损失。

其二，《东方杂志》发展壮大，主要借鉴了日本经验。

《东方杂志》创刊于 1904 年 3 月。据《张元济年谱长编》记载，1903 年 12 月商务与金港堂合资后召开第一次编译会议，"夏瑞芳提议创办杂志，定名《东亚杂志》。为避免与其时德国领事馆《东亚杂志》同名，决定用《东方杂志》名"②。夏瑞芳提议创办《东方杂志》的用意，是创办一份综合性期刊来代表商务印书馆的品牌、树立商务印书馆的形象，这是商务印书馆的经营策略，张元济也表示赞同。③《东方杂志》于 1904 年 3 月 11 日正式创刊，定为月刊，并以"启导国民，联络东亚"作为办刊宗旨，创刊号上即声明："本杂志略仿日本《太阳报》"。但是该杂志创办初期主要是剪辑报纸杂志上的记事、论文，并

---

① 张树年主编：《张元济年谱》，商务印书馆 1991 年版，第 80 页。
② 张人凤、柳和城编著：《张元济年谱长编》（上卷），上海交通大学出版社 2011 年版，第 130 页。
③ 张树年主编：《张元济年谱》，商务印书馆 1991 年版，第 47 页。

无重大社会影响。1911 年第 8 卷第 1 期起，开始全面改版，更改开本，主要刊载优质原创论文和精选报刊译文，卷首加上精美题图，很快成为全国最受欢迎的刊物。当时《东方杂志》的广告这样自我描述："本杂志出版后，颇承阅者称许，戊巳之间，一再改良，益形完备，所记论说、译件、调查等门，条理秩如，便于翻阅。纪事详而要，可作现代史读，首列铜商务印书馆画，尤饶兴趣。"① 可见该杂志的内容和形式都已达到很高水准。章锡琛对刊物的改版过程亦有详细记载：

> 1910 年起，② 依理化部长杜亚泉的倡议，扩充篇幅，改 32 开本为 16 开，模仿当时日本最畅销的《太阳》杂志形式，除最后一部分仍留旧有的时论摘要和中外大事记外，刊载自撰或征集的论文和东西报刊的译文，卷首用铜版复制采自外国刊物上的图画，全部用纸也都改为道林纸。革新以后，销行到一万份以上，打破历来杂志销数的纪录。③

其三，中日互译图书，加强出版合作。

中日书籍互译在当时出版界日益增多，后来逐渐变成以中国翻译出版日本书籍为主。商务印书馆与金港堂合资以后，翻译出版日本书籍的数量逐渐增多，有些书籍产生重大影响，是中日文化交流史上的亮点。1903 年，商务印书馆就出版了帝国丛书、历史丛书、哲学

---

① 《本馆四十年大事记 (1936)》，《商务印书馆九十五年》，商务印书馆 1992 年版，第 679 页。

② 应为 1911 年。——作者注

③ 章锡琛：《漫谈商务印书馆》，《商务印书馆九十五年》，商务印书馆 1992 年版，第 353 页。

丛书，专门介绍日本学者的学术思想。以商务早期的出版目录为例，1904 年《东方杂志》的创刊号在前、中、后三部分用青红二色刊出了商务的新书广告共计 153 种。据日本著名汉学家实藤惠秀的统计，在这 153 种新书中，除去英语教科书 48 种外，余下的 105 种图书中，明显出自日本的译本或转译本，共有 54 种，约占总数的 51%。这说明日本学术思想在商务的新学传播中占有相当大的比重。放眼商务早期的整体出版情况，可以发现来自日本的书籍在商务的选题中一直占据较高的比率。[1] 如商务 1907 年正式出版的《日本法规大全》，早在 1901 年张元济尚未加入商务时就开始酝酿并组织翻译，共有 81 册之多，全译自日本出版的《六法全书》。商务印书馆这段时期出版的其他日本法律著作还有不少，如 1909 年出版的田边庆弥原著、王我臧翻译的《汉译日本法律经济辞典》等。

值得一提的是，商务聘请的日本早稻田大学毕业生刘崇杰，组织翻译了早稻田大学出版的法律、经济等学科著作 12 册，其中包括高田早苗的《国家学原理》、有贺长雄的《国法学》、铃木喜三郎的《民法要论》、冈田朝太郎的《刑法总论》等，仍由早稻田大学出版社出版，商务印书馆代办了这些书在中国的发行，许多中国高等学校都购买这套教材作为教学参考。[2] 这种代办发行，开启了中日出版合作新模式。

其四，商务利用日本资金扩大了经营规模。

中日合资以后，商务的资金变得充足，遂于 1905 年在闸北宝山路购买土地 80 余亩，筹建新厂房，1907 年竣工，扩大了编译所和印

---

① 洪九来：《清末民初商务印书馆产业环境中的"日本"符号》，《湖北大学学报（哲学社会科学版）》2009 年第 6 期。

② 倪靖武：《商务印书馆在近代中日出版交流中的贡献》，《出版与印刷》1994 年第 2 期。

刷所。接着又买下位于河南路发行所的房屋，进行翻造和扩建，至
1912 年完工。至此，商务基本完成了硬件设施的升级改造，成为一
个拥有先进设备和宏大规模的近代出版企业。中日合资时，日方注入
资金 10 万元，当时商务正面临资金短缺，日方资金可谓雪中送炭。

　　下表是商务印书馆 1902 年至 1914 年间的经营和出版概况，从中
可以看出商务印书馆与日本股东合资后，在出版品种、营业额方面的
变化情况。

商务印书馆 1902—1914 年出版经营概况①

年份	股本（万元）	日方股本（万元）	营业额（元）	品种数	册数	备注
1902	—	—	—	15	27	出版品种含杂志
1903	20	10	300000	51	60	—
1904	20	10	441230	35	103	—
1905	30	15	866728	49	142	—
1906	40	18	1377444	111	205	—
1907	75	25	1697564	182	435	—
1908	75	25	1519817	169	261	—
1909	76	25	1548099	126	420	—
1910	79	25	1731695	127	389	—
1911	80	25	1676052	141	583	—
1912	80	25	1819078	132	407	—
1913	120	38	2789073	219	565	—
1914	—	—	2687482	293	634	—

---

　　①　根据汪家熔《主权在我的合资》（载《商务印书馆史及其他》，第 30 页）、庄俞
《三十五年来之商务印书馆》（载《商务印书馆九十五年》，第 751—752 页）、《中国现代出
版史料丁编》（第 390 页）等资料综合整理。

综观商务印书馆与日本股东的合作，其在中国工商实业界的先锋示范作用不可低估。商务所开创的合作模式、与外资合作的经验以及对现代企业制度的探索，都可作为当时工商企业学习的经典案例，值得在清末民初民族工商业发展史上记下浓墨重彩的一笔。后来学者对此有恰如其分的评价。如香港《大成》杂志 1982 年刊载的林熙的连载文章说："本来一国的人民和另一国的人民合资作生意，只要它经营的不是犯法的勾当，都得到当地政府一视同仁，受法律保护的。商务印书馆和金港堂合作，并没有不是。金港堂并非一个侵略机构，只是商业机构，国人要分别清楚，不能受宣传影响而盲从的。"[1] 杨杏佛曾经这样评价商务印书馆的中日合资："商务印书馆……三十二年在农工商部注册，为纯粹中国公司，复将日股完全收回，自此一日千里，执中国印书业之牛耳，诚中国实业界之好模范也。有人以该馆曾用日资为病，不知中日合办之实业甚多，能如该馆之出淤泥而不染，卒收回自办者，何可多得。此正该馆之不可及之处也。"[2] 这些评价是中肯的。

夏瑞芳对于同外国资本的合作，一直持开放的态度。他主导的中日合作，为商务的长远发展打下了坚实的根基，这是中国近代出版的一大幸事。还有更为重要的，夏瑞芳对于利用外资企业的资金、技术和经验发展民族企业的理念，值得那些狭隘的民族主义者深思。他曾经对商务印书馆《东方杂志》主编孟森说："我国今日借债救亡之无术，而坐视地宝不为之所。藉外资，步外人成绩，以求开发大利，乃吾商

① 汪家熔：《中国近现代出版家列传·张元济》，上海辞书出版社 2012 年版，第 187 页。
② 刘明逵、唐玉良主编：《中国近代工人阶级和工人运动》（第一册），中共中央党校出版社 2002 年版，第 17 页。

人所知为根本之计。国民负担之力，只有此限。不从天之所留，地之所蕴，泄露之以求增益其利源。徒腾口舌以排外，愚弄群盲，新闻界之罪也！"[①] 如此开放的视野、务实的理念、宽广的企业家胸怀，即使放在今天来看，也不过时。

① 孟森：《夏君粹方小传》，《商务印书馆九十五年》，商务印书馆 1992 年版，第 20 页。

第六章

英年早逝

收回日股，商务站在了一个新的起点。

然而，致命的打击随之降临。

一、蹊跷的暗杀

就在商务印书馆收回日股，于 1 月 10 日在《申报》上刊登收回日股告示的同一天，总经理夏瑞芳在傍晚下班之时，在商务发行所的门口被人暗杀！

消息传出，举世震惊，商务同人悲痛欲绝。

（一）傍晚的枪声

1914 年 1 月 10 日傍晚 6 时左右，华灯初上。上海河南路商务印书馆发行所门口，夏瑞芳和张元济一同步出大门，下班回家。张忽然想起还有几份准备带回家处理的稿件没有拿，遂又匆匆上楼去取稿件。夏瑞芳走出大门后习惯性地向左右两边看看，一直等候在大门口的小车夫胡有庆赶紧迎上前来，请夏登车。夏瑞芳一脚刚踏上马车，忽然背后枪声响起，夏瑞芳猝不及防被枪弹击中，他双手捂胸，脚步踉跄，欲返回发行所暂避。此时一名持枪杀手现身，向夏瑞芳再次开枪，但未打中，随即仓皇逃跑。夏勉强走到发行所门口台阶旁，胸口血流如注，终因伤势过重，倒在门口。

当夏瑞芳被枪弹击中之时，发行所的工友黄秉心听见枪声，跑出来观看究竟，见总经理倒在血泊之中，急忙大声呼救，并赶上前去询问夏瑞芳，夏已经不能开口说话。此时众人赶来，一面紧急向巡捕房报告，一面迅速将夏瑞芳送往附近的仁济医院。

到医院后，医生立即检查伤口，枪眼就在心脏旁边，子弹已伤及要害部位，来不及抢救，夏瑞芳已经停止了呼吸。

一位不世出的出版企业家，就这样意外地告别了人世。

杀手开枪后立即向南逃奔，马车夫胡有庆回过神来，愤怒不已，当即穷追不舍，并高呼"捉拿刺客"。胡有庆与杀手相距不到 10 米，一前一后在街上狂奔。杀手见胡有庆一副拼命的架势，慌乱中回头又连开两枪，一枪从胡有庆左脸擦过，击伤左耳，另一枪未中。胡有庆不顾左耳流血剧痛，继续追赶。杀手跑到泗泾路，突然跳上路边一辆黄包车，把枪丢在地上，催车夫快走。胡有庆赶上前来，捡枪在手，同时拉住杀手不让其逃窜。杀手挣脱胡的拉扯，又跳下车逃窜，胡有庆继续追赶。杀手逃到宝善路（今广东路）时，被正在这里执勤的511号华籍巡警张林泰抓住。这个时候，又有两名外籍巡警赶到，他们看到胡有庆手中有枪，疑为杀手同党，抢上前去夺下胡手中的枪，并把两人一起带至巡捕房审问。

经审问，杀手名叫王庆瑞，又名王庆余，32岁，山东人。被抓时，身穿黑色长袍，外罩马甲。商务印书馆的同人指认该杀手时发现，就是这个人，在事发前曾经到过发行所二楼夏瑞芳的办公室门口张望，由于发行所二楼设有营业部，人来人往，所以大家都没有在意。当时夏瑞芳没在办公室，而在楼下，这个人在二楼张望过后就下楼走了。此时大家才明白，这个人当时潜上楼去就不怀好意。

在审讯时，审案人员问王庆瑞："夏瑞芳是否由你刺杀？计开几枪？同党共有几人？"

"夏瑞芳是我刺杀，共开二枪。当时见夏出来，心已慌乱。见夏欲上马车，我在水门汀上，在夏背后，从右首击入。当时马车南北向，我面朝东，在夏的后面开枪。并无同党，只我一人。"[1] 王庆瑞对刺杀夏瑞芳一事供认不讳，但拒不交代受何人指使。

又经过反复讯问，王才交代，有一个叫周栖云的，答应给他1000元巨款，[2] 让他暗杀夏瑞芳。巡捕房经过详查，了解到周栖云才25岁，是一所学堂的教习（教学人员），与其父居住在杨树浦。周的

---

[1] 吴越：《商务印书馆创始人——夏瑞芳被刺始末》，载中国人民政治协商会议上海市闸北区委员会文史资料委员会：《上海市闸北文史资料》（第4辑），1992年编印，第40页。

[2] 据《圣教杂志》第三年第四期记载，幕后指使人许给凶手1000元，预付5元，并带路登上二楼指认夏瑞芳是何人。

父亲叫周静君，是上海江海关的工人。周栖云于 1 月 12 日离家，不知去了何方。巡捕房将周栖云的父亲扣押起来，并发出通令，通告军政各界协助捉拿周栖云。

据资料记载，凶手王庆瑞被关在总巡捕房未结案之牢监，凶横异常。王向看守强讨食物，还大喊大叫："杀罪剐罪，没有饿罪！""死也要做饱鬼！"并常常欺侮同押人犯。

王庆瑞很快被判死刑，于 2 月 20 日行刑。在被处决之前，王庆瑞并无惧色，也不吵闹生事。行刑之时，从容自若，左顾右盼，还自言自语："今日天雨。"然后盘腿坐在垫子上，向围观群众拱手说："来世再会！"说完，俯首受刑，三枪毕命，就地掩埋。① 一个稀里糊涂的贪财小混混，以这样可恨复可笑的方式，了结了自己的一生。

王庆瑞委实罪不可赦。他不仅受人指使杀害夏瑞芳，还在开枪过程中殃及无辜，造成行人一死一伤，为暗杀悲剧再添血案。

这两个遭遇飞来横祸的人：一个叫夏广仁，一个叫贺阿毛。

夏瑞芳遭杀手枪击后，闸北巡警总局参事夏辅宜的侄子夏广仁，忽然浑身血污，坐车飞驰到家。夏广仁的母亲惊慌不已，忙问被什么人打伤。夏广仁结结巴巴回答说："放学回家，行经商务印书馆发行所，进内购买书籍出来，在门口雇车，忽听有人高呼捉拿刺客，就在这时中了一枪，不知是什么人开的枪。"夏母立即报警，并飞速将孩子送往虹口同仁医院。可惜夏广仁终因流血过多，于第二天晚上 10 点去世，年仅 18 岁。原来凶手王庆瑞行刺之时，第二枪未能击中夏瑞芳，但是流弹却打中了夏广仁。一个青春少年，商务印书馆的顾

---

① 据《申报》2 月 21 日报道《中西官监视处决暗杀犯》,22 日报道《暗杀犯临刑之态度》。

客，突遭横祸，死于非命，所谓"城门失火，殃及池鱼"，令人惋叹。

相比死于非命的夏广仁，另一位无辜中枪的贺阿毛，可谓不幸之中的大幸。

当天下午，编号为718号的三道头①西洋巡捕，正与40号西洋巡捕在四马路总巡捕房的弹子房内值班，忽然听见两声枪响，赶紧打开窗户查看，发现很多人往河南路奔跑，知道有状况，两人一起跑向河南路。追到宝善路的时候，凶手已被华人巡捕抓住，他们看到小马夫胡有庆手上有枪，怀疑是凶手同党，二人上前夺枪，却误触手枪扳机，枪声响过，打中了街上行人贺阿毛的左脚。所幸伤势不重，贺阿毛逃过一劫，自己到医院包扎伤口去了。

在夏瑞芳不幸遇难之后，凶手很快归案。从表面看，案件已迅速告破。破案机关即当时租界的公共公廨，在验讯单上对小马夫胡有庆称赞有加："马夫胡有庆，追捕凶手，奋不顾身，义勇可嘉，应予商令夏绅家属，优给伤费，以示奖励。"②胡有庆奋不顾身追凶，为快速破案立下了汗马功劳，不独夏家感激，家属出面给予奖励，商务印书馆也进行了优厚的褒奖。馆方一开始准备奖励胡有庆5000元现金，但又考虑年轻人骤得巨款，对他反而不利，经慎重考虑，最后定为每月由馆方发给60元，终身享受。这一待遇较之一次性奖励5000元，优厚更多，为胡有庆未来的生计考虑也颇周全。租界工部局也出面对胡有庆予以褒奖，除当堂赏洋250元以外，还表彰胡有庆"尔之忠勇，可谓沪上马夫之冠"，"尔既能为主尽名分之责任，又为国家尽公

---

① 三道头，指旧上海租界里的外国警察头目，因制服臂章上有三条横的标记，故称。

② 吴越：《商务印书馆创始人——夏瑞芳被刺始末》，载中国人民政治协商会议上海市闸北区委员会文史资料委员会：《上海市闸北文史资料》（第4辑），1992年编印，第38页。

益之天职"，胡有庆一时成为名震全市的忠勇之士。在胡有庆伤愈之后，安全起见，为免遭暗杀者报复，商务暗中将胡派往山东济南分馆任职，不再做马车夫。胡有庆的义勇追凶，从社会各方面都得到了丰厚的回报。

（二）幕后指使者周栖云

王庆瑞被处决之后第三年，即 1917 年 6 月间，王所供认的幕后指使者周栖云，化名李海秋，潜回上海法租界，被巡捕房拿获。旧案重提，租界的公共公廨开始了新一轮的审讯。《申报》一直关注此次审讯动态，自 6 月 20 日始到 8 月，先后发布了十多篇连续报道，直至 10 月 14 日周栖云被执行死刑，其中披露了较多细节，有助于了解夏瑞芳暗杀事件的真相。

在第一次的审讯中，周栖云坚决不承认是暗杀夏瑞芳的幕后指使者。此前有人透露信息，周"系民党中人，曾在法租界内组织机关，其主张向极激烈"①。这次审讯提及案中还有牵涉之人，需请捕房禀请公廨批准后带人过来对质。查看后续报道，再未提及此事，此处所说牵涉之人，推测应是夏瑞芳的马车夫胡有庆，但张元济反对胡出面对质。张元济 1917 年 7 月 10 日的日记记载："翰翁告知，巡捕房派包探来问，粹方遇害时马夫何在，欲令到堂与被获之周栖云质证。问余如何。余言千万不可告知，只言现在不知去处。此事于粹无益，于粹夫人有损，于公司亦有损。千万不可游移。翰似不谓然。少顷又告

---

① 《再志夏粹方被害之旧案重提》，《申报》1917 年 6 月 25 日。

余，谓万一被捕房查出本馆实用此人（现在济馆），可以责本馆为犯法。余云恐无此理，马夫并未犯罪。"① 对质之事遂不了了之。

后续的审讯，又有当时负责此案的西探目依克提供证言和证据，说暗杀事件发生后，他曾带人到杨树浦周栖云家中搜查，周当时已逃逸，但在其家中找到了周栖云的照片、党证，以及陈其美所颁准带手枪的护照，还有周与王庆瑞的卡片，证明周与王之间是认识的。这些证据当时都带回捕房保存，可以随时举证。

对周栖云的审讯进行了多次，其中又披露三年前王庆瑞被抓后几份不一样的供词，以供公廨定案，但真假莫辨。据《申报》1917年7月19日的报道，当时王庆瑞第一次在捕房招供刺杀夏瑞芳的原因，是说因为穆抒斋担任淞沪警察厅长时，夏瑞芳遇事反对，使穆抒斋怀恨在心，遂指使王将夏瑞芳谋害。第二次的供词，仍坚持说是受穆抒斋指使。到了1月13日（1914年），巡捕房再次审讯时，王庆瑞又说是因为他的弟弟在夏瑞芳这里做木匠，曾被夏斥退，所以他是为其弟报仇。到了1月14日审讯时，忽然又改口，说是因为赵宗培统兵1500名驻扎闸北，被夏瑞芳请人驱逐，致赵怀恨，王庆瑞后来到赵宗培处谋求差事，赵就让王为他报仇，因此行刺夏瑞芳。到了1月15日继续招供，说赵宗培年约四旬，身穿制服，军官打扮，王庆瑞所用手枪也是赵所给，赵还派人将王庆瑞引导至河南路商务印书馆门口守候，并许诺他事成后给付1000元的酬劳，如果刺杀不成被捕，不可说出赵的名姓，必须说是受穆抒斋指使。

王庆瑞的这些口供让人大为疑惑，不知哪个说法是真的。后来

---

① 《张元济全集》（第6卷·日记），商务印书馆2008年版，第228—229页。

租界审讯完毕，王庆瑞被引渡，在最后讯问时，招供说是受周栖云指使，这个说法很快被巡捕的搜查证据所证实。王之前招供说受穆抒斋指使后，巡捕房曾经按此线索详细调查，没得到有用的证据，供词未被采纳。至于陈其美、赵宗培、周栖云三者之间是何关联，具体又是谁与王庆瑞联系接洽，相关报道和信息没有提及。

此时还有当年总巡捕房的翻译谢培德出面作证，说当时王庆瑞在捕房包探的写字间内提供证词，由西探问供，谢在旁作翻译，所有供词都是王庆瑞自愿说出，审讯过程中没有任何威逼情节。

旧案回溯，确实又让租界公廨的一帮官员们大费周章。审讯时周栖云本人否认指使过王庆瑞，辩称陈其美所给的持枪护照是朋友的，但周承认与陈其美相识已有 10 年，曾加入国民党，因政府反对，后经友人介绍加入统一党，所以住所搜出来的党证就是统一党的党证。周栖云的律师抓住杀人者王庆瑞供词前后不一致不足采信，且王早已被处决无法对质，夏瑞芳被杀期间周栖云已在日本等理由进行强辩。但是这些申辩并未影响到公廨的定罪，预审基本认定了周栖云确有幕后指使嫌疑，"因判周栖云押候，抄供备文详解护军使署惩治"[①]。此后在审判结果下来之前，相继发生周栖云之妻为夫喊冤，[②] 数十人请求保释周栖云等事件，[③] 但这一切仍未改变周栖云被判死刑的命运，"经公共公廨讯明，呈解来署，发交军法课审办，现已查明，讯确该犯周栖云，实为暗杀夏粹方案内共同正犯，供证确凿，毫无疑义，应候按

---

① 《六志夏粹方被害之旧案重提周栖云判决引渡》，《申报》1917 年 7 月 21 日。
② 《夫人为夫呼冤》，《申报》1917 年 8 月 3 日。
③ 《周栖云不准保释》，《申报》1917 年 10 月 2 日。

律宣布判决所请，保释未便准行，仰即知照此批。"① 据媒体报道，周栖云最后已经认罪："该犯自解军署后，经军法课一再研讯，供认主谋不讳，经卢护军使拟处死刑，详奉督军公署核准。"②

1917年10月13日午后二时，周栖云被押赴西炮台执行枪决。对杀人案犯的惩治，至此已告结束。

（三）凶案背后疑云

一位杰出的民族企业家、出版家，正当盛年，竟于光天化日之下，在本馆发行所大门口被人暗杀！是谁这么嚣张和残忍，与一贯和气友善的夏瑞芳有如此血海深仇？执枪的凶犯王庆瑞只是一个贪财的亡命之徒，三年后被判死刑的周栖云，也不过是一个受命安排杀手的党徒，他们都不可能有直接暗杀夏瑞芳的动机，那么他们的背后，究竟是谁在主使？

暗杀事件发生后，上海的各大报刊也纷纷对幕后凶手加以揣测，一时间众说纷纭，真假难辨。王庆瑞供出的幕后指使者周栖云其时潜逃在外，警方一时无法继续追踪幕后主使，但是当时的《申报》等媒体发布的报道，可以看出一些蛛丝马迹。

1914年1月15日《申报》的本埠新闻有一段文字说：

据闻宝山路该馆印刷所内自置之救火皮带，近忽被人用刀割破，不知何意。并有书信数封，均系恐吓之词。夏君被害之前数

① 《周栖云不准保释》，《申报》1917年10月2日。
② 《枪毙夏粹方被害案之主犯》，《申报》1917年10月14日。

日，并接到某人由日本递来之邮信一封，略言，前事亦不归罪于君，惟现在寄身异域，处境极窘，向君商借银数万两，以救燃眉，祈即汇交，异日再得相见，否则定有恶报云云。事适凑巧，茶坊酒肆中，遂资为谈助。

1月17日，又有一篇报道说：

此案（指夏瑞芳被暗杀，本书作者注）发生后，住居泥城桥外孟纳拉路25号洋房内之丁汝霖，迭接匿名信函，均系恐吓之词。据云，因夏间夏瑞芳请派洋兵至闸北保护，丁亦列名签字之故。

过了一天，《申报》又有报道说："丁（汝霖）昨晚又接一信……闻系责备不应与夏请工部局派洋兵至闸北保护。"

《申报》是当时沪上最有影响力的报纸，这些报道的内容，其实已对幕后指使者有所暗示，虽未点名，但明眼人已能揣测出大概。

夏瑞芳当时对于有恃无恐的暗杀威胁，一直轻蔑不理，也未报案。正是这种对于宵小之辈的无视，才导致杀手有机可乘。据《时报》报道：

惟闻该书馆中人云：夏君生平为人议和，自今夏战事发生后，迭接邮递恐吓函件。夏君皆付之一笑，不过出入留心自卫。以故每日由内出外必先查看两旁有无举动，然后登车，以备不虞。乃于一月之前，华界宝兴路该书馆编译所之水龙间内，不知何来恐吓之匿名信，发现并不知被何人将救火之皮带割断。夏君得悉后，恐启该书馆办事人之恐慌，非但毫不介意，且秘而不宣。不料终遭该凶徒之毒手云。又闻夏于未暗杀一星期前在家接电话云，今夜有人请君吃卫生丸，望注意等情。夏穷诘真伪并打电话之人姓氏，彼即弃而不答。是夜夏果未出外。越日起即穿丝绵小衣并通知家人马夫互相防护。夏每日午后至商务印书馆印刷所，然后及发行所，其时必在夕阳西下之候。是日由印刷所马车来行，即有一马车中坐一人，在背后尾随而来，夏之马车到发行所门首停歇，该马车也相机而歇，坐车人亦入内买书。卒后该马车于事出后空车而去。据云，所获凶手王庆余即先时之坐马车尾随者。①

　　这些报道虽然是事后追踪探寻到的消息和事件，但与暗杀事件结合起来看，这就是早有预谋的一次暗杀，而且暗杀者多次勒索、威胁和恐吓，终因夏瑞芳不为所动，最后痛下杀手。从这些报道可以看出，夏瑞芳所谓的留心和防范非常简单，远不能防止意欲夺人性命的暗杀者的枪械加害。寻仇者的处心积虑和凶残冷酷，是处处与人为善的夏瑞芳所未曾预料到的。

　　夏瑞芳遇刺之后，时任商务印书馆董事的郑孝胥，在1914年1月10日的日记中写道："此即党人复闸北搜扣军火之仇也。"郑孝胥当时常住上海，与张元济、夏瑞芳往来频繁，作为董事经常出席商务印书馆董事会，参与商务重大事项的讨论，郑与当时政商及文化界高层人物多有交往，信息来源多，故郑日记所记以及对幕后指使者的推测，较为可信。

---

① 《棋盘街暗杀案四志》之"事前之恐吓信件"，《时报》1914年1月15日。

梳理郑孝胥日记中有关此次暗杀事件的记录，亦可对夏瑞芳遇害的因由作大致勾勒。

"二次革命"发生后，1913 年 7 月 18 日，陈其美宣布上海独立并就任上海讨袁军总司令，以黄郛为参谋长，设司令部于上海南市。

7 月 21 日，郑孝胥在日记中写道："雨晦。日来袁军守制造局，党人军欲战，调停未定，气象甚恶，将有浩劫。……报言，广东宣布独立，数袁十二罪。陈炯明遣兵助战，福建孙道仁、许崇智应之。至印书馆，萨镇冰来，欲托夏瑞芳往劝岑春煊勿助孙、黄。"[1]

7 月 25 日，郑孝胥写道："秀伯又来，云南军已攻入局，为船炮击殒前队几尽，又不克。各报纷纷皆言，南军经此痛创，决不能振。……叶揆初、夏瑞芳皆言，孙、黄、岑、陈驱出租界，已定议；印锡璋云，未决。"[2]

7 月 28 日，郑孝胥写道："至印书馆，见闸北请万国商团协同保卫章程三条：一、不干预警察权，二、不干涉商团机关，三、事平后退出。后，又加一条，谓外国商团因此事所有费用由闸北业主担任；均照办。万国商团于廿七号整队至南海会馆、湖州会馆，查出大炮、来福枪、子弹无数，即由万国商团封锁看管。"[3]

8 月 13 日，郑孝胥写道："至印书馆。闻夏瑞芳言，北军以十二万金赂南军，遂献吴淞炮台。……张菊生言，钮（永建，本书作者注）

---

① 中国国家博物馆编，劳祖德整理：《郑孝胥日记》（第三册），中华书局 1993 年版，第 1475 页。

② 中国国家博物馆编，劳祖德整理：《郑孝胥日记》（第三册），中华书局 1993 年版，第 1476 页。

③ 中国国家博物馆编，劳祖德整理：《郑孝胥日记》（第三册），中华书局 1993 年版，第 1477 页。

率其党三百人赴嘉定，炮台允不战，所有南军由北军给资解散。"①

8月28日，郑孝胥写道："至印书馆，夏瑞芳示投书者言：党人恶虞洽卿、张菊生及夏（瑞芳，本书作者注）等，将加害，可慎出入。虞洽卿宅今早有投炸弹者，未中。"②

1914年1月10日即中国旧历1913年的腊月十五日，郑孝胥写道："梦旦约晚饭。出访俞恪士、张让三，皆不遇。至宝山路梦旦新宅，甫坐进食，有走报者曰：'夏瑞芳于发行所登车时，被人暗击，中二枪，已入仁济医院。'梦旦、拔可先行，余亦继至，知夏已殁，获凶手一人。此即党人复闸北搜扣军火之仇也。众议：夏卒，公司镇定如常，菊生宜避之。余与菊生同出，附电车送至长吉里乃返。"③

以上日记的内容，大致勾勒出了夏瑞芳参与调停闸北驻军之事，夏、张等商务领导受到威胁恐吓，及至最后夏被暗杀的大致线索和时间。其中也有一些疑问，至今不知详情。如郑所记"至印书馆，萨镇冰来，欲托夏瑞芳往劝岑春煊勿助孙、黄"，夏瑞芳与岑春煊有何交谊？乃至于曾担任海军重要职务的萨镇冰请托夏往劝岑？夏瑞芳是否去找过岑春煊，往劝之结果如何，目前囿于史料，难以查知。而这些事实的真相，可能正是解开幕后暗杀者之谜的关键要素。

令人疑惑的是，总经理夏瑞芳遇刺，商务印书馆未在报纸上发表任何官方声明，更不用说公开谴责幕后指使者。《申报》1914年1月

---

① 中国国家博物馆编，劳祖德整理：《郑孝胥日记》（第三册），中华书局1993年版，第1479页。

② 中国国家博物馆编，劳祖德整理：《郑孝胥日记》（第三册），中华书局1993年版，第1481页。

③ 中国国家博物馆编，劳祖德整理：《郑孝胥日记》（第三册），中华书局1993年版，第1497页。

12 日刊登的夏瑞芳遇害之讣告，只有夏宅账房署名，商务印书馆仅以董事会之名在讣告旁刊登了一则由印有模接任总经理的广告。

与夏瑞芳同为暗杀对象的张元济，在夏瑞芳遇害后的 1914 年 2 月 19 日，写给远在法国游学的蔡元培的信中却是这样的说法："夏粹翁于一月十日被凶人在本店门首狙击，当即殒命。凶手被获，审系出资雇来。说者谓原因由于闸北一役。以私见揣之，未必尽确，大约主因皆由于同行嫉妒，未知卓见以为然否？"[①] 张元济信中对于闸北搜扣军火之事讳莫如深，个中当别有隐情。这种说法也给夏瑞芳被刺杀的真实原因带来更多的难以揭开的迷雾。

1914 年 1 月 31 日的商务印书馆特别股东会议报告中说："此项收回日股均系夏总经理苦心经营，乃得达此目的。不意大功告成，本公司可免去同业倾轧最为有力之一题目，朝登广告而夏总经理即于是夕在公司门首遇害。此诚公司最不幸事，想众股东闻之亦必恻然者也。"商务的股东会除了表彰夏瑞芳的功绩、痛惜他的早逝，对于他遇害的原因，只字未提。

二、乱世护企埋祸根

世事皆有因果。

如果说是陈其美派人暗杀夏瑞芳，那么一个在中国影响力其巨的大书局总经理，会因为什么事情结怨革命党？这其中有什么样的恩怨

---

① 《张元济全集》（第 3 卷·书信），商务印书馆 2007 年版，第 458 页。

仇隙，是公仇还是私怨，致使革命党人非要取人性命？历来的相关史料和研究文章，对此语焉不详。本节拟结合当时的社会环境和重大事件，回溯陈其美、夏瑞芳等人1913年间在闸北的行动轨迹，或能对夏瑞芳被暗杀的真实原因有所揭示。

（一）护企"请洋兵"

出版史研究者较少有人提及，商务馆史也很少着墨，夏瑞芳在1913年经历过一件对其一生产生致命影响的大事：革命党人发动二次革命，波及上海，在闸北商务印书馆附近，战事骤起，为保护商务印书馆不被战火殃及，夏瑞芳作为总经理，被迫卷入二次革命的战争旋涡之中。

1913年，在民国历史上是多事之秋。这一年3月20日，宋教仁被人暗杀于上海沪宁车站，嫌疑最大的幕后指使者是袁世凯。袁世凯此时已是中华民国临时大总统，在"宋教仁案"前后又向国际银行团借贷巨额款项，以铲除异己军事力量，包括对付南方革命党。袁于该年4月签订借款协议，史称"善后大借款"。此举激起国民的反袁浪潮，孙中山、黄兴开始筹划以军事武装力量反袁。7月，原江西都督李烈钧率先宣布独立，二次革命爆发。

由于袁世凯表面上高调支持民主共和，具有很强的欺骗性，各省的士绅商人又害怕战争，所以二次革命一开始就缺少民众的支持，大部分绅商认为革命党人是破坏约法、国会和民国，主张政府出面整饬纲纪，对二次革命是抵触甚至反对的。

上海此时成为反袁力量的重要阵地，当时有两支反袁武装：一支是由前沪军都督陈其美为总司令的上海讨袁军，一支是由钮永建为司令的松（江）军讨袁军。两支部队进驻上海，即将开战。上海总商会担心战争爆发殃及商业，使商场变战场，遂大力出面斡旋，以图和平解决争端。

夏瑞芳是总商会的议董，护馆心切，所以对于劝阻战事特别用心。7 月 17 日至 22 日，上海总商会为应对即将发生的战事召开了三次特会，这三次特会夏瑞芳全部出席。总商会最后形成了统一的态度：通电不赞同"乱事"；视准备进攻江南制造局的反袁军为乱党；给驻沪领事团发出公函，请他们"筹商商民公意"，不要让商场变成战场。[①] 夏瑞芳全程参与总商会的行动，与总商会的总理、协理一起拜访驻沪领事团，陈述所请，同时还积极筹划起草公函，递交领事团。

由于总商会的公函措辞委婉，并未明说要驻沪领事团派兵干预，总商会对于外国领事团的影响力较弱，加上闸北之地是敏感区域，国外势力不愿轻易涉足，所以领事团收到公函后，为审慎起见，并未派兵。

商务印书馆发行所在闸北，此时的闸北不是租界，但就在公共租界的北面，与租界毗连。由于闸北地价便宜，交通便利，当时已成为上海商业开发的重点区域。据统计，上海总商会的 31 位议董，主要产业在闸北或在闸北任重要职务的至少有包括夏瑞芳在内的 11 人。[②] 闸北不仅是商业重地，更是战略要冲。此处有淞沪铁路、沪宁铁路两个车站，如果控制了两个车站，就能进一步控制长江咽喉吴淞口，扼制住上海的南北交通主脉。正因为闸北地理位置如此重要，外国势力对之垂涎已久。租界工部局曾经在 1899 年扩界时提出将闸北划归租

---

① 张化：《夏瑞芳"二次革命"请洋兵招杀身之祸》，《世纪》2015 年第 1 期。
② 张化：《夏瑞芳"二次革命"请洋兵招杀身之祸》，《世纪》2015 年第 1 期。

界。清政府虽软弱，不敢正面拒绝，但也想出了种种借口，推三阻四，始终未答应扩界。租界工部局只得暂时放弃企图。1908年，租界工部局又提出扩界，对闸北势在必得，清政府仍未屈就。持续到辛亥革命之际，租界的万国商团①（军事力量）趁乱占领沪宁车站，但不久又被闸北商团②（爱国武装力量）夺回。中华民国成立后，租界工部局与闸北新政权之间因为收捐、设警和修路等事项频起争端，染指闸北之心昭然若揭，只是由于闸北是中方领土，不能贸然进行武装干涉。闸北也因为扩界之争，在政府、民间武装力量与外国势力的较量之中，变得越发敏感。此时二次革命导致革命党人的武装进驻闸北，若再有外国武装力量出面干涉，纷乱的局势将变得更加复杂。

7月23日凌晨至28日晚，陈其美的讨袁军先后五次攻打位于上海南市的江南制造局，没有进展，但是军费开销很大，眼见无法支撑，遂向各家商业机构摊派巨款。闸北商家众多，是被派捐的重点区域，商务印书馆更是被派捐的大户，居然被要求捐五万元以充军费，其余厂商也被派捐二三万不等。夏瑞芳领头与闸北各厂商集体商议，最后达成一致意见，决定不捐，理由是"战事发生，民生涂炭，生意萧条，如此巨额现金，一时无从筹措"③。

向闸北绅商派捐未果，讨袁军怀恨在心。7月24日，讨袁军驻

---

① 1853年4月，英、美等国以保护侨民为名组织了上海义勇队，后称"万国商团"，成为租界当局的一支准军事化武装，充当了维护租界当局统治的角色。1943年七八月间解散。

② 闸北商团创始于1911年3月，主要领导人多为上海同盟会中人，起初团员五百余人，辛亥革命期间是上海光复的主要力量，后迅速发展至一千余人。沈联芳是闸北商团总会长，钱允利、俞宗周（国桢）为副会长，尹村夫为司令。商团成员均有枪械，对于英美势力试图扩张租界占领闸北时刻保持警惕和抵制，成为闸北地区一支重要的武装力量。

③ 郑逸梅：《补谈夏瑞芳被刺》，转引自林熙《从〈张元济日记〉谈商务印书馆》（一），《出版史料》（第五辑），学林出版社1986年版，第31页。

沪司令部由南市关桥（今白渡路、外马路一带）中华银行旧址迁至闸北冰厂桥路（今虬江路的宝山路以西段）南海会馆（老北站北面）。25日傍晚，反袁军运来6尊小炮及一批快枪，装置在司令部门前，炮口一致朝北，对外称将攻打吴淞，其实枪炮所指和有效射程内的目标，就是商务印书馆的闸北工厂。讨袁军以这种特殊的方式威慑厂商，尤其是恐吓商务印书馆。此时袁世凯政府军的增援力量未到，无法顾及闸北商家安危。商务印书馆等诸多商家被讨袁军如此"关照"，夏瑞芳和其他被派捐的商家负责人如芒在背，被逼无奈，只得想办法向租界工部局求助。

面临军队的恐吓和战争的威胁，上海总商会不甘任由宰割，在接下来的几天里，就如何保卫闸北商家的安全又开了三次会议进行协商，参会者更扩大到闸北地区的几位关键人物，如沈联芳、俞国桢等人。闸北当时称为"市"，实际相当于后来的"镇"，下辖十个"区"。闸北有地方自治机构"闸北市政厅"，市长是当地米业巨商钱允利，副市长是上海丝茧业巨头沈联芳，也是上海总商会议董，市政厅顾问是俞国桢。俞国桢是同盟会会员，闸北的实权派人物。闸北地区除了市政厅，有影响的社会团体有闸北商团和闸北市民工会。闸北商团名义上以绅商为主，实际上以同盟会会员为骨干，在辛亥革命时的上海光复中建有奇功，是闸北地区唯一的武装力量，俞国桢是商团的副会长，尹村夫是司令；闸北市民工会是闸北市民代议机构，其宗旨就是"研究保全地域之法，尽力对付外人推广租界"。这两个社团的核心人物都是俞国桢。①

---

① 张化：《夏瑞芳"二次革命"请洋兵招杀身之祸》，《世纪》2015年第1期。

7月24日，上海总商会在晚上7点召开会议，商议对策，总商会总理、协理、议董都到会议事。议事过程中的主事者是沈联芳。沈身兼多职，既是上海商会的议董，又是闸北商团的总会长、闸北市政厅副市长。对沈联芳而言，平息战事至为重要，因为他在闸北开设有恒丰丝厂和恒丰商号，在闸北区内还拥有很多房地产，为保护自身财产，当然要尽一切可能消弭战端。商会中人都不愿意发生战争，实属人之常情。故与会多数人包括夏瑞芳都认为，战事急迫，事态严重，为免遭战火，应请租界的洋兵保全闸北的安全和居民身家性命。而且，闸北地区的外商已经函请，总商会可以预先开出防范条件，若对方答应就可明请。会议提议由闸北市政厅、闸北市民公会、闸北商团联合发函，邀请万国商团到闸北帮助闸北商团和警察保卫华洋居民，并当场起草了《闸北请万国商团协同保卫章程》，提出了三个条件："一、不干预警察权，二、不干涉商团机关，三、事平后退出。"[1] 会议结束，俞国桢、尹村夫等人才赶到会场。沈联芳告知请外国军队进驻闸北已不可避免，但俞国桢和尹村夫坚决反对，也不同意闸北商团和闸北市民工会出面函请。当晚，闸北商团千余名团员荷枪实弹，在闸北华洋交界处严阵以待，以防外国军队进入。

7月25日，各国领事一致赞成出兵，请总商会选派代表于下午赴租界工部局会商。总商会迅速回应，"推定祝兰芳、夏瑞芳、周舜卿、陈润夫、庞莱臣、洪少圃六人为代表，往工部局协议。四点钟到工部局"[2]。下午3时，上海丝厂茧业总公所在北山西路(今山西北路)

---

[1] 中国国家博物馆编，劳祖德整理：《郑孝胥日记》(第三册)，中华书局1993年版，第1477页。

[2] 《申报》1913年7月29日。

会所也召开临时全体大会，选派吴翥丝厂老板兼怡和丝厂买办吴子敬以及丁汝霖为代表，赴租界工部局会商。这次会商过程，《申报》有详细记录：租界工部局董事声称，"居住闸北洋商业主纷纷来信，并有法国总领事转到宝山路天主教堂一信，请英工部局迅为保护等情，又言且接得闸北丝厂十五家邀请保护之公函，现拟令万国商团前往协同保护，未知闸北居民意见如何？代表等当将在总商会议定各条告知，并言如无推广租界之意，我等亦愿贵局协同保护。董事等谓，此为保全中外人民身命财产起见，断无推广租界之意，既有议定条件即请开送等语"。[①] 当晚，工部局董事们经长时间讨论，决定出兵。

7 月 26 日，租界工部局发表"严守中立"宣言，为出兵做舆论准备："租界及其北郊（即闸北）不得用为作战根据，亦不得用为图谋不轨之中心。"中国军队和负责人必须退出北郊，"否则严拿不贷"！

同日下午，钱允利和沈联芳函请美国领事到闸北市政厅会商。总商会再次开会讨论 25 日提出的三个条件，议过之后又增加了一个条件，即出兵的费用由闸北各商家承担。这个条件的提出，应是为了表明外国军队出面调停战事，是因为闸北各商家出资雇请，没有侵吞闸北为租界的政治目的。

此事从闸北各商家的角度考虑，是为保护自身利益，被迫如此。但是从讨袁军的角度考虑，我们革命党找你们要军饷，一个子儿也不给，此时却有钱请洋兵过境，来驱逐中国军队？如此一来，误会和积怨越来越深。

请洋兵入闸北的条件已谈好，俞国桢、尹村夫等人虽极力反对，

---

① 《申报》1913 年 7 月 29 日。

但无力回天。夏瑞芳和其他商家护企心切，加上战事危急，如箭在弦，容不得再三犹疑，遂一起将写明四个条件的邀请函送交租界工部局，很快得到出兵的肯定答复。随后，夏瑞芳等15位实业家，以及15家丝厂的代表丁汝霖、吴子敬等人，一起具名，向闸北市政厅和警务厅发出"公函"，申诉请洋兵的理由，希望商团和警、政两界不要干涉。

7月27日清晨6时，租界工部局开始行动。租界总巡捕房总巡卜罗斯率领万国商团中的美国队和日本队，持枪进入闸北。"……数十名炮队团员，携两尊大炮，直奔讨袁军总司令部，将由蒋介石率领的二百零七名兵士驱逐出去，炮、枪和弹药被缴存会馆，留下日本兵看守。随后，卜罗斯率马、步、炮队一百多人，至闸北市政厅驻防。下午，由万国商团中华队更替了美国队。中华队的徐通浩到警察厅请见厅长，厅长不在，由卫生科长接见。徐请警察厅晓谕安民，并令各区警署辅助万国商团，保证：'倘三日安堵无虞，自当撤回。'当天，'商务'所在的四区警署张署长发出通告：'今有外国商团到此，询系闸北商家夏瑞芳等十五人及十五家丝厂请来保护……各安居业。'"①

讨袁军一开始就无胜算，现在又面临这种情势，枪械被缴，已无再图取胜的可能。28日，讨袁军司令部迁往吴淞炮台的中国公学，撤离闸北，战争威胁解除。到8月12日，讨袁军因为缺乏军饷，兵士无心再战，撤离吴淞。至此，上海一地的二次革命宣告失败。

---

① 张化：《夏瑞芳"二次革命"请洋兵招杀身之祸》，《世纪》2015年第1期。

（二）辩诬何其难

革命党军队与袁世凯军队的战争威胁虽然解除，可是外国军队进驻闸北不撤离，闸北的爱国武装力量特别是闸北商团不会善罢甘休，闸北市民也对外国军队进驻闸北不走如芒在背，事情远未了结。

7月29日，夏瑞芳等15位实业家及15家丝厂代表一起具名将向闸北市政厅和警务厅发出的"公函"在报上发表，可能是考虑到此事的复杂性和隐含的危险，有数人隐去了姓名。[①] 这其中是否有沈联芳、钱允利等人，既参与其事又怕被人责难，所以隐去姓名，不得而知。

这份公函的原文如下：

洪少圃等公启

万国商团协同保卫闸北一事，外间谣言纷纷，颇于同人有所诘责，兹将当日办理此事情形叙述如左，伏乞公鉴。

本月二十四日，南军总司令部自南市移至闸北南海会馆湖州会馆，人心大为惶恐，纷纷移徙，闻闸北洋商业主业已要求工部局派兵保护云云。

是晚七点钟，总商会开会，闸北市政厅副市长沈君、商团副会长俞君、市民公会会长黄君暨商团司令与商会总协理、会董均到，商议保卫之策。众谓此时以保全居民身家性命为重，拟由市政厅、市民公会、闸北商团三团体具函，邀请万国商团至闸北，

---

① 张化：《夏瑞芳"二次革命"请洋兵招杀身之祸》，《世纪》2015年第1期。

帮同中国商团、警察保卫华洋居民，当经拟具函稿，嗣有人谓此事由团体出名有所未便，如公民出而要求，则三团体必不反对。

二十五日，闻南军又运到大炮六尊，快枪无数，居民愈加恐慌。总商会请协理王君商请陈英士君移徙，陈君谓本有此意，惟居民强来干涉，则断不迁移云云。

是日下午，同人得总商会知照到会，知工部局函请总商会选派代表前往协议保卫闸北办法，在座各员均谓南市惨祸何堪再见，且洋商业主已经函请，恐难拒绝，不若明开条件，预为防范。当经公同拟定三条：一、不干预警察权；二、不干涉商团机关；三、事平后退出。并推定祝兰芳、夏瑞芳、周舜卿、陈润夫、庞莱臣、洪少圃六人为代表往工部局协议。四点钟到工部局，董事声称居住闸北洋商业主纷纷来信，并有法国总领事转到宝山路天主教堂一信，请英工部局迅为保护等情，又言，且接得闸北丝厂十五家邀请保护之公函，现拟令万国商团前往协同保护，未知闸北居民意见如何。代表等当将在总商会议定各条告知，并言如无推广租界之意，我等亦愿贵局协同保护。董事等谓，此为保全中外人民身命财产起见，断无推广租界之意，既有议定条件，即请开送等语。

二十六日下午，总商会复集议。闸北正副市长钱、沈二君、商团副会长俞君均到。当将昨日所议详加讨论，并由同人开具致英工部局正式条件，又于昨日所议三条之外加入一条，谓外国商团因此事所有费用，由闸北业主担任。此信仍由同人携交工部局总董，总董允称均可照办。归后遂具公函通知市政厅警务厅。

查万国商团系于二十七日天明时，整队至闸北巡行，并同时到南海会馆、湖州会馆，在彼查出有大炮、来复枪及子弹无数，均由万国商团封锁看管，危险之物如此之多，设一旦两军激战，其惨状何堪设想。同人为闸北十余万同胞之生命财产起见，故不避疑谤，毅然担任，抑同人对于此事尤有深意存乎其中。查闸北地方迫近租界，华洋杂处，洋商既向工部局请兵保护，工部局为屏蔽租界起见，势必允其所请。与其任其自由进兵漫无限制，不如与之协商，议定条欵，担任经费，尚有限制。同人此举，为生命财产计，即为闸北主权计，两害择轻，固已返覆筹之熟矣。知我罪我，惟有听之公论而已。

洪少圃　庞莱臣　陈润夫　陈炳谦　叶鑫斋　周舜卿　祝兰芳　丁汝霖　程兆基　余葆三　夏瑞芳　吴子敬十五家丝厂代表公启①

公函言语之中，已将请租界工部局武装力量进驻闸北的前后经过详细讲明，也对主张请"洋兵"将要面临的困难和责难有所预料，特别是详细陈述了请洋兵的真实目的和关切所在，表态极诚恳坦白，最后言明，此举是否妥当，一切"听之公论"。

即便初衷多么善意，态度无限坦诚，这份公函还是迅即引起了闸北市民的极大愤慨和不满。

《申报》等媒体跟随公函刊登的斥骂和讽喻文章不在少数，而且将夏瑞芳作为头号"丧权辱国"的代表加以暗讽。兹举一例作者为"钝根"、题为《代夏粹方等辩诬》的文章：

---

① 《申报》1913 年 7 月 29 日。

方[①]等为爱护财产起见，特请公共租界工部局派捕驻守闸北华界，并以洋兵驱除陈其美之总司令部。自问私心，此举殊于身家性命妻妾狗马有益，商民当感激之不遑，而闸北商团横出反对，竟詈方等为丧权辱国之罪魁，或讥方等为闸北之吴三桂，万目怒视，置身无地，是不可以不辨。夫以方等之财产较常人为多，保护之法不厌求全，闸北虽有商团，力足以维持秩序，然在方等视之，犹虑其万一有失，终不若托庇外人之万全。富翁心理大率如此，抑何少见而多怪也。况上海自制造局战事开始以后，南市居民纷纷逃入租界，是岂不以租界为安乐窝而本国境地为不足恃耶？故既迁入租界，则对酒当歌，后庭花好，若不知五里以外有横尸喋血之军人，与焦头烂额之难民者。是可见外人势力范围之中，实为福地，而宜于方等福人之居也。闸北人民风鹤惊心，窃以所居非租界为憾，其意若曰：昔者工部局尝欲以此地划入租界，而我国官民相持不下，苟稍让步者，则今日我辈安然为租界之民矣。方等善体此意，乃以大商家之名义向工部局要请派兵迎机善导，果蒙允许，书朝上而兵夕至，方等之门驻兵尤多，方等昂首出入，顾盼自豪，方等之心于是大快，而闸北人民视如蛇蝎之司令部，亦已不费吹灰之力归入洋兵掌握，所谓陈其美者不知何矣。苟非方等出此以毒攻毒之妙计，则陈其美先生方将龙蟠虎踞，虽以闸北全体商民环跪而求其迁，恐亦无效也。独不解夫一般反对者，心则乐受租界保护，面口则以为丧权辱国，方等施德受怨，愤气难平，区区此心，惟西人鉴谅而嘉许之（按今日访员报告，现在

---

① 指夏瑞芳。

驻守闸北者已易为租界万国商团之华人团，可见工部局消释嫌疑之苦心，惟恐夏先生等犹以华团之威仪为未足耳）。①

此文发表于 7 月 29 日，发稿时租界驻军开进闸北尚未撤走，一部分爱国情绪激烈的人对此义愤难抑，群情激愤，故有闸北商团"竟詈方等为丧权辱国之罪魁，或讥方等为闸北之吴三桂，万目怒视，置身无地"的现象发生。这样的指责，已非常偏激。而该文所持立场也有一定代表性，表面的标题说为夏瑞芳辩诬，实则其内容刻意夸张，多是讥讽和反语，谴责声讨之意再明显不过。这样的文章，只会让推过于夏瑞芳的人更加忌恨他。

闸北商团一方在俞国桢等人的带领下，召开紧急会议，驳斥夏瑞芳等人的公函，将自己的主张也公诸报端。特别是明确陈述了不能请洋兵进入闸北的道理，认为请洋兵是为保私产而断送主权，同时明确表达了闸北商团准备武力抵抗的决心。为避免在闸北燃起新的战火，闸北市政厅不得不出面调停，将总商会和闸北商团的意见呈给外交部特派江苏交涉员张煜全、江苏都督程德全、江苏民政长应德闳和宝山县公署。程、应在向外交部报告的同时，发出指令："闸北地方并非租界，业经本都督、民政长令饬淞沪警察厅穆警长组织警备队，以资保卫，该市人民慎勿轻举妄动，致贻后悔。"② 外交部即时通照各使，又派次长与英、美署使会商，英、美均承诺，等秩序恢复就撤回；同时，程、应安抚闸北警察和商团，让他们不要与洋兵发生冲突。上海县吴知事也发出训令，责成夏瑞芳商令擅入闸北市政厅门岗的洋兵退

① 《申报》1913 年 7 月 29 日。
② 《申报》1913 年 7 月 29 日。

队。政府出面干预，表面上处理得合情合理，闸北商团只得表态，静候官方主持交涉，暂不与万国商团发生冲突。

其实，官方的处理和表态是暧昧的，口是心非的。因为在兵力不足之际要消弭上海"二次革命"的战祸，非请外国军队干预不可；但是外国势力对闸北虎视眈眈，请他们入境，无异于与狼共舞。官方只能两害相权取其轻，先把讨袁军驱逐再说。

政府出面斡旋，取得了一些效果。7月29日晨，万国商团从闸北撤回租界。正当事件即将平息之际，当天下午又发生武装冲突。原来是租界工部局又派来四五十名印度巡捕，到共和路警察厅和宝兴路三区警署进驻。印度巡捕驱逐该署警察，中国警察不甘被逐，"向闸北商团借来数十只后膛枪，将印捕逐出华界，并在华洋交界处守卫。在此过程中，双方互相开枪，几肇战祸"。[①]后经红十字会调停，冲突暂告解决。

同日下午，闸北商团成员发现丝厂老板吴子敬到处散发传单，貌似替洋兵发安民告示。闸北商团本就对吴等人出面请洋兵愤恨不已，遂将吴扣押，租界工部局得悉后，派来两千余人的部队冲进闸北市政厅，抢走吴子敬，酿成新一轮更大冲突。闸北商团司令尹村夫是这次冲突的中方领导者和见证人，他在回忆中详细记录了这件事：

> 7月24日（应为29日，本书作者注）下午，发现有人到处散发传单，大意是说，外兵进驻闸北，乃系维持闸北治安，保护市民生命财产，业经地方公团同意等等。当时地方公团负责人大

---

① 张化：《夏瑞芳"二次革命"请洋兵招杀身之祸》，《世纪》2015年第1期。

都隐匿，在传单上具名的有吴子敬、洪少圃等六、七人。吴子敬是闸北吴若丝厂老板兼怡和丝厂买办，我把他找到商团司令部，责问他为何作此卖国行为？他说是沈联芳叫他通知大家安心的，在旁的团员十分气愤，把他扣下。后闸北商团副会长兼闸北市政厅长钱允利来讲情，把他放了。但他刚出大门，团员罗兴友、徐幼棠等心中不平，又将他扭送闸北检察分庭请求依法惩办。约一小时后，租界巡捕房总巡英人卜罗司（即卜罗斯，本书作者注），率领改穿万国商团服装的英国海军陆战队步、骑、炮兵2000余人，分别从宝山路、海宁路、新闸桥、恒丰路桥等处向闸北进攻。商团及警察合力抵抗，终因寡不敌众，被他们冲入，在共和路会齐，将闸北市政厅包围（闸北市政厅设在光复前上海巡警总局原址，其时闸北市政厅厅长钱允利和淞沪警察厅长穆湘瑶等经常在此办公）。接着，卜罗司率领英海军一班，全部持左轮手枪作预备放姿态冲进市政厅威逼我交出吴子敬。我严词驳斥，他蛮不讲理，竟恃人多势大，公然至检察分庭将吴子敬劫走，并将分庭法警数人鞭打泄愤，呼啸出境。这次，商团团员和警察与帝国主义侵略者武装对抗，虽有些损伤，进行卖国活动的分子也未得到应有的惩罚，但租界当局目击我民气激昂，斗志坚决，扩充租界的阴谋终未得逞。①

吴子敬是与夏瑞芳一起找工部局交涉的地方公团代表，发布公函时也一起具名。吴子敬有如此遭遇，那么在这个时刻，夏瑞芳作为商

---

① 尹村夫：《闸北商团与上海光复》，《20世纪上海文史资料文库》（1），上海书店出版社1999年版，第23页。

界领导人，肯定会招致非议，前述《为夏瑞芳辩诬》一文即是旁证。

因为吴子敬的事件，租界工部局有了继续派兵的借口。8月1日《申报》的消息说：

> 日兵于下午三时半退去之后，捕房派来三道西捕数名，亦驻警察厅内，傍晚时又调来英国舰兵二百数十名，带来机关枪数枝，驻守厅内，并携来毛毯器具等件，俾便驻宿。昨警界中人云此项交涉已经解决，现在派来之军队并不干涉地方政事，一俟平静自必撤回云。①

这些英国舰兵显然是有备而来，他们的作为已表现出侵占闸北的企图。这些士兵在月台上搭起瞭望塔，悬挂舰旗，晚间用探照灯四处照射，又在楼房后面的空地上搭营帐驻兵，在营帐后开挖壕沟，派兵守卫，还声明：虽不干涉政事，但如有警变，应"负其责任"。与此同时，卜罗斯又从租界抽调得力包探到闸北，确保治安。

面对外国军队的侵占，闸北市民愤怒了。8月3日下午，闸北市民公会开会，群情激昂，议定了三件事并敦促市政厅尽快办理：第一，洋兵久驻市政厅，妨碍办公，请市长呈请交涉使，与工部局商议，早日撤回。第二，市政各机关应照常办事，不让外人有逐步干预闸北行政的借口。第三，发函质询淞沪警察厅穆厅长，为何辞职，复任后为何不到厅恢复秩序。市民公会甚至直接电禀袁世凯，告发夏瑞芳等人欲保私产，请洋兵入境，葬送主权。袁世凯只能装模作样发来

---

① 《闸北访函》，《申报》1913年8月1日。

电报诘责这些商人。①

讨袁军早已退兵，万国商团却违背约定，迟迟不走。原来出面商请租界工部局派兵的闸北商团代表们在强大的舆论压力下，不得不再次出面发布公函，以应舆论。8月4日和5日，由丁汝霖、夏瑞芳、吴子敬等七人具名的告示再次登报。该告示内容如下：

闸北公民均鉴

万国商团协同保卫闸北一案，同人等业将此事始末宣布，谅蒙鉴察。项由闸北市政厅抄送外交部致上海交涉使电，开闸北驻外兵事，前准江苏都督民政长电，业已通照各使，并由次长与英署使面提，均稍秩序恢复，当就撤回无疑等语云云，是同人当日与工部局约定条件最为主要之第三项办法。工部局既已承认，外交团亦允实行，凡我闸北公民可请放怀。特此布陈，伏维公鉴。

洪少圃　庞莱臣　陈炳谦　祝兰舫　丁汝霖　夏瑞芳　吴子敬　等公启②

此函再次申明，上海商团请洋兵进驻闸北，只为恢复秩序，避免战争，而且是谈好了进驻条件的，秩序恢复后洋兵必会撤回，并请闸北市民放心。即使信函言之凿凿，但洋兵一日不走，发表公函之人就一日如坐针毡，受万人讽刺唾骂。这种压力，使夏瑞芳等人备受舆论煎熬。

又过了十多天，在闸北各界特别是广大市民强烈而持续的反对之下，8月17日，外国驻军终于从闸北撤离。

---

① 张化：《夏瑞芳"二次革命"请洋兵招杀身之祸》，《世纪》2015年第1期。
② 《申报》1913年8月4日、8月5日。

（三）"商务方面亦不敢追究"

夏瑞芳不由自主地卷进了闸北战事的纠纷之中，革命党人败出上海，陈其美等人反袁失败，还吃了洋人的亏，这笔账，有很大一部分是要算在上海闸北商人们头上的。夏瑞芳作为上海总商会的议董，多次领头出面，媒体报道聘请外国军队进驻闸北之事，屡次提及夏瑞芳的名字。那么接踵而来的对于夏瑞芳和商务印书馆的威胁和报复，就不是空穴来风了。

虽然闸北最终并没有被划进租界，从闸北战事纠纷的最后走向来看，夏瑞芳等人的行为，客观上帮助了袁世凯解困，而后袁与外交使团勾搭，一致对付革命党人，也更加剧了革命势力对于闸北被迫撤军的遗恨。

在 20 世纪 50 年代，夏瑞芳孙女夏连荫做口述史研究时，曾当面向陈其美侄子陈立夫询问过其祖父被暗杀的原因，陈立夫总是避而不答。[①] 陈的回忆录提及此事，虽然没有承认是其叔父暗杀了夏瑞芳，但是陈认为夏瑞芳是袁世凯的支持者，并拿着大批钞票游说应瑞号战舰不要支持陈其美的肇和舰，结果导致起义失败。言外之意是认为夏瑞芳应有此报。[②] 可见，陈其美和当时的革命党人，都将商务印书馆和夏瑞芳归为助袁一派，视为仇敌。前文提到的《郑孝胥日记》中所

---

① 罗元旭：《东成西就——七个华人基督教家族与中西交流百年》，生活·读书·新知三联书店 2014 年版，第 307 页。

② 罗元旭：《东成西就——七个华人基督教家族与中西交流百年》，生活·读书·新知三联书店 2014 年版，第 289 页。作者注：此说不确，应是张冠李戴。陈其美策划肇和舰起义失败、应瑞号巡洋舰被袁世凯派人收买，都是发生在 1915 年 12 月 5 日的事，夏瑞芳1914 年 1 月就已被暗杀。

记，萨镇冰委托夏瑞芳往劝岑春煊勿助孙、黄之事，设若夏瑞芳为平息闸北战事，以保全企业，对岑春煊有劝说之举，也会落下暗中助袁的口实，被革命党作为"罪证"。

据《张元济年谱》记载："凶手王庆余供系有人出巨资雇佣。后经租界会审公廨审问，背景复杂，王犯被枪决后，商务方面亦不敢追究。"① 那么暗杀者的背景到底有何复杂，令商务印书馆一直讳莫如深，甚至"不敢追究"呢？

胡愈之在《回忆商务印书馆》一文中提到，"据说，当时执行枪杀夏瑞芳的凶手，就是蒋介石。蒋在那时是充当打手的"②。胡愈之没有为这个说法提供可信的依据，唯一有点影子的是，夏瑞芳等人请来的"洋兵"，将反袁军所属的一支部队全部缴了械，并驱逐出去，这支部队是蒋介石带队的。那么后来夏瑞芳被暗杀，蒋是否参与，也无据可查。因为随着蒋介石的地位提升，乃至成为一党领袖，专权独裁，无人再敢追究或考证。即使众所周知，谋杀夏瑞芳最大的后台指使者是陈其美，但后来蒋介石当权，并将陈其美视为国民党的精神领袖而供奉，更是没人再敢提及或追究。

商务印书馆作为当时国内最大的出版机构，对于总经理被暗杀一事低调处置，始终不追查元凶为其报仇，一直被视为蹊跷之事。个中原因，联系当时的环境和事件本身的因果关系来看，如果不低调，大张旗鼓找证人对质，追查幕后指使者，最后的结果可能正如张元济所说，"于粹无益，于粹夫人有损，于公司亦有损"。

---

① 张树年主编：《张元济年谱》，商务印书馆1991年版，第116页。
② 胡愈之：《回忆商务印书馆》，《商务印书馆九十五年》，商务印书馆1992年版，第117页。

首先是对于夏瑞芳声名的影响。

夏瑞芳之死，张元济等商务元老对前因后果心知肚明。当其时也，反袁军失败，革命党人暂时失势，但明眼人知道，革命形势席卷全国，陈其美等人还会卷土重来，社会舆论也是向着革命的一方。夏瑞芳为企业利益积极奔走，以不发生战事为至要，甚至情急之下以身家性命和个人名誉犯险，这是其性格中敢想敢做的一面，但是客观上也造成了舆论上的不利，且因此结怨于革命党人，最后在多方势力的角逐中难得保全，甚至牺牲了生命，这是令人万分痛惜的事。但若深究幕后元凶，则极易挑起舆论争端。若暗杀者反指称夏瑞芳是"助纣为虐"，差点导致闸北的主权丧失，也不是几句话就能辩白清楚的事。这样的舆论是非和争论，对于逝者及其家人，包括对商务印书馆，并非有益。

其次是夏瑞芳家人和商务其他主事者的人身安全。

陈其美于1913年9月离开了上海，但是上海并不平静，革命党人还在活动。在夏瑞芳遇害之前，暗杀者频频威胁恐吓，扬言要对虞洽卿、夏瑞芳、张元济等人下手。1913年8月28日，商界名人虞洽卿在海宁路顺征里的寓所，遭到炸弹袭击。不久之后，张元济也收到过杀手伪装成旧书的炸弹，由于事忙未及拆开才得以幸免。柳和城先生对此事有详细记述：

张元济为商务印书馆的涵芬楼收书，在西藏路长吉里自己寓所门口挂有"收购旧书"的洋铁皮牌子，常有人送书上门。这天有人送来一包旧书，张元济回家颇晚，翌晨又匆匆出门，书包未及打开。第二天送书者复来，说不卖了，将书取回。几天后巡捕房包探来查问此事，称书包内藏有炸弹，那人取回书包后，炸弹爆炸，当场毙命。毙命者叫陈子范，系革命党人。[①]

夏瑞芳遇害之后，革命党的暗杀活动不仅没有停止，反而愈演愈烈。《申报》1914年1月17日曾有丁汝霖接连受到暗杀威胁的报道，说明革命党人还在寻找机会下手。1915年2月，陈其美潜回上海，当年11月，又策划暗杀了袁世凯任命的上海镇守使郑汝成，震惊全国。

对于夏瑞芳被暗杀事件背后种种复杂的背景和追究下去暗含的危险，张元济洞若观火，为商务的发展计，为夏瑞芳遗孀和子女的安全计，只能做到适可而止。凶手既已伏法，深究下去后果难料，所以张元济主张不再追究。

鉴于夏瑞芳遇刺的教训，为化解风险，张元济后来曾力主商务印书馆在附近的租界购地建造分厂，以免公司受战乱及时局的严重影响，但因高凤池、鲍咸昌等股东反对而作罢。[②]张元济是清醒而睿智的，可惜他的建议未被采纳，夏瑞芳以生命换来的教训，商务没有使之转化为保护企业存续和发展的措施，至为遗憾。结果，商务印书馆在1932年一·二八事变中遭到日军毁灭性轰炸，商务印书馆总管理处、四家印刷厂及编译所、尚公小学、东方图书馆悉数被毁。张元济等人耗费无数精力和资金，苦心收罗，藏于东方图书馆的大量珍本典籍，总数量达46万册的珍贵藏书，顷刻间灰飞烟灭，包括其他印厂设备等所有硬件设施，几十年的积累几乎全部毁于一旦，不得不让人发出"悔不当初"的喟叹。

还应该稍作辩驳的是，夏瑞芳等人为平息闸北战火延请外兵进驻

① 柳和城：《商务大老板夏瑞芳被刺真相》，《检察风云》1999年第11期。
② 杨扬：《商务印书馆：民间出版业的兴衰》，上海教育出版社2000年版，第82页。

之事，市民工会群情激昂地向上告状，谓夏瑞芳等人为保私产请外兵入境，丧失主权云云，实是欲加之罪，何患无辞。姑且不论闸北其他企业主的"私产"，夏瑞芳等人创办的商务印书馆发展到 1913 年，其文化影响力和经济实力各方面已居全国出版企业前列，造福社会的事功不可胜数，这样的文化企业以"私产"论之，有失公允，如果毁于战火，更是中国教育文化界难以估量的损失。胡适曾经说过："得着一个商务印书馆，比得着什么学校更重要。"日军炸毁商务印书馆时，日军海军陆战队司令盐泽幸一说出了他们的险恶用心："烧毁闸北几条街，一年半年就可恢复。只有把商务印书馆这个中国最重要的文化机关焚毁了，它则永远不能恢复。"① 保护商务印书馆有多重要，无须多言。

　　尽管作为当事人的张元济以及他的好朋友蔡元培，都在有意识地回避暗杀夏瑞芳的事实真相，但夏瑞芳被陈其美派人暗杀，在当时已不是秘密。商务元老高凤池在后来的日记中写道："彼时，陈英士为上海都督，领有军队约千名，欲移驻闸北。此项军队纪律不严，闸北工商界虑其扰害不利，于是运动领事团出为反对，夏君亦发起反对之一。陈氏曾迭向夏君借款维持军饷，夏君拒之，因之怀恨甚深，乃使死党狙击之。"② 高凤池非常明确地说出了暗杀事件的真相。不过天理昭彰，暗杀别人的人，最后也逃不过被暗杀的结局。就在夏瑞芳被暗杀两年之后，1916 年 5 月，陈其美在上海被袁世凯派人暗杀身亡。江苏武进人许指严，在 1918 年由上海清华书局出版的《新华秘记》中明确指出："英士未得志

---

① 王艾甫、戴姝瑶、张基祥：《铁证：日军侵华罪证自录》，新世界出版社 2015 年版，第 80 页。

② 高凤池：《高翰卿近九年日记选抄》，《明灯道声非常时期合刊》1939 年第 9 期，第 6—7 页。

时，为所暗杀者如汪云卿、金琴孙等。既得志后，又杀陶焕卿、夏瑞芳等。稍知沪上旧史者，皆能道之……当陈被刺后，沪人大半数均称快意，绝不为之鸣冤，盖因被害者多，久犯众怒也。"[1] 一句"沪人大半数均称快意，绝不为之鸣冤"，道出了众多对暗杀手段敢怒不敢言者的心声。

三、"捐躯付公论"

因为闸北战事，夏瑞芳被卷入外兵侵占闸北的是非之中难以自辩，一度深陷舆论旋涡。夏瑞芳等人在 1913 年 7 月 29 日刊登的公函之中有这样一句话："知我罪我，惟有听之公论而已。"未及半年，夏瑞芳即遇难。是非臧否，且听公论如何。

（一）备极哀荣的丧事

总经理夏瑞芳被害，商务印书馆上下沉浸于悲痛之中。夏瑞芳生前对职工友善仁慈，薪酬福利都很好，深受馆内职工爱戴，他交游广泛，为人仗义，同时商务印书馆在工商界、文化界影响力甚巨，所以夏瑞芳的葬礼非常隆重，出殡之时备极哀荣，《申报》、《时报》等媒体争相报道其盛大场面，远在北美的《纽约时报》也进行了报道[2]，可

---

① 柯灵、张海珊主编：《中国近代文学大系（1840—1919）》（第 6 集·第 19 卷·笔记文学集二），上海书店出版社 1995 年版，第 462 页。

② 罗元旭：《东成西就——七个华人基督教家族与中西交流百年》，生活·读书·新知三联书店 2014 年版，第 288 页。

见当时中国最大出版企业的当家人骤然离世,引发了社会各阶层极大的关注。

夏瑞芳出殡时间是 1914 年 1 月 14 日。出殡那天,商务印书馆的全体职工放假一天。出殡时,上海宝山路一带,沿途都是白车白马,颇为壮观。虽盛况空前,但没有铺张浪费。出殡时,吹打乐手和一切仪仗都不用,常用的路祭仪式也都取消,简朴而隆重。出殡队伍上午 10 点从夏宅出发,绕行英美租界各马路,沿途经过宝兴路、北四川路、苏州路、河南路、广东路、山东路、福州路、广西路、九江路、贵州路、厦门路、浙江路、文监司路等处。出殡队伍最前面是两面白旗,白旗上印有很大的一个"夏"字,后面紧随一面白旗,绣有"尚公小学"字样,紧接其后还有商务印书馆三大机构即编译所、印刷所和发行所的白旗各一面,李启荡等人公奠的白旗一面,上面有"惠及孤儿"四个大字,应为纪念夏瑞芳为慈善事业所作的贡献。白旗后面,有六顶鲜花伞,一辆扎满白花的马车,马车上端放着夏瑞芳的遗像。其后是长长的手捧花圈的体育会员的队伍,有 36 对,列队而行。体育会员队伍后是孝帷和夏瑞芳的灵柩,孝帷内是夏瑞芳之子、时年 17 岁的夏鹏,灵柩车则用四匹黑马拉着,灵柩之上罩着绣金红缎,并扎着鲜花,灵柩车前还有一个鲜花十字架,表示夏瑞芳的基督教徒身份。

出殡之时,仅执绋送柩的男女宾客就超过 2000 人,外籍宾客也有不少,所有宾客左襟上均佩戴有夏瑞芳遗像的素章,送行马车 100 多辆,总巡捕房也专门指派了中西探捕多人,沿途护送出殡队伍。①

---

① 据《申报》1914 年 1 月 15 日"本埠新闻"之《棋盘街暗杀案五志》和《时报》1914 年 1 月 15 日《棋盘街暗杀案四志》。

（二）追悼会仍在延续慈善事业

夏瑞芳追悼会于 1914 年 5 月 9 日在上海静安寺路的味莼园举行。追悼会的发起人包括伍廷芳、郑孝胥、萨镇冰等当时社会名流 104 人，可谓隆重之至。在此之前，夏瑞芳葬礼之时，就有人提议，为了纪念夏瑞芳，拟将所收赙仪为他铸一尊铜像，以作永久的怀念。夏夫人知道这件事以后，一方面对提议者深表感谢，另一方面则表达了不同意见。夏夫人说，"人之善恶，盖棺论定，铜像无益于生人且无益于死者，如承不弃，当以赙资办一有益众人之事，如学堂病院教堂之属，既可垂诸久远，普济众生，尤合粹方生平之志。苟使粹方留纪念于后世，必注重于此。"①此话一出，世人皆感佩夏夫人深明大义，慈悲为怀，报纸上也专门载文盛赞夏夫人为"女中俊杰"。大家商议之后，决定不铸铜像，葬礼和追悼会所收赙仪，均按照夏夫人的意思，捐建学校。②

1914 年 4 月 1 日《申报》开始登载"夏瑞芳先生追悼会"公启，也表达了夏夫人拟将外界所送赙仪捐做慈善之意：

> 启者，商务印书馆总经理夏瑞芳先生不幸于民国三年一月十日遇害，窃思夏君生前所创事业于我国工商及教育前途影响绝巨，骤遭惨变，哀痛实深。兹择于本年五月九日（阴历四月十五日）午后二时在上海静安寺路味莼园开追悼会，凡我政学商界同人与夏君有雅故者，届期敬请莅临。再夏君夫人深明大义，拟将一切赙仪集合成数，建设学校，永留纪念。同人如赞成斯举致送赙仪

---

① 《夏粹方夫人之达识》，《时报》1914 年 1 月 17 日。

② 本埠新闻之《纪事》，《时报》1914 年 1 月 17 日。

者，并请送交上海棋盘街商务印书馆总发行所张廷桂君代收是荷。

　　夏瑞芳追悼会场面宏大，来宾众多，可见夏瑞芳和商务印书馆的社会影响力非同一般。追悼会会场布置颇为隆重，会场中间的台上，陈放着夏瑞芳的大幅遗像，相框用白绢装饰，周围是花卉和花圈，会场中挂满了各省政和学商界所送挽联、祭轴、诔文等，多达数百件。男女来宾大约一千多人，致使会场中容纳不下，后到场的人只能站在会场之外。

　　追悼会由郑孝胥（前任商务董事会主席）主持，[①] 时任商务印书馆董事会主席伍廷芳发表演讲，简要追思了夏瑞芳的生平和功绩。他说：

　　今日到会诸君恐有不知夏公履历者，鄙人略为述之。夏公，青浦人，出身寒素，幼年肄业上海清心中学。既壮，乃出而谋生，志在实业，时值新旧过渡之时，见印刷事业正在萌芽时代，遂悉心研究，毅然而创办商务印书馆。初时规模甚小，继而营业发达，思有以扩充之，奈短于资本，谋诸国人鲜有应者。壬寅冬，有日本人携巨资来上海，思营印刷及出版业。公念我国之印刷术及编译上之经验皆甚幼稚，非利用外资兼取法其经验不可，遂与订约，合资改商务印书馆为有限公司，其权悉操公手。曾几何时，而竟成为百五十万资本之大公司矣。鄙人担任该公司韦事以来，稔并夏公办事认真而有毅力，内部组织完备，故有今日之成绩。我国近年来组织千百万资本之大公司者颇多，而能如商务

---

　　① 郑孝胥先后三次担任商务印书馆董事会主席或议长：1912 年 6 月至 1913 年 5 月任董事会主席；1916 年 5 月至 1924 年 4 月任董事会议长；1925 年 4 月至 1925 年 6 月任董事会议长。郑担任主席或议长的时间共计九年零两个月。

印书馆之收效果者则甚鲜，此尤足见夏公平日办事之能力也。公为基督教徒，本宗教以立身，故遇事大公无私，人咸敬之。年来外间以该公司附有外股颇多诽谤，鄙人窃有以为不然，盖该公司实华股多而外股少也。夏公有鉴于此，拟将外股收回，鄙人极赞成之。于是夏公东渡商议就绪，回国发表，后猝遭狙击，功成身败，殊深痛惜。今承诸君到会追悼，谅皆具有仰慕之热忱，而夏公成业以来，补助公益事业甚多，其品其行可为社会立身作则。此则诸君尤当永远景仰而纪念之也。①

追悼会最后，由俞国桢代家属致答谢词。俞国桢说："夏公出殡之日，从而执绋者数千人，今又蒙诸君开会追悼，益深铭感，并云蒙诸君盛贶赙仪，夏夫人概作乡间办学之费，其缘因有三：（一）沪上学校林立，教育已足，普及故以乡间学校为要；（二）校所设于青浦朱家阁，夏公系青浦人；（三）夏公本曾设校乡里，以输教育，今特竟其初志。"② 追悼会到此结束。

这次追悼会还印发了《夏粹方先生哀挽录》一册。该哀挽录为铅印本，卷首印有夏瑞芳的遗像等图片，后面是目录，共收录有事略 1 篇、记事 1 篇、传记 2 篇、诔词 5 篇、哀辞 5 篇、祭文 13 篇、诗词歌 7 首、挽联 351 幅、挽幛 34 幅。其后还收录了蒋维乔为夏瑞芳撰写的事略，孟森、蔡元培分别为夏瑞芳写的小传，还有举办夏瑞芳葬礼时严复、李拔可、王季烈、林纾、傅增湘等文化名流为其撰写的挽联。

---

① 《申报》1914 年 5 月 10 日。
② 《申报》1914 年 5 月 10 日。

（三）商务优加抚恤

商务痛失总经理，除举办隆重的葬礼和追悼会之外，在对夏瑞芳家人的抚恤方面，也尽了最大努力，不仅给予了优厚的酬恤，对夏瑞芳子女教育的扶持也考虑周详。

在夏瑞芳追悼会召开之前，商务印书馆董事会召开会议，议决抚恤夏瑞芳遗属的事项：

商务印书馆第一百二十三次董事会议录

民国三年五月五日第一百二十三次董事会议，到者：伍秩庸先生、郑苏戡先生、张菊生先生、印锡璋先生、高翰卿先生、鲍咸昌先生，议决各案如下：

一、公司酬恤夏翠（粹，本书作者注）翁项目

（一）提去年盈余十分之一为恤款。

（二）送丧葬费约三千元。

（三）照夏君在日，每月薪二百元、每年花红三千元，送至夏君生令（龄，本书作者注）六十岁为止，至民国二十年。

（四）俟伊子将来出洋游学酌给学费。

（五）夏粹翁追悼会本公司三所午后休业半日。

（抄自商务印书馆有限公司董事会议簿第二册

第 56—57 页）①

---

① 周武、陈来虎整理：《新史料：商务印书馆董事会议录》（一），《上海学》（第一辑），上海人民出版社 2015 年版，第 294 页。

稍后召开的股东常会，也有关于夏瑞芳酬恤款的相关议案。此次股东常会的记录云："又前总经理夏粹方先生身故后，各股东来信称扬功绩，请提酬恤者甚多。董事会仰承各股东之盛意，酌提民国二年盈余一成，计四万五千元，为夏粹方先生之酬恤，谅各股东共表同情也。"①

商务印书馆给予的相关抚恤项目包括酬恤款、丧葬费，以及仍按照夏瑞芳在世时月薪 200 元、每年花红 3000 元予以补贴至其生龄 60 岁，后来夏鹏赴美留学，商务又赠送了一笔留学费用。

（四）时人之公论

作为企业家的夏瑞芳在当时中国商界、文化教育界颇有声望。夏瑞芳遇刺，引发了不少对他的追思、怀念和正面评价，包括报刊媒体的文章、挽联、悼念文章等等，虽然这些评价并不充分和完整，但是在当时背景下，已是社会风向的一种反映，特别是对于夏瑞芳所开创事业的价值评价，已提升到一定高度。

这其中有三副著名的挽联。

一是李宣龚②撰写的挽联："导窍有殊功，不使精神随物泯；捐躯付公论，独留肝胆照人哀。"③此联对于夏瑞芳的评价甚高，赞扬了夏瑞芳创立商务印书馆对于文化教育的贡献。该联流传较广，不少文献收录其中并记为章太炎所撰，个别文字亦有不同。章太炎乃学界泰

---

① 《在民国三年商务印书馆股东常会上的报告》，《张元济全集》（第 4 卷·诗文），商务印书馆 2008 年版，第 303 页。

② 李宣龚，字拔可，诗人、收藏家，1913 年入商务，夏瑞芳去世后担任过商务印书馆经理兼发行所所长，与张元济、鲍咸昌、高凤池并称"商务四老"。

③ 胡君复编：《古今联语汇选初集》（第三册）"哀挽三"，商务印书馆 1917 年版。

斗，声名卓著，为学界景仰，若是其所撰，又会添一段佳话。不过已有当代学者对此说法提出质疑。① 据笔者所见资料，此联最早收录于商务印书馆 1917 年出版的《古今联语汇选初集》（第三册）之中，以最早版本为定论，当为李宣龚所撰。此书收录夏瑞芳挽联时有如下说明文字："民国二年一月十日，夏君粹芳（方，本书作者注）为暗杀党所狙击，伤重遽殒。君豁达大度，性果断，知人善任，冒险进取，百折不回，实大有造于工商界。非命而死，无论知与不知，咸扼腕太息。兹录挽辞于后。"②

第二副挽联是商务印书馆资深编辑、《东方杂志》主编孟森撰写："世言政治有关，果尔则政治家必成人道之蟊贼；国以工商为宝，如公乃工商界能造时势之英雄。"③ 上联表达对于暗杀夏瑞芳的幕后政治人物的痛恨和斥责，下联对于夏瑞芳在工商界的影响和价值，给予褒赞。

第三副挽联则是与商务印书馆合作颇多，不懂外文却是著名翻译家的林纾所撰写："生平未履兵间，何事竟遭来歙祸；④ 身后仅余弱息，莫教更覆孔融巢。"⑤ 该联字里行间，满怀对于夏瑞芳骤然遇刺离世的质疑和不解，还有哀伤和担忧，哀叹夏瑞芳身后仅有一子，担心暗杀者还可能对夏家赶尽杀绝。林纾的挽联，读来令人唏嘘不已。

《申报》在 5 月 10 日刊登了一篇《夏粹方之追悼会》的文章，对夏

---

① 汪家熔：《章太炎未必哀挽夏瑞芳》，《商务印书馆史及其他》，中国书籍出版社 1998 年版，第 485 页。

② 胡君复编：《古今联语汇选初集》（第三册）"哀挽三"，商务印书馆 1917 年版。

③ 胡君复编：《古今联语汇选初集》（第三册）"哀挽三"，商务印书馆 1917 年版。

④ "来歙"，字君叔，东汉大臣，辅佐刘秀，任太中大夫，曾说服隗嚣归汉，后隗嚣反叛，他领精兵破之；建武十一年（公元 35 年），来歙率军入蜀攻公孙述，被公孙述派人刺死。

⑤ 胡君复编：《古今联语汇选初集》（第三册）"哀挽三"，商务印书馆 1917 年版。

瑞芳创办商务印书馆对于教育的贡献给予肯定，赞扬了商务印书馆在列强夹击之下发展民族企业的开拓之功，具有警世励志意义。其文曰：

> 吾人对于夏君追悼会发二种之感情。其一，夏君一苦学生耳，而能成就此觉大之营业，且其所谓营业非仅个人利益而已，实关教育前途，然则人孰不可以有为哉！其二，夏君方收回外股，力谋扩充，而乃于此际赍志以殁，则所以继夏君之志而竟其功者，其责任盖有所属矣！该馆同人可不勉耶？抑更有言者，当此商战剧烈时代，各国长袖善舞之商家，挟其雄厚之财力、精利之出品，风卷云涌而来，我窳败陋劣之商界当之，未有不披靡者。有数十百商务书馆之营业，起而与之抗争，犹恐不足杀其侵入之势力，况今日如商务书馆之劳业有几何耶？且商务书馆之所成就，前此犹不能不借助于外股，今甫脱离其关系，以从事于对外之竞争。然则一书馆成立之难且如此，吾国所谓有资本之大商家可不自奋乎哉！

夏瑞芳早逝，与其"意气相投"的张元济在夏瑞芳夫人捐款重建的孤儿院落成之际（大约在 1916 年），以一副情意深切的挽联表达了心中的怀念和哀思。其联曰：

> 无父何怙，我独安归，适子馆兮，风人雨人，百年如一日；
> 大厦落成，公不复见，登斯堂也，顾我复我，九原有二天。①

---

① 《张元济全集》（第 4 卷·诗文），商务印书馆 2008 年版，第 5 页。

上联中，"无父何怙"，意为没有父母，有谁可依。语出《诗经·小雅·蓼莪》："无父何怙，无母何恃？""怙"：依靠。"我独安归"，以孤儿口气自问，我孤苦伶仃，哪里是我的归宿呢？"适子馆兮"，语出《诗经·郑风·缁衣》："适子之馆兮。""适"：到。"子"：你。"馆"：孤儿院。"风人雨人"，作者活用古代著名改革家管仲的话，意为施恩泽于众人，意出刘向《说苑·贵德》，管仲曰："吾不能以春风风人，夏雨雨人，吾穷必矣。""风人雨人"为此话的缩语。"百年如一日"，以孤儿之口，说他们到孤儿院以后过着安宁的生活，因无忧无虑，所以日子过得很快，过一生犹如过一天一样。上联主要赞扬孤儿院为孤儿带来的幸福。

下联中，"公"指孤儿院创办人夏瑞芳。孤儿院落成后，夏瑞芳已去世，"公不复见"，因而作者对他怀念至深。"顾我复我"，语出《诗经·小雅·蓼莪》，"长我育我，顾我复我"，意为抚育我成长，在家关怀我，外出挂念我，表现了父母对子女的怜爱。"九原"，战国晋卿大夫的墓地，此处泛指坟场。"二天"，典出《后汉书·苏章传》，苏章为冀州刺史，曾设宴请故人清河太守，甚欢，太守喜曰："人皆有一天，我独有二天。"此后，谓恩人为"二天"。此处说夏瑞芳已长眠地下，孤儿们尊他为"二天"。下联主要是抒发对夏瑞芳的感恩与怀念之情。①

对于黄金搭档夏瑞芳的离世，张元济极为悲痛和遗憾。在后来的岁月中，张元济经常怀念这位无人可以替代的事业伙伴，"也许只有许夫人知道，菊老回家后叹气，今天必定碰到不顺手的事，又在

---

① 挽联释义参见袁南生：《近现代名人名联品鉴》，人民日报出版社1997年版，第229—230页。

想念逝去的夏瑞芳"①。张元济之子张树年在回忆中说："我自幼就从父亲菊生先生口中经常听到夏公的名字和他的故事，至今留下深刻印象。……父亲后来谈起夏公，常常黯然神伤，其情其景，我至今记忆犹新。"②

重新修建落成的孤儿院内还修建有一座教堂，名为"粹德堂"，以纪念夏瑞芳。商务印书馆部分同人及夏生前好友，曾在粹德堂参加由孤儿院发起召开的夏瑞芳去世六周年纪念会，纪念会上由高凤池宣布开会宗旨，张葆初牧师致演讲词表达对于夏瑞芳的纪念之意，"谓夏公一生，不特于商界实业界，成伟大事业，即在学界，也大放光彩，影响全国，且为孤儿院建一礼堂，名曰粹德。故今日纪念会之价值，与平常纪念会之价值，判若霄壤。盖此堂一日存留，即留一日之纪念也。如夏公者，有一二十辈吾国不难自强"③。教友给予夏瑞芳如此评价，说明他们对其生平事业的价值和意义已有深刻认识。

1920 年，《新青年》刊载了一系列上海工人生存状况的调研文章，其中有一篇涉及印刷业内容的文章，高度评价了商务印书馆的工人待遇，并赞扬了夏瑞芳。文章说：

> 吾国工业作工时间，向无规定可言。有时间的规定者，初以印刷业为首，不得不推崇教会的遗爱，又以商务印书馆首倡。嗣后开办的图书公司、中华书局等，即外人所开的印刷业，亦多仿

① 汪家熔：《中国近现代出版家列传·张元济》，上海辞书出版社 2012 年版，第 194 页。
② 张树年：《纪念夏公瑞芳》，《商务印书馆一百年》，商务印书馆 1998 年版，第 338—340 页。
③ 龙华循环：《夏公粹方第六周纪念会（上海）》，《兴华》1920 年第 17 卷第 4 册。

效商务的成规。是印刷业的印刷工人，享时间规定的利益者，首推商务。

吾国新工业的组合，当以棉铁丝茶为最……印刷业者，远不及如上各业的宏大，竟能于二十余年以前，规划时间，与二十世纪的新潮，有暗合的基础，造福全业，其眼光的远大，诚加人一等。该印刷所优美的质点，更有数节，足资据述：（一）对普通工人，有疗病所的设备；（二）抚恤金的定额；（三）储蓄金的优待；（四）补习班的夜校；（五）对于女工有保产金的恩惠；（六）幼稚园的组织。此与他厂的工人具优异的实惠，都是夏瑞芳君的余荫，足为建设的初基。①

1926 年 8 月，商务印书馆建馆 30 周年时，商务印书馆工会、职工会为夏瑞芳立了一块纪念碑，碑文曰：

伟哉夏公，创垂可风。

利权外挽，文化内供。

教育前途，倚顿靡穷。

尤足多者，惠我劳工。

丁酉肇兴，癸丑遘凶。

仅十七周，未竟全功。

言之扼腕，思之疚胸。

际兹盛典，愈感于中。

---

① 杨宏峰主编：《新青年简体典藏全本》第 7 卷第 6 号，宁夏人民出版社 2011 年版，第 359—360 页。

建此丰碑，聊当报崇。①

碑文言简意赅地概括了夏瑞芳的一生功业。夏瑞芳生前对待工人非常友善，深得职工爱戴。据胡愈之回忆，"我虽然没有见过夏本人，但是我了解当时商务的工人对他的印象是很好的。当夏出殡时，许多工人送丧，而且流了眼泪"②。1925年商务印书馆印刷所工人罢工，在议事会场悬挂夏瑞芳的遗像，全体向之敬礼，并表明罢工缘由，③说明这位商务的创始人和总经理，在工人们心目中，不仅不是可恶的资本家，还是他们怀念不舍并真心敬重的企业领导人。当年在罢工平息不了的情况下，商务领导张元济等人将夏瑞芳之子夏鹏请回商务，做了大量工作，各做让步，方将罢工风潮平息。

历史学家王佩诤先生曾创作挽联哀悼夏瑞芳，其文曰：

夏瑞芳先生为神州教育兼工商业元勋，乃愠于群小，卒受含沙射影之祸。被害之日，无论识与不识，莫不咨嗟惋惜。友人有倩余捉刀作挽者，为书一联云：
霹雳三声石破天惊哭道先生去矣；
生刍一束薤伤露惨能纾吾党哀乎。④

还有部分名人的挽联，对于夏瑞芳的生平事业有所评价，辑录于

---

① 沈尔立：《风情朱家角·珠溪文儒》，上海三联书店2007年版，第120页。

② 胡愈之：《回忆商务印书馆》，《商务印书馆九十五年》，商务印书馆1992年版，第117页。

③ 《申报》1925年12月24日。

④ 王佩诤撰，王学雷辑校：《瓠庐笔记》，山东画报出版社2017年版，第11页。

此，作为纪念。

严复挽联：

> 手创公司，有大功于教育；
> 身遭私憾，为实业之牺牲。[①]

鲍咸昌挽联：

> 生平共事十余年，谊同手足；
> 噩耗传来三万里，催我肝肠。[②]

徐珂（仲可）挽联：

> 其才奇，其遇奇，横逆之来更奇，天道至今不可说；
> 开风气，振士气，英雄从此短气，人生若梦本来空。[③]

许子严挽联：

> 公益有公，商战有公，政战何与；
> 贼虐之贼，人道之贼，天道宁论。[④]

王云五挽联：

> 白日青天，乃无法权，咄；

---

① 宋路霞：《从放牛娃到中国出版界先驱——记商务印书馆创办人夏瑞芳》，《江淮文史》2011 年第 4 期。

② 宋路霞：《从放牛娃到中国出版界先驱——记商务印书馆创办人夏瑞芳》，《江淮文史》2011 年第 4 期。

③ 胡君复编：《古今联语汇选初集》（第三册）"哀挽三"，商务印书馆 1917 年版。

④ 胡君复编：《古今联语汇选初集》（第三册）"哀挽三"，商务印书馆 1917 年版。

黑铁赤血，飞入商界，噫。[1]

高步瀛挽联：

壮志可怜成昨梦；
横流无地寄斯文。[2]

顾行挽联：

学道爱人，吴中小儿识公姓；
仰天挥泪，平生气义系人思。[3]

东雷挽联：

奋一身保障治安，烈士舍生，惨见苌宏化碧血；
藉只手振兴商业，遗谋不朽，会看范蠡铸黄金。

夏君粹方，名瑞芳，江苏青浦人，上海著名企业家也。手创商务印书馆，经营惨淡，十有余年，规模宏远，为吾国以前书肆所未有。且其为人亦和蔼可亲，恂恂然有儒者气象，故为商界所推重。不意于民国三年一月十号午后六时为刺客王庆瑞所暗杀。无论识与不识，莫不为之痛惜。余与夏君相稔十余年，闻斯惨剧，曷胜悲悼，爰拟是联以哭之。[4]

---

① 胡君复编：《古今联语汇选初集》（第三册）"哀挽三"，商务印书馆 1917 年版。
② 胡君复编：《古今联语汇选初集》（第三册）"哀挽三"，商务印书馆 1917 年版。
③ 胡君复编：《古今联语汇选初集》（第三册）"哀挽三"，商务印书馆 1917 年版。
④ 《大同报（上海）》1914 年第 20 卷第 14 期。

另有数篇不同时期在报刊发表的悼念文章，对于夏瑞芳的评价中肯切实，尤其是《夏粹方先生被难廿周纪念词》一文，对夏瑞芳在出版、教育和文化领域的贡献，给予了恰如其分的肯定。兹抄录四篇，作为时人评价夏瑞芳的代表性观点。

吊夏瑞芳先生[①]

孙增大

国家文化与印刷事业关系弥巨，吾国兴学伊始，即有商务印书馆。卓起沪江，以为文明之媒介。迄于今日分馆遍全国，参观各学校更无不有该馆教科书。吾国教育之兴起，该馆与有力矣。

非常之业，端赖非常之人。该馆于学务晦塞、工商堕敝时，得建此非常之业，是必有非常之人以主其事。翳何人？斯则夏先生粹方其人也。

记者与先生虽无一日之雅，然观其印刷业，浸浸发展，正幸海外文明得藉此输入，而内地学术得藉此沟通也。庸知才高天忌，乔木风催，先生不幸竟遭暴徒之狙击耶。

先生初时，一美华书馆手民耳，工薪所得，抑亦仅矣。然卒奋其精神创此鸿业，苟天假之年，则此竞胜于工商而造福于教育也，岂有限量哉！

无如事与愿违，洋股甫退，而先生已死，先生死而该馆印刷业仍蒸蒸日上，死犹生也。不则，所以吊先生者，益无穷矣。呜呼！

---

① 《教育周报（杭州）》1914 年第 38 期。

哭夏瑞芳①

李文权

霹电飞来，报章记载，夏瑞芳死矣，余于是乎哭。

哭者何？哭其为遭难乎？曰否。哭其为旧友乎？曰否。哭其为有功于实业界者乎？曰否。哭其为有功于教育界者乎？曰否。哭其朝闻道而夕死耳。

遭难固可哭，致死之由，为公益乎？为私仇乎？中外报纸皆不足据。公堂判断尚未能明，故余之哭，非为其遭难也。旧友固可哭，然人之死生有命，死或重于泰山。夏公之死，安知不以一死，更足以扬其名于世界万国也。姑不哭。有功于实业界者，固可哭。夏公之勤忍，历十数年之辛苦，得有今日，上海实业界受其影响而成功者多，不必哭。有功于教育界者，因可哭。然而夏公虽死，得印公锡璋以继其任，是则夏公之死如生也。然则又可以不哭。

夏公之生平历史，载于传记（《中国实业杂志》第三年第十一期即前年冬季出版者），人尽知之。余不必复言矣。然夏公晚年以来，欲组织成一完全中国有限公司，而使教育界得受惠，而使实业界为模范，至本年一月七日，得以成功。是月晦日，始行解决。一线之光明，此之谓也。所谓十年之隐忧者，一旦而无忧也。大志已遂，身其余也。

孔子曰：朝闻道，夕死可矣。夏公者，朝闻道而夕死也。虽然，若更假以十年，有益于我中华国民教育界、实业界者，正未

---

① 《中国实业杂志》1915 年第 3 期。

可限也。

呜呼，夏瑞芳死，夏瑞芳果死乎？曰仍未死。设使夏瑞芳而死于去年一月，是夏瑞芳死矣。设使夏瑞芳而死于去年一月，余亦不哭夏瑞芳矣。

夏粹方先生被难廿周纪念词①

我 一

我们为何每年一月十日，有许多同人遄往夏瑞芳先生墓前献花行礼，无非以先生为商务印书馆之创办人，我们敬慕其为人，思念其为公司被难，至今不已，故能如此。先生识见远大，遇事能当机立断，而豁达大度，乐善好施，尤加人一等。二十年之一月十日，为先生被难之日；发行所大门之侧，为先生被难之地；我们每日由扶梯上下，必经过先生遗像之前，其一种凛然威仪，历数十年而不变，固我公司唯一之模范人也。本年为其被难二十周之期，同舟社要我写几句文字，纪念先生。我想纪念先生者，不特本公司同人，凡社会人皆当纪念先生。先生之创办本公司，可为识时务之一证，我国当甲午战败之后，全国奋兴，愈知文化教育为强国命脉，先生即知书业为发展文化教育之大本营，集合二三绝非资本家起而负此重任，此不可及者一。公司随时日之变迁而进步，出品视社会需求而革新，先生总揽全局。克勤克俭，尤及见其盛况，此不可及者二。事业日益扩充，人才愈见需要，先生以基督教信徒，乃能不分畛域量才器使，对于职员，不

---

① 《同舟》1934 年第 2 卷第 6 期。作者"我一"，即庄俞。

分高下，谦和相与，使人人愿出心力为之经营，此不可及者三。先生经营书业既成，时时出其心力财力资助教育慈善以及教会事业，指不胜缕，此不可及者四。至其被难原因，虽始终未曾宣布，但其因公事而遭私忌，可以想见，于以知先生爱护公司，虽死不辞，此不可及者五。先生虽死，先生精神不死，害先生者，只能害其躯壳而不能害其精神，可知先生之非寻常人也。公司今日名闻中外，在全国出版界首屈一指，大小事业，莫不与文化教育有巨大关系，使先生犹存，必时时撚髭而笑，或有更伟大之工作发生。然而一·二八之难，将先生经营之基础，毁灭泰半，九原有知，不胜咨嗟太息。大难不死，居然复业，居然生产力有进无退，是非先生之精诚潜移默化，不克致此。我们当先生廿周纪念，激起无限思潮，只愿年年为先生纪念，以至百年二百年而开大大纪念会，此非为先生个人言，实藉先生以为社会为国家言者，先生英灵，其式凭之！

"名商行传"夏粹方（节选）[1]

……

氏（指夏瑞芳）气度恢宏，聪颖敏捷，判断力极强。曾任上海市商会董事，为人判断争执，常能秉公办理，颇得人望。对于基督教教义，信仰弥笃，言行胥以此为归，复以慈善为怀。曾于其故乡设立学校一所，对于母校及其他教育团体，且常捐助之。出殡时，执绋者达数千人，此亦可见社会人士对氏

---

[1] 《正风商业经济评论》1939年第9卷第4期。

之观感何如耳。

四、世间已无夏瑞芳

有人称夏瑞芳为"出版巨擘",从他创立商务发展商务所作出的贡献来说,这个称呼恰如其分。令人慨叹的是,夏瑞芳离世太早。他的理想雄心,还没有全部实现;他的才能抱负,尚未充分施展;他的同事好友,他的夫人子女,还没考虑过他骤然离开之后,商务怎么办?家庭怎么办?

巨擘倒下,给商务这艘出版巨舰带来剧烈震撼,给他的家庭带来难言创痛。这一切,需要时间修复。商务的后续发展,需要商务领导人的卓越智慧;夏家子女的成长教育,需要夏夫人的坚韧毅力和勇气。

世间已无夏瑞芳。

没有了这位出版巨人,他的同事和家人,需要各自担起重任,化悲痛为力量,砥砺前行。

(一)失去夏瑞芳之后的商务

作为一家成熟的大出版企业,商务印书馆在总经理夏瑞芳突然离世之后,领导层强忍悲痛,从容应对,并没有出现纷乱的局面。商务印书馆董事会在夏瑞芳遇刺后的第四日(1914年1月14日,本书作者注),就在《时报》、《申报》等报纸刊登启事:"本公司总经理夏粹芳（方，本书作者注）君不幸于民国三年一月十日午后六时遇害。经董事会举定印锡璋君为总经理。其经理一职仍由高翰卿君担任。本公司一切事务、账目由印、高二君主持。特此声明。"① 商务董事会对公司的领导层进行了及时调整，推选对于商业经营非常有经验的老股东、也对商务创立和发展贡献甚巨的印有模先生出任总经理，起到了稳定商务人心的重要作用。

不过印有模的个人事业主要在纱布厂，对于商务印书馆的日常经营业务既不熟悉，也难以投入很多精力，② 故商务的实际运营权力，在经理高凤池手中，张元济等人协助管理。③

然而商务面临的挑战远没有结束。印有模担任总经理不到两年，因为身体欠佳，赴日治病，于 1915 年 11 月 16 日在日本病逝。商务印书馆董事会于 1915 年 11 月 19 日在《时报》、《申报》等报纸刊登启事，总经理由高凤池暂代。启事云："商务印书馆有限公司股东公鉴：本公司总经理印锡璋先生自本年夏间得病，告假调治，久未见效，旋赴日本就医，于本月十六日在神户病故，同人实深愧惜。所有本公司事务自印君告假后即由经理高翰卿先生兼办，现经董事会议决，本公司总经理一席推高君翰卿暂行兼代。特此布告。"④ 高凤池是创业股东，资历深厚，且长期分管商务的发行业务，对于馆中事务颇为熟悉，由他代理总经理，商务的日常经营和管理仍然运行如常。

---

① 《时报》1914 年 1 月 14 日。

② 汪家熔：《中国近现代出版家列传·张元济》，上海辞书出版社 2012 年版，第 220 页。

③ 宋原放主编，汪家熔辑注：《中国出版史料·近代部分》（第三卷），湖北教育出版社 2004 年版，第 43 页。

④ 《时报》1915 年 11 月 19 日。

虽然短暂的危机可以应对，但是夏瑞芳骤然离世留下的巨大虚空，支撑商务内部运行的内在力量，企业的掌舵人和操盘手，却一时无人能够填补替代。这巨大的虚空和困难，在商务运营一段时间以后，就很明显地暴露出来。主要是两个方面。

一是缺乏一位掌控全局、全盘筹划的当家人。

商务失去夏瑞芳，持续多年的黄金搭档"夏张组合"也宣告结束，商务的管理开始进入一个新的调适期，这是无可奈何的事。张元济在商务德高望重，有一个说法是很多人推举他继任总经理，但是张元济自从戊戌变法之后，一直坚持"名不入公门"，坚辞不就。后来推举的继任者印有模因为自己有另外的产业如纱布厂，牵扯很多精力，加上健康原因，对于商务的日常运营难以投入太多精力，商务的日常运营此时多依赖经理高凤池。印有模去世之后，高凤池代总经理，日常事务的运营都集中于高的手中，经理一职由张元济担任。这样又产生出很多新问题。

熟悉商务印书馆此一时期运营事务的陈叔通在回忆中说，高凤池"是顾全大局的，但脾气很别扭；而张元济是不让人的，总要求自己的意见能被别人接受，办事认真而又不放心别人。所以张虽无抓总的职务，天天到发行所（发行所楼上是全馆中心机关）了解和处理全局性的事。但总经理和经理之间，常常不能达成一致意见，张元济心系事业，爱馆如家，要做事，但总感觉处处掣肘，无法施展。编译所在闸北宝山路，发行所在河南路"，陈说那时张元济每天"在编译所下班后再到发行所，辛苦忙碌之极"。① 张、高二人之间的矛盾越积越深，

---

① 汪家熔：《中国近现代出版家列传·张元济》，上海辞书出版社 2012 年版，第 220—221 页。

很多事因为意见不能达成一致，久拖不决，致使商务的日常运转大受窒碍，远不及夏瑞芳在世时的顺畅和高效。若长此以往，商务前景实在堪忧。

二是三所之间难以联成一体。

商务创办后17年，总经理都是夏瑞芳，后来逐步形成印刷、发行、编译三所，各自独立并行，居中协调和调度的人都是夏瑞芳。夏宽厚大度、调度有方，对张元济十分敬重，言听计从，同时印刷、发行业务的负责人都对夏瑞芳非常认可，所以这么多年，商务的总管家就是夏瑞芳，不可避免地带有"人治"因素。这种运行体制的好处是沟通协调快、决策效率高，但必须有一个不辞辛劳而又具备出色领导能力的掌舵人，不可或缺地支撑和推动企业的日常运转。所以多年来，因为有夏瑞芳，商务三大所才能够相安无事，默契配合，没有出现各自为政的弊端。夏瑞芳骤然离世，以前那种默契配合的局面不复存在了。

当时，编译所是张元济、高梦旦主持，他们都是书生，被称为"书生派"；印刷、发行两所则由商务的创办人掌权，他们大都是基督教徒，被称为"教会派"。夏瑞芳去世后，两派的摩擦和冲突时有发生。这种局面不改变，商务的发展不容乐观。

幸运的是，张元济很快找到了能够化解这个难题的能人陈叔通。陈叔通是张元济的好友，时任国会议员、《北京日报》经理，在袁世凯解散国会以后，陈欲离京另谋发展。张元济获悉此情，热情邀请陈叔通加盟商务。陈叔通遂于1915年离京南下来到商务。经过一番考察，陈叔通一针见血地指出，商务的三大所缺乏一个统筹机构，所以体制不畅，并建议设立总务处，把三所的行政、用人和财务集中起来，通盘筹划，理顺总馆的管理体制。① 张元济接受了这个建议，并成功说服商务其他几位管理者，于当年 10 月成功设立了总务处。"总务处的职责是定期召集总经理、经理及三所所长开会，讨论决定公司大事、协调三所关系和制订规章制度。它的设立，改变了以前三所各自为政的局面，标志着一个集中的、分层次的管理体制的形成，奋力地促进了三所的协作和整个公司各种业务的顺利运作。至此，商务的体制、内部结构和规章制度已基本健全，为华商企业的现代化转变提供了一个成功的范式。"②

自此，商务再次走上了稳健而快速的发展通道。

（二）失去夏瑞芳之后的家人

夏瑞芳突然离去，留下九个未成年的孩子和一大堆债务。时年 41 岁的夏夫人鲍翠玉，以弱女子的双肩担起了抚育子女和偿还外债的多重责任。夏家子女都受到良好教育而有功于社会，夏夫人终身致力于慈善事业，被时人赞誉为"虽须眉男子，难于企及者也"③。

夏夫人出身教会家庭，自幼受到良好的家庭教育，知书达理，性格外柔内刚，做事有主见，不是一般家庭妇女。"夫人幼承庭训，敬

---

① 陈叔通：《回忆商务印书馆》，《商务印书馆九十年》，商务印书馆 1987 年版，第 136—137 页。作者补注：陈叔通文中所说，建立总务处是由他提出，后为张元济所采纳，"这就是总务处这个组织的发起和来源"，不确。查《商务印书馆第四十六次董事会议记录》（1911 年 2 月 14 日），见《上海学》（第一辑）第 287—288 页，其中有详细讨论"设立最高办事机关"即总事务所的议案，该议案由高梦旦（梦翁）提出，总事务所的职能就是集中商酌三所事务，其后不知何故未付诸实施。从此记录可知，设立总务处的首倡者并非陈叔通。

② 周武：《张元济：书卷人生》，上海教育出版社 1999 年版，第 124 页。

③ 《夏夫人传》，《一百名人家政史》，海左书局 1918 年版，第 44 页。

长上，爱手足，温淑谦恭，戚党称之。旋入校举业，德性品学，与年俱进。"①夏夫人21岁时嫁给夏瑞芳，此时夏瑞芳的母亲刚去世，还有一个年幼的妹妹需要抚养，艰难困苦，可以想见。夏夫人任劳任怨地操持小家庭，"安荆布之素，习提汲之劳，主持中馈，使先生无内顾忧"②。不久，夏瑞芳决意创办商务印书馆，手头缺少入股资金，夏夫人典当自己的金银首饰，又找同学借款，方才凑齐500元资金入股。后来商务印书馆发展壮大，夏瑞芳成为上海滩大企业的老板。按照上海的风气，企业老板的日常应酬交际，多在楚馆秦楼之地，稍不注意，不免沾染声色。夏夫人则时常提醒夏瑞芳，所以夏瑞芳无论困顿之际还是发达之时，多年来洁身自好，从未受声色之累。

夏夫人最为人称道的品行和事功有三个方面。

一是终其一生都在始终不渝地支持丈夫的事业。

夏瑞芳在世时，作为商务印书馆的总经理，事务繁忙可想而知，很难有空闲时间照顾家庭。夏夫人一人操持越来越大的家庭，家中事务和子女教育都安排得井井有条，从不让丈夫有后顾之忧。丈夫去世后，夏夫人强忍悲痛，更是一人承担家中所有事务，任劳任怨。夏瑞芳在商务的股份，有人劝她卖掉，一为还债，二为子女教育经费。但是夏夫人坚持不卖股份，只是将股票抵押，以偿债务，而不愿贪图近利，因为她对丈夫从事的出版事业充满信心。夏家在闸北有一处面积颇大的住宅，有亲朋劝夏夫人出售以补家用，但夏夫人认为那是先夫的遗物，希望留作纪念，不愿随意处置。1932年日军轰炸闸北，夏夫人将此处房宅借出给中国军队用作战时医院，自己举家搬到愚园路居住。

① 《夏夫人传》，《一百名人家政史》，海左书局1918年版，第43页。
② 《夏夫人传》，《一百名人家政史》，海左书局1918年版，第43页。

二是悉心抚育子女，严管厚爱，使之个个成才。

夏瑞芳去世时，九个子女中最大的独子夏鹏才17岁，最小的女儿夏璐敏刚刚3岁。夏夫人为了支持各子女留学和偿还丈夫所欠公司债务，将有12间房的宝山路大宅出租，将股票抵押，节衣缩食，含辛茹苦，将子女养大成才。高凤池称赞夏夫人说："子女皆成人，受有高等教育，出洋游学，男女婚嫁，宛然一大家庭，皆夏夫人含辛茹苦之力。"[1]

长子夏鹏毕业于上海圣约翰大学，后赴美留学，1920年自宾夕法尼亚大学沃顿商学院毕业，再到哈佛大学攻读工商管理硕士，1922年由美返沪进入商务进口部工作，后在工厂部担任秘书，兼营业部主任的秘书，1925年获选为商务董事，1927年升任经理一职。1932年商务印书馆被日军炸毁后，夏鹏负责重建工作，复业后担任发行所所长。夏鹏经营企业的能力卓越，但并不专注于商务，他与商界大腕、沃顿商学院师兄陈光甫合作，专注于拓展保险事业，另外投资有很大的公司和产业。夏鹏后来分别于1929年和1948年两次婉拒出任商务印书馆总经理，可能是两种原因：一是自身精力顾不过来；二是对于商务印书馆内部的复杂派系有所顾忌。

夏夫人喜欢在清心堂弹风琴、唱圣诗，受她的熏陶，八个女儿都有不错的音乐造诣，而且都受过高等教育，至少有五个女儿都曾赴英美留学，夏家八个女婿也都是风云人物。[2]有较大社会影响的如次女夏璐德，毕业于新英格兰音乐学院，回国后任教于中西女中。在姨父郭

---

[1] 高凤池：《高翰卿近九年日记选抄》，《明灯道声非常时期合刊》1939年第9期，第7页。

[2] 罗元旭所著《东成西就——七个华人基督教家族与中西交流百年》一书，有一专节"夏家八千金，风云八姑爷"（第309—316页），介绍夏瑞芳的八个女儿及女婿，可参考。

秉文[①]与姨母鲍懿的婚姻破裂后，夏璐德嫁给了郭秉文，并改名夏瑜。郭秉文与夏璐德婚后两两相得，二人志同道合，并为抗战事业作出了贡献。郭秉文当时是为抗战筹款的外交官，常赴英美国家，需要得力且善交际的外交官夫人，夏璐德形象气质和能力都非常符合这些条件，郭秉文本人认为二人的婚姻是天作之合，非常满意。这一桩非常特别的婚姻并不是所有人都能接受，不过据说得到了夏夫人的认可。

三是生活节俭，但始终如一坚持做慈善事业，乐善好施。

夏夫人在最艰难的时刻——丈夫去世，财务紧绌，子女众多，但对夏瑞芳青浦的乡亲，仍是有求必应，从未怠慢。夏夫人晚年，还收养了两名青浦的女孤儿，关爱抚育，视如己出。

夏瑞芳在世时，商务印书馆事业发展之后，青浦家乡的亲戚子弟多来找夏谋职，但是文化程度低，且无一技之长，只能长期做力气活当工人。夏夫人心生怜悯，建议并支持夏瑞芳在家乡创办了夏氏小学，为家乡培养人才。

夏瑞芳去世时，葬礼极为隆重，而葬礼所收赙仪数额甚巨。夏夫人没有采纳别人为夏瑞芳铸造铜像的建议，而是将所得赙仪分为两份，一份捐给青浦的夏氏小学，另一份捐给上海孤儿院（又名龙华孤儿院，1937年停办。本书作者注）。

上海孤儿院于1906年创办，商务创业股东高凤池是创办人之一，位于上海火神庙。1916年，由于孤儿院地方狭小而简陋，无法继续开办，遂用夏夫人的捐款购得龙华丰林桥（今枫林桥）土地19亩，重建

---

①　郭秉文是哥伦比亚大学师范学院第一位中国籍博士，后成为与蔡元培齐名的教育改革家，曾出任东南大学校长，抗战期间曾任国民党实业部国际贸易局局长、财政部常务次长等职，多次赴英美筹款。

孤儿院，建造院舍四十余间，并建有教堂一座，命名为"粹德堂"，以纪念夏瑞芳夫妇的善心功德。新孤儿院落成之际，有署名"青浦同人"公撰的《粹德堂缘起》一文，其中有一段文字记述了夏瑞芳夫妇对于慈善事业的奉献精神："孤儿院粹德堂者，吾乡夏先生粹方之遗爱也。民国二年先生猝遭不讳，商学各界，莫不闻耗陨涕，远道邮赙哀唁者络绎，积为巨资。夏夫人体先生作育人才之意，用以构孤儿院讲舍，以宏先生德泽，颜曰粹德，此堂之所由来也。同人等徘徊景仰而赞叹曰：先生造就者大，宜乎流风遗韵，山高水长，而夏夫人能服膺宗教信条，宏慈广厦，大庇孤寒，上帝必与之，庶几古人所谓天爵者乎?"①

夏夫人晚年体弱多病，据他的外孙史济良（夏瑞芳五女夏璐雅之子）回忆，他的外婆晚年大部分时间卧病在床，有大批医生护士照顾，包括夏鹏的好朋友、当时上海最著名的医生牛惠霖、牛惠生兄弟。②夏夫人虽然身体欠佳，但晚年有儿孙满堂，绕膝承欢，闲暇时常常弹琴诵经，得享天伦。夏夫人于1938年6月去世，享年65岁。

夏瑞芳留给子女们的印象，也是慈爱宽厚的。据史济良回忆，他的母亲给他们讲过外祖父的两件事，可以见出夏瑞芳对待子女教育的态度：

　　一件是：在二十世纪初，商务印书馆业务蒸蒸日上时，在上海某一名戏园每天夜戏都订有戏票数张，以供济良的外祖父母观赏，或供商务其他经理招待印书馆特别贵宾或主顾观赏。但他们

---

① 《粹德堂缘起》，载《一百名人家政史》，海左书局1918年版，第44页。
② 罗元旭：《东成西就——七个华人基督教家族与中西交流百年》，生活·读书·新知三联书店2014年版，第290页。

本家孩子们都不准用这些戏票看戏，有多余戏票，孩子们也不能用。所幸当时本家孩子们都自幼受鼓励欣赏西方音乐，对传统中国戏曲一无兴趣。

另一件是：当时无论外祖父工作到多晚，回家时必定携带水果几篮给儿孙们吃。

济良的外祖父这些生活上的事虽属平常，然而也显示出外祖父如何爱护并教育子女，并向他们介绍了西方文化。①

史济良仍然记得，外祖母曾告诉他们，外祖父夏瑞芳生活俭朴，多年如此。"就是在商务印书馆业务发展，经济日进后，还是仅仅拥有一套会客装，每天晚上要洗干净，第二天才能穿着了去上班。"② 由这段文字想到 1913 年夏瑞芳经历闸北请洋兵事件之后，《申报》7 月 29 日登载的署名"钝根"的讽喻文章，其中有这样的文字："以方等之财产较常人为多，保护之法不厌求全，闸北虽有商团，力足以维持秩序，然在方等视之，犹虑其万一有失，终不若托庇外人之万全。富翁心理大率如此，抑何少见而多怪也。"这些文字正如夏瑞芳对孟森所说的："徒腾口舌以排外，愚弄群盲，新闻界之罪也！"在清末民初之中国，如能多几位夏瑞芳这样生活俭朴、品行高尚、以振兴民族企业为己任的"富翁"，社会环境能多给他们一展雄才的时间和空间，才是国家之幸、民族之幸。

---

① ［美］赵俊迈：《典瑞流芳——民国大出版家夏瑞芳》，商务印书馆 2017 年版，第 114 页。

② ［美］赵俊迈：《典瑞流芳——民国大出版家夏瑞芳》，商务印书馆 2017 年版，第 113 页。

第七章

根深叶茂

商务经过 17 年的发展，其经营规模、出版品种和社会影响力，虽然还没有到达发展的黄金期和事业的最高峰，但国内已无出版企业可与之比肩。年轻的商务，历经发展路上的各种曲折，已经逐步夯实发展的根基，正如一株茁壮成长的大树，此时根已深，未来叶必茂。

一、根已深，叶必茂

巨擘倒下，基业尚在。那么 1914 年前后的商务，已经拥有了哪些发展的根脉？

从大的方面来说，至少有以下几方面：

一是对外有强大的社会影响力和美誉度，以及多年积累的图书、期刊出版品牌、内容资源；二是内部有一流的人才，完善的制度，多元的业态，丰厚的资金，先进的设备，林立的厂房，遍布全国甚至海外多地的分馆、支馆等等；还有更重要的，商务已逐步形成后来一贯秉持的发展理念——"昌明教育，开启民智"、"在商言商，文化情怀"。

回到当时那个年代去看，商务已形成的企业形态，有以下几点堪为业界标杆，成为商务发展的坚固基石。

一是先进的企业制度。

企业的短期增长，人力可及，若图长远发展，制度则是根本。商务印书馆走过了 17 年的夏瑞芳时代，其中经历了制度优势带来的巨大红利，也承受了制度缺失带给企业的巨创和损失。所幸，经历了种种考验的商务印书馆，在优秀的商务领导层如张元济等人的带领下，在企业制度方面又进行了大量查缺补漏、与时俱进的完善工作，无论是三会运作制度，还是内部管理体制，都实现了规范化、流程化，既可保障商务的长远发展，又能化解和防范多种经营风险。同时，商务被竞争对手长期拿来攻击的日股因素，因夏瑞芳的不懈努力已成功解决，从此可轻装上阵。这样的积累和进步，正是一个优秀企业发展过程中所必须经历的，商务的幸运，正在于此。

二是坚实的财务基础。

1914 年前后，商务的发展在遭受一系列危机之后已渐趋稳定，财务状况也越来越好。根据 1914 年 5 月的股东常会记录可知，商务印书馆 1913 年全年销售额，即使在前一年民国建立，多家分馆销售受到影响的情况下，仍然达到 278.9 万元，同比增长 55%，净利润 49.5 万元，当年股本达到前所未有的 150 万元。作为总经理的夏瑞芳，这么多年一直掌管商务的财政大权，虽然不免专断和不民主，甚至出现过投资失误，但他在为商务拓展多种经营和攒钱聚财方面，用业绩说话，不失为一个好管家。

三是一流的人才队伍。

商务印书馆编译、印刷、发行三大所人才济济，印刷所的技术人员，其水准全国领先，能够承印纸钞，全国少有；遍布全国甚至海年多地的分馆和发行销售队伍，构建起商务印书馆强大的发行网络；编译所的一流编辑，既有很多已成名的学者加盟编译所，也有很多天资聪颖的青年才俊不断加盟，很多编辑日后都成为文化教育界的名流大家。这样的人才结构和人才储备，才是商务发展最可靠的依托。商务的人才流动率很高，很多优秀的人才在此得到一定的锻炼，想飞得更高，即辞职创业，甚至成为商务的竞争对手。这些人即使走了，但对于商务，始终心存感恩，有一份尊重，有一份感念。陆费逵、章锡琛、胡愈之、沈雁冰等等，莫不如此。这种开放大气、放水养鱼式的人才引进和培养机制，在某种程度上也成就了商务在全国文化教育界的龙头地位。有夏瑞芳尊重知识、尊重人才的眼光和气魄，才可能有这样的企业文化。

四是冠绝当时的书刊出版物。

商务印书馆于1913年4月对创立17年来的业绩有一个全面总结，即《商务印书馆成绩概略》，其中提到出版成绩时，有这样一个统计："本馆历年编译图书已出版者，凡一千二百余种，计书四千余册，又图一百数十幅。"这些出版物中，尤以教科书类为重中之重，其质量之精良，影响和销售之广，商务印书馆自己亦颇称意："教育部定章，所有学校阶级，分初等小学校、高等小学校、中学校、师范学校、实业学校、高等学校。本馆根据定章编成教科书多种，其高等小学以下之教科书，则文词简易，图画明显，程度深浅悉与学龄相合，而各科应有之智识，仍极详备，俾学者卒业小学，得自成为完全之国民。各种教科书，均另编教授法，或详解，按课说明，专供教员之用。中学以上之教科书，则材料丰富，科目完备，理论实验最精最新，插图附表最详最碻（确，本书作者注），合计五百余种。近年新出共和国教科书，尤承学界许可，其初等国文第一册，一年之内已叠百余版，销售一百三十万余册。"①除教科书外，商务出版物品类还有法政类（93种）、地图类（38种）、字书类（2种：《新字典》、《辞源》）、杂志类（7种）、英文类（116种）、小说类（234种）。"此外尚有文学、哲学、军事、实业、医学，及日记、簿册等类，又有校印古籍秘本、名人书画、金石拓本，种类繁多，不及备载。"②

　　商务的期刊此时已有大成，在全国影响日巨。《商务印书馆成绩概略》中说："又有定期出版杂志七种。"分别为《教育杂志》、《东方杂志》、《法政杂志》、《小说月报》、《少年杂志》、《儿童教育画》、《图书汇报》，其中《教育杂志》、《东方杂志》、《少年杂志》读者皆以万计，影响遍及社会各界。尤可一提的是，夏瑞芳对于《东方杂志》的创办有首倡之功。另有学者考证，1903年创刊的通俗文学期刊《绣像小说》也可能是夏瑞芳提议创办。③夏瑞芳对于书刊市场和读者需求有先人一步的把握，无论是图书还是刊物，他的判断都很精准，这种能力也

---

　　①　汪耀华编：《商务印书馆史料选编（1897—1950）》，上海书店出版社2017年版，第10—11页。

　　②　汪耀华编：《商务印书馆史料选编（1897—1950）》，上海书店出版社2017年版，第15页。

　　③　郭浩帆：《张元济、夏瑞芳与〈绣像小说〉》，《明清小说研究》2001年第1期。

为商务早期的发展贡献甚多。

商务印书馆出版物的影响之大，可谓覆盖全国，惠及了当时千千万万的读书人。叶圣陶先生在回忆商务印书馆时讲道："我只能说，我幼年初学英语，读的是商务的《华英初阶》，后来开始接触外国文学，读的是商务的《说部丛书》……至于接触逻辑、进化论和西方的民主思想，也由于读了商务出版的严复的各种译本……我的情况绝非个别的，本世纪初的青年学生大抵如此。可以说，凡是在解放前进过学校的人没有不曾受到商务的影响，没有不曾读过商务的书刊的。"[1] 叶圣陶先生提及的部分出版物，在夏瑞芳时代已经出版。这些出版资源和内容的积累，是商务越走越远、越走越高的坚实阶梯。

五是先进的印刷技术、设备和厂房。

此时商务印书馆的印刷所，厂屋地基达 32 亩，厂屋的外形采用洋式，按照最新的建筑方法修建。厂屋分正厂、后厂、栈房、重要品栈房、照相制版部等各部，面积宽广。正厂之内又有事务室、石印部、铅印部、排字部、校对部、装订部；后厂设有制造机械部、铸字部、电版部、纸型部、木工部、铁工部……不胜枚举。后又增建厂屋，包括新栈房、订书厂、木工厂，1913 年底完工。《商务印书馆成绩概略》描述印刷厂房时称，"厂屋建造尚称适宜，一切应有之设备，无不完全。更设径六寸之铁管，引入自来水，又备吐水台及水龙等，以防火灾。设轻便铁道于正厂及大栈房之间，以便搬运。沟渠整备，

---

① 叶圣陶：《我和商务印书馆》，《商务印书馆九十年》，商务印书馆 1987 年版，第 302 页。

以导污水。又有花园，占地六亩。"① 俨然就是一座规划合理、环境优美的现代化印刷产业园。

印刷所有职工 1300 多人，在外从事印刷装订的职工亦有 1000 余人。印刷所还聘有欧美技术人员 3 名，日本技术人员 13 名。

据 1913 年的统计：所内有印书机器 79 部，订书机器 19 部；每年完成活版排字约 74000 页，完成活版印刷约 21 亿页，单色石印量约 2.5 亿页，五彩石印数量约 3.2 亿页；每年的装订数量约 4000 万册。印刷所还铸造印刷机器、铅字模块和铜模，并拥有照相铜版、照相锌版、玻璃版、雕刻铜版、雕刻钢版等设备和技术，专供印刷图画、股票、钞票及商标。

此时商务印刷产业的发展已渐入佳境，并向全国各地扩张：

> 本馆以印刷事业，日益发达，但限上海一隅，不足以供全国之需要。拟于各省重要地方，分设印刷所，以期推广，现已开办者，计二处：
>
> 北京印刷所，于乙巳开办，是为京华书局，资产十万元，职员、职工百五十人。
>
> 天津印刷所，今年开办，资产二万五千元，职员、职工六十余人。
>
> 以上二处，所有印刷工艺与上海印刷所无异，营业亦颇发达。②

---

① 汪耀华编：《商务印书馆史料选编（1897—1950）》，上海书店出版社 2017 年版，第 8 页。

② 汪耀华编：《商务印书馆史料选编（1897—1950）》，上海书店出版社 2017 年版，第 9 页。

六是无远弗届的全球发行市场。

陆费逵在谈到图书发行时说：书的营业，在前清末年，大约每年不过四五百万元，商务印书馆约占三分之一，文明书局、中国图书公司、集成图书公司等合占三分之一，其他各家占三分之一。民国初年约 1000 万元，商务印书馆占十分之三至十分之四，中华书局占十分之一至十分之二。[①] 随着发行市场的扩大，到 1913 年，商务印书馆在全国的分馆已有 20 多家，发行所及各分馆职工人数达 430 余人。商务的分馆都设在繁华的大城市和商埠，全国各地分设的贩卖处（图书销售网点）有 1000 多所。在"南洋群岛及东西洋美洲各巨埠，无不特设售书处，以备华侨之购求"[②]。以书刊销售为主、印机字模和其他文具销售为辅的销售网点，支撑起商务印书馆庞大的商业帝国，正所谓"发行机关便利，营业日渐发达"[③]。

夏瑞芳英年早逝，"壮志可怜成昨梦"，留下许多来不及实现的宏愿和理想，这是商务和夏氏家人的大不幸，也是近代中国出版的莫大遗憾。不过，他在世时的精心擘画和奋发有为，为商务留下了特别丰厚的一份遗产，这是任何暗杀者都毁不掉的宝贵财富，从这个意义上说，又是出版之幸、教育和文化之幸。

[①] 陆费逵：《六十年来中国之出版业与印刷业》，《申报月刊》1932 年 7 月第 1 卷第 1 期。

[②] 汪耀华编：《商务印书馆史料选编（1897—1950)》，上海书店出版社 2017 年版，第 7 页。

[③] 汪耀华编：《商务印书馆史料选编（1897—1950)》，上海书店出版社 2017 年版，第 7 页。

二、十七年之回望

陈原先生曾总结商务印书馆在中国现代出版史上所创造的多个第一，细查时间，多是在夏瑞芳主持商务时所创。这些不断刷新中国出版史的第一，也是商务印书馆逐步走向辉煌的历史见证，更加映衬出夏瑞芳的战略远见和创业魄力。这些第一包括：

第一个作为文化企业引进外资（日本金港堂）；

第一个作为民间企业聘请外国技术专家（印刷技术专家）；

第一个编写近代意义的中小学教科书；

第一个创办现代意义的一系列杂志；

第一个系统地介绍西方学术论著；

第一个导入近代出版社的机制，创立了一处三所的典型模式；

第一个倡导"联合"集团式的结构；

第一个将小说导入"上流社会"；

第一个编辑现代意义的百科辞典《辞源》和双语词典。[①]

除此之外，在 1900 年至 1914 年之间商务印书馆创造的"第一"还有：

首次使用纸型印书（1900 年）；

首次使用著作权印花（1903 年）；

出版第一部汉字横排书《英文汉诂》（1904 年）；

出版第一部新式教科书《最新国文教科书》（1904 年）；

---

① 陈原：《黄昏人语》，上海远东出版社 1996 年版，第 127—128 页。

首次采用珂罗版印刷（1907 年）；

出版我国最早的童话——孙毓修编《童话》（1909 年）；

出版我国最早的百科辞典——《汉译日本法律经济辞典》（1909年）；

我国对外合作出版的最初尝试——与英国泰晤士报社协议印行《万国通史》（1909 年）；

首次使用电镀铜版（1912 年）；

首次使用自动铸字机（1913 年）；

首次制造教育幻灯片（1914 年）……①

商务印书馆不仅创造了无数出版史上的第一，其参加各种国内国际博览会、展览会，也斩获荣誉无数。

商务印书馆中外博览会获奖简况（截止到 1911 年）②

会别	年份	出品名称	得奖等级
天津第一次劝业展览会	清光绪三十二年（1906 年）	各种书籍 舆图 文具 幻灯影片 各种印刷用品 各种印刷成绩	一等奖
松江府物产会	清宣统元年（1909 年）	各种书籍 舆图 各种印刷成绩 各种印刷用品 幻灯影片 誊写版	一等金牌及一等奖凭
南洋劝业会	清宣统二年（1910 年）	各种书籍 舆图 各种印刷成绩 各种印刷用品 誊写版	奏奖一等金牌
意大利都郎博览会	——	各种书籍 舆图 各种印刷成绩 各种印刷用品 誊写版	最优等金牌 协助奖凭

① 吴相：《从印刷作坊到出版重镇》，广西教育出版社 1999 年版，第 372 页。

② 根据庄俞《三十五年来之商务印书馆》一文相关资料整理，载《商务印书馆九十五年》，商务印书馆 1992 年版，第 757—758 页。

续表

会别	年份	出品名称	得奖等级
意大利万国博览会	清宣统三年（1911 年）	铜模　铅字　花边	金牌及最优等奖凭
德国特莱斯登万国卫生博览会	清宣统三年（1911 年）	各种书籍	最优等金牌

商务印书馆在印刷行业的龙头地位，在上表中可见一斑，其中有多项产品获得国际展会金奖，见证了商务印书馆在国际上亦堪称领先的印制水平。

在企业经营方面，商务印书馆在十多年间更是突飞猛进。据统计，其资本额到 1901 年时就已经从 4000 元增至 5 万元，1903 年增至 20 万元，1905 年增至 100 万元，1913 年增至 150 万元，1914 年增至 200 万元。17 年间，增长了 500 倍，平均年增长 29 倍多，创造了同时期民族实业经营的新纪录。[①]

1914 年 4 月商务印书馆的股东常会，审议并通过了"公司扩充议案"。这个议案的内容，对于商务印书馆经历 17 年的发展所达到的兴盛程度，有所阐述，并特别强调公司扩充的必要性。其议案云：

本公司自创办以来迄今已历十有七年，营业日渐发达。社会之需要愈亟，公司之扩充愈不可缓。现在工厂机械尚嫌不足，去今两年教科书销路稍畅，即有供不应求之患。各省分馆及同行等函电添书，日必十数。不得已兼开全夜工，已历数月。即以教科书而论，尚缺其半。学校生徒停课以待，责问频来。因而有改用

①　谢振声：《鄞县鲍家、郁家与初创时的商务印书馆》，《宁波大学学报（人文科学版）》2010 年第 5 期。

他家之书者，因而有购买翻版者，无形损失不可胜计。印刷力量只有此数，既专力于教科书，其他书籍杂志不免搁置，所缺尤多，无以应社会之取求。本公司之不能不扩充，此其一也。

本公司营业发达，信用渐著。内之职员、职工，外之学界同业，要求附股者日以益多。本公司以股额已满一概拒绝，非所以同休戚，通声气之道。本公司之不能不扩充，此又其一也。

共和告成，以普及教育为第一义。此后书业之发达大有一日千里之势。本公司编辑、印刷俱应极力进行。苟犹故步自封，不随时势为转移，不特阻碍营业之发达，抑且迟滞文明之进步。为公为私，均属失策。本公司之不能不扩充，此又其一也。①

议案所述，因为教科书印刷能力有限供不应求，要求附股的人越来越多难以应付，似乎有些忧心忡忡，但从另外的角度看，则是一派发展兴旺的景象，且预言"此后书业之发达大有一日千里之势"，公司再不扩充，"不特阻碍营业之发达，抑且迟滞文明之进步"。公司规模，必须扩大。

商务依托前文所述的各项强大优势，使其品牌和影响力，不仅走出上海，走出国门，在亚洲出版行业中已位居前列，在全世界亦跻身一流，成为知名出版企业。

1908 年 2 月 6 日，英国《泰晤士报》在一篇题为《中国教育与西方文学》（*Chinese Education and Western Literature*）的报道中，第一次提到了商务印书馆，说它是一家管理有效、发展迅速、分馆遍布

---

① 宋原放主编，汪家熔辑注：《中国出版史料·近代部分》（第三卷），湖北教育出版社 2004 年版，第 28 页。

全国的成功出版社。

1910 年 12 月 1 日，《泰晤士报》再次以一篇题为《一股中国的教育势力——商务印书馆的故事》的专文介绍商务印书馆。该文由《泰晤士报》驻上海记者所写，应该是西方主流报纸第一次全面报道商务印书馆。其开篇介绍说："根据我们观察的结果，在诸多有助于改变中国人观念的力量中，没有比商务印书馆更有分量（确实更令人关注）的了。当今的中国有一种现象令人唏嘘，这就是，如果各自为政做生意，没有哪个国家的商人像中国商人那样奉公守法了（尽管近年来有一些例外的，但还不足以颠覆这个优良传统），不过一旦合股做生意，中国人往往合作不好，这些合股公司很少有赚钱的，还常常面临欺诈的指控。本记者不是商务印书馆的股东。但是纯粹从运营方面来看，根据商务印书馆的年营业额来判断，其每年所出出版物的数量巨大，品种繁多，分馆、支馆林立，遍布中国，是对这种指控的有力反驳。更进一步来看，商务印书馆仅有 15 年的历史，能够成就这么大的事业，完全可以被当作是现代中国的奇迹之一。"①

商务当时的国际影响力还可由一事见出。1912 年 5 月，商务主办的《教育杂志》刊登出一则美国纽约城哥仑波大学师范学校致夏瑞芳总经理的信，希望夏和商务印书馆出面征集中国教育成绩品参加美国的教育展览会。信函中说："商务印书馆经理夏瑞芳阁下启者：此间哈华德李却特君，尝以贵国教育情状之展览会事，欲不佞等致书于君，不佞等拟于本年十月开展览会于此间教育博物馆内，甚欲得材料以为展览之用。已致书邝富灼君，陈述其事。甚望君等之协

---

① 叶新、杨霄编译：《英美大报视野中的早期商务印书馆》，《中华读书报》2017 年 8 月 16 日。

助……"①《教育杂志》同期刊出《征集教育成绩品赴美展览启》的启事，对该事项进行周密安排。此事应是夏瑞芳在主导，故能很快付诸实施。商务印书馆馆史的大事记也提及，1912 年 7 月商务印书馆"开教育成绩品展览会"，"先后 3 日而毕，各校成绩品 70 余件，各界参观者 3000 余人"②。据信函所说，美国的教育成绩品展览会在 1912 年秋初，商务印书馆完成展品征集之后，在国内先期举办展览会，后送美国参展。夏瑞芳借此一事，使商务在国际国内进一步扩大了影响力。

2014 年，商务印书馆总经理于殿利先生在纪念夏瑞芳的一篇文章里说："17 年间，商务已经由 3750 元规模的一个小小印刷作坊，成长为一家规模具有 200 万元企业资本、分馆遍布全国的企业，执全国文化出版机构之牛耳。在他去世前夕，商务印书馆已经成为亚洲一流的出版公司，后来更成为跻身世界前三甲的文化和出版巨擘。"③1914 年，虽然商务的"夏瑞芳时代"结束，但此时的商务，已历尽劫波，即将再启航程。

三、斯人虽殁，事业永存

17 年的历程，一个孩子可以长成青年，而商务印书馆，也已从

---

① 《教育杂志》1912 年第 2 期。

② 《本馆四十年大事记（1936）》，《商务印书馆九十五年》，商务印书馆 1992 年版，第 682 页。

③ 于殿利：《中国近现代民族出版第一人——纪念夏瑞芳逝世 100 周年》，《现代出版》2014 年第 6 期。

一棵小树苗迅速长成了参天大树。这棵大树已将发展根基深扎入土，它外部的社会影响，内部的企业制度、技术、资金、人才、出版资源、图书品种积累、刊物发行数量、厂房、设备、基地以及其他多元化的产业等等，稳稳夯实了自身的发展基础。一般的风浪冲击和对手的打压竞争，已不能对它造成大的损害。这些发展成就的谋划者、带头人，不是别人，正是担任商务印书馆总经理长达 17 年的夏瑞芳。

本书在结束之际，拟从八个方面对夏瑞芳的生平业绩作一简单回顾，希望能将这位卓越的出版企业家对于出版和教育事业的不朽功勋有所归纳。

第一，发轫于时的创业之功。

商务创业，得天时地利，发轫于时，在于夏瑞芳和鲍氏兄弟等人的决断和勇毅。当时发起创业的几位年轻人，除了略懂一点印刷技术，什么都没有。创业资金、管理团队、技术人员，甚至厂房、机器和其他设备，全无着落。他们创业，开办商务，凭借的是对时势和市场的清醒判断、对上海一地印刷业的基本了解，觉得自主创业谋生存，是可行的。学者杨扬认为："商务印书馆的顺利起步，在很多人看来，得益于夏瑞芳、鲍咸恩等人的精明能干，但这只是问题的一方面，我们还应该看到，成就他们出版事业的重要因素之一，是上海这所城市提供给他们的众多机遇。……但即便是在条件具备的情况下，很多在上海投资报馆书局的人员也没有像后来的夏瑞芳、鲍咸恩等人那么幸运，可以说大都失败了。失败的原因很多，其中很重要的原因，是大多数经营报馆书局的人缺乏夏瑞芳、鲍咸恩那种对出版的职业敏感。"① 不是人人都能得

---

① 杨扬：《起步于上海的商务印书馆》，《读书》2007 年第 10 期。

天时地利，机遇只垂青有备之人。从零开始，不畏艰难，高举远慕，矢志不渝，这是夏瑞芳这个创业领头人所具备的优秀品质，也是商务创业成功的第一步。

第二，求新求变的经营理念。

不管是创业之初还是商务成立股份公司转变为现代企业之后，夏瑞芳的经营理念都是顺时而变、与时俱进。求新者，硬件设备的新厂房、新机器，专业上的新人才、新技术，业务领域的新书籍、新报刊，管理上的新体制、新制度等等，无不囊括在夏瑞芳的视野之内，而且每每想方设法，使这些时代的新事物为商务所得，为商务所用，为商务所发扬。作为总经理，夏瑞芳对于商务的总体发展战略和业务方向是有通盘考虑的，这一点在商务开办的最初三到五年尤为突出。不断引进的人才、不断采购的设备、不断升级的技术、不断扩建的厂房、不断创办的刊物、不断增设的分馆支馆、不断并购的同行企业……这一切交织成夏瑞芳为商务发展所构建的恢宏蓝图，它不是空中楼阁或海市蜃楼，这个蓝图在夏瑞芳等人的推动下一步一步地变为现实。

第三，多谋善断的管理之能。

几位创业股东之中，属夏瑞芳最为年轻，但是大家都推举夏瑞芳为领头人，因为夏瑞芳头脑灵活、敢想敢干、多谋善断，由这样的人领头，小作坊就有盼头，股东们就有希望。果不其然，在后来十多年的发展历程中，商务的几次飞跃式发展，都与夏瑞芳能审时度势、敢于决断的卓越领导力相关。盘入修文书局、礼聘张元济、合资金港堂、实行公司制、进军教科书、扩建发行所、广设分支馆等等，正是这些在商务早期发展史上浓墨重彩的大手笔，奠定了商务印书馆的坚实基业，后来的兴盛因此顺理成章。特别是两次增资扩股，第一次是张元济、印有模的加盟，增加了两大战略资源股东，企业性质也由家族式企业转变为现代企业；第二次与金港堂股东合资，则开启了商务的裂变式发展。后来在与竞争对手的较量之中，商务靠自身实力稳扎稳打，错失教科书新编良机也好，被对手揪住日股辫子也罢，夏瑞芳和黄金搭档张元济以及商务高层，不急不躁，沉稳应对，最终都平稳渡过难关，让对手或偃旗息鼓，或甘拜下风。

第四，不拘一格的创利手段。

商务印书馆创建之初就将"商务"二字冠于馆名之前，讲求的就是"在商言商"。没有创利，无以称商业。夏瑞芳等人建馆之始，小小厂房简陋不堪，要发展，就必须依靠这点微薄的家当想方设法去创利，不断投入，不断发展。夏瑞芳虽为经理，但从来都是放下身段，吃苦耐劳。只要有利于商务的事，为商务谋利益的事，赴汤蹈火在所不辞。从早年当经理时身兼数职，到售卖新型有光纸，再到出版《华英初阶》系列书籍，兼印供科举考试的《通鉴辑览》，甚至加印清政府的禁书《仁学》等等。这其中虽有试错的懊恼和付出，但因为夏瑞芳的市场眼光和机敏头脑，商务的发展可谓日新月异。商务早期的发展资金，就是在这些新招不断的尝试中，一点一滴地积累起来的。有了发展资金，商务的理念自然可以由"在商言商"延伸到"文化本位"，最终落脚于"昌明教育，开启民智"。这 16 个字，就是商务印书馆的写照。这样的理念，可谓由夏瑞芳、张元济等人发端，贯穿了商务的百年历史，也应作为当代出版人铭记和坚守的出版理念。

第五，识人用人的伯乐之眼。

作为企业领头人，识人用人之能是必备素质。夏瑞芳不仅有识人之明，更谙用人之道，只要是他认定的杰出人才，不惜以高薪礼聘，不断将一流人才"挖"到商务来。早年为扩大商务发行市场，从其他书坊挖过来的几位"老书坊"人才，沈知方、吕子泉、俞志贤等人，都是能力超群之辈。涉足出版业务以后，夏瑞芳能充分认识到蔡元培、张元济等维新派大知识分子的巨大价值，倾心结交，并礼聘他们为商务发展出谋划策，特别是将张元济从南洋公学"挖"到商务印书馆，完成了最为成功的一次"挖角"。对于这些人才，夏瑞芳给予充分的尊重和礼遇，对张元济始终待之如上宾，自不必说，即便对沈知方这样爱折腾，还给商务制造过麻烦的能人，夏瑞芳也不计前嫌，予以接纳，以求人尽其才。这是大企业家的见识和胸怀，也是商务持续稳定发展的一大内因。

第六，尽精尽微的专业精神。

重视出版物质量，不管是印刷质量，还是编校质量，是商务印书馆多年一贯的传统。商务印书馆创办伊始，就视质量为企业的生命，此时的夏瑞芳虽然资金短缺，但是对于印刷品的质量总是精益求精，为此不惜加大在设备和技术方面的投入，引进新技术、启用新工艺，对印刷品的阅读舒适度和外观进行提升，比如运用四号仿宋字印刷《昌言报》，并对用纸、装订进行改良，如此既节约了成本，又提升了质量，所以商务创办不久，即在业界赢得良好口碑。夏瑞芳有机会结识张元济等文化名流（且得到认可和加盟），商务过硬的印刷质量和先进的工艺是最好的敲门砖。夏、张之所以意气相投，二人都特别重视出版物质量是其中一个原因。商务版图书的编校质量之优是有口皆碑的，有资料记载其图书差错率低于十三万分之一，① 这是极高的标

---

① 丁丁等：《"无错不成书"将至何时》，《光明日报》1997年9月2日。

准，现在的出版社大多难以企及。

第七，敢想敢做的非凡魄力。

十余岁的夏瑞芳，就敢只身从青浦乡下奔赴上海寻找母亲。他后来能够带领商务在竞争激烈的上海滩打拼出一片天地，若没有这股天不怕、地不怕的勇猛之气，则绝无可能。即使夏瑞芳在冒险投资、遭遇"橡皮股票"风潮失利之后，张元济为助其渡过难关，请求股东支持时，也坦承"然商务印书馆十年来能臻此地步，虽有种种之原因，而得力于夏君冒险之性质者亦甚不少"①。企业家的魄力和开拓精神，靠的就是不畏险阻敢为天下先的劲头、独辟蹊径勇往直前的执着。商务的几次飞跃发展，与总经理夏瑞芳的这种雄阔果敢的开拓精神紧密相关。只可惜天不假年，若是夏瑞芳再带领商务前行三五年或更长时间，中国近代出版史上几个大书企的面貌，很可能呈现的是另一番让人神往的图景。

第八，开放包容的大家风范。

夏瑞芳的出身虽然低微，文化程度只能算中等，但是从创业开始，其高瞻远瞩的眼光和雄心，引领他在商务前行的过程中，养成了企业家的魄力和胸怀。他在为理想奋进过程中呈现出来的胆识、气度和魄力，逐渐超越了普通工人或上海市民的局限性，其言行作为，呈现出大家风范。对于经济和技术都强于当时之中国的日本和其他西方国家，夏瑞芳并不盲目排斥，他秉承的是"拿来主义"，"师夷长技"，为我所用，这是一种开放和大度；对于行业的竞争者，夏瑞芳都能做到按规则出牌，对于侵犯自身利益者，运用法律和行政手段予以解

---

① 《张元济全集》（第4卷·诗文），商务印书馆2008年版，第288页。

决，不仅"在商言商"，更讲求"商业规则"和"契约精神"，这是大企业家的必备素质；对于饱学之士和宿儒名流，以及有一技之长的编辑、印刷、发行、美术人才，夏瑞芳和商务都尽可能创造优厚的条件，延纳到本企业，成为壮大商务的有生力量，这正是做大事的远见和气魄。

……

如流星划过夜空，夏瑞芳的一生何其短暂，但其创办和发展商务印书馆所留给后人的丰厚精神财富，辉映逾百年，仍在流传。蔡元培先生为夏瑞芳立传时说："然君虽殁，而君所创设之事业，方兴未艾，其及于教育之影响，则展转流布而不能穷其所届，虽谓君永永不死可也。"① 此语是对夏瑞芳为出版文化事业所作贡献的精辟概括，夏公九泉有知，可心安也。

---

① 蔡元培：《商务印书馆总经理夏君传》，《商务印书馆九十年》，商务印书馆 1987 年版，第 2 页。

夏瑞芳编辑出版大事年表

1871 年

出生于江苏省青浦县（今属上海市）沈巷乡南库村。

1883 年　12 岁

母亲帮佣的基督教牧师助其入教会小学，始开蒙读书。

1886 年　15 岁

升入清心学堂（清心书院），其间学习印刷等技艺，结识鲍咸恩、鲍咸昌兄弟和高凤池等人。

1890—1893 年　19—22 岁

先去基督教会的同仁医院当助手，约一年后辞职。

后入文汇报馆，做英文排字工人。

1894 年　23 岁

入《字林西报》做排字工人。

娶鲍家二女儿鲍钰为妻。婚期前一天母亲病逝。

1895 年　24 岁

与鲍咸恩在《北华捷报》(*China Gazette*)当排字工人，后升职为"跑街"。

7 月，率捷报馆工人罢工，退出报馆，自寻出路。

1896 年　25 岁

10 月，长子夏鹏出生。

1897 年　26 岁

2 月 11 日，筹集股本 3750 元，牵头创立商务印书馆(The Commercial Press)，于上海江西路德昌里末弄开业，主要承印商业账本、表册、名片及教会图书。

公司创办时每股 500 元，共筹得 7.5 股。夏夫人找同学借钱并变卖首饰，筹得 500 元入股。其他创业股东及持股数为：沈伯芬二股，计洋 1000 元；鲍咸恩一股，计洋 500 元；鲍咸昌一股，计洋 500 元；徐桂生一股，计洋 500 元；高凤池半股，计洋 250 元；张蟾芬半股，计洋 250 元；郁厚坤半股，计洋 250 元。

1898 年　27 岁

6 月，旧厂房不够用，且有部分垮塌，迁址至北京路顺庆里。

出版谢洪赉译注的《华英初阶》、《华英进阶》，邝富灼编《华英字典》等英语教科书和字典，畅销一时。

代印《昌言报》、《格致新报》、《无锡新闻》等报。

出版我国近代第一部汉语语法学术专著《马氏文通》。

1899 年　28 岁

11 月，江南商务总局禁令：禁止坊间翻印商务印书馆编辑出版各书。

出版《商务印书馆华英字典》（据邝富灼所编《华英字典》修订）。

承接南洋公学印刷品，结识张元济。

1900 年　29 岁

低价收购上海日资企业修文书馆。该馆大小印机、铜模、铅字切刀、材料，莫不完备，商务印书馆的技术、设备得到极大改善。

开始用纸型印书，在我国属首次，具有开创性意义。

聘用沈知方、吕子泉、俞志贤等老书坊杰出人才做发行。

出版《华英地理问答》（英汉对照）。

1901 年　30 岁

张元济、印有模加盟为股东，股本增至 50000 元，其中商务原股本估价增至 26250 元，张、印共出资 23750 元。公司改制为股份公司，完成第一次股份制改造。

《华英音韵字典集成》发售预约。

1902 年　31 岁

1 月起，代印张元济与蔡元培创办的《外交报》（1902—1911）。

设编译所于长康里，经张元济推荐，聘蔡元培为编译所所长（兼）。

8 月 22 日，北京路馆屋失火，因事先买有保险，拿到一笔可观的火险赔偿，遂在北福建路海宁路购地重建印刷所，同时设发行所于棋盘街，设编译所于唐家衖（弄）。

译印"帝国丛书"7 种：《明治政党小史》、《扬子江》、《埃及近世史》、《帝国主义》、《各国宪法略》、《各国国民公私权考》、《近世陆军》。

1903 年　32 岁

1 月，编译所由唐家衖（弄）迁移至北福建路东的蓬莱路。

2 月前后，高薪聘张元济进馆，主掌编译所。

4 月，设第一个分馆于汉口。之后又相继在北京、天津、奉天（今沈阳）、福州、成都、重庆、开封、长沙、太原、济南等处设置分馆，至 1912 年底已有分馆二十多家。

7 月，按照清廷颁布的学堂章程规定的学制创编最新小学用教科书，分修身、国文、算术、历史、地理、格致，每种每学期一册，由张元济、高梦旦、蒋维乔、庄百俞、杜亚泉主编，陆续出版。出版后行销全国。

11 月 19 日，与日企金港堂主原亮三郎谈判成功，与之议定合股。引进金港堂资金 10 万元，成立商务印书馆股份有限公司，完成第二次股份制改造，公司成为中日合资企业。引进先进排版技术，从此开启 10 年之成功合作。

首次使用著作权印花。

高凤谦（梦旦）、蒋维乔（竹庄）、庄俞（百俞）进馆。

创刊《绣像小说》半月刊，李伯元任主编。

1904 年　33 岁

设立黄杨木版部，聘日籍技师指导。

出资建藏书楼（后命名为"涵芬楼"）。

3 月 11 日，《东方杂志》正式创刊，定为月刊，以"启导国民，联络东亚"作为办刊宗旨。

代表商务与张元济一起出资 1 万元入股《中外日报》。

12月，《最新国文教科书》第一册出版，开启商务版教科书的辉煌时期。

1905 年　34 岁

收购北京直隶官书局，改名京华印书局，成为商务印书馆北方最大印厂，位于北京虎坊桥。

在闸北宝山路购地，新建印刷所、编译所。

出版《最新国文教科书》10 册。

12月，商务印书馆正式注册为股份有限公司，资本 100 万元。

1906 年　35 岁

商务印书馆参加天津第一次劝业展览会，得一等奖。

1907 年　36 岁

5月，印刷所、编译所闸北宝山路新厦落成。

始用珂罗版印刷。

停办小学师范讲习班，附属小学改组为尚公小学，由蒋维乔任校长。

选派郁厚培赴日本学习照相制版技术。

1908 年　37 岁

出版《英华大辞典》，颜骏人（惠庆）主编。

出版《物理学语汇》、《化学语汇》（我国最早出版的审定术语汇编）。

1909 年　38 岁

1月，创刊《教育杂志》。

商务印书馆参加松江府物产会，得一等金牌及一等奖凭。

4月27日，董事局举行第一次会议，出席董事七人，此为商务印书馆第一次董事局会议。

7月，办商业补习学校，为商务培养适用人才，张元济任校长。至1923年共举办七届。

办艺徒学校。

改进铜锌版和试制三色铜版，聘美籍技师指导。

"藏书楼"正式命名为"涵芬楼"。

出版《汉译日本法律经济辞典》（我国最早译印的百科辞典）。

1910年　39岁

张元济出国考察教育、印刷、出版事业。

7月，创刊《小说月报》。

编辑小学用简明教科书。

遭遇"橡皮股票"风潮，企业和个人俱亏蚀严重。

1911年　40岁

商务印书馆参加德国特莱斯登万国卫生博览会得最优等金牌。

商务印书馆参加意大利万国博览会得金牌及最优等奖凭。

1912年　41岁

1月，陆费逵离馆，创办中华书局于上海。

编印出版"共和国教科书"。辛亥革命胜利，南京临时政府成立，设教育部，宣布普通教育之暂行办法。5月北京教育部成立，通电凡教科书中不合共和宗旨者，逐一改正之。同年7月，教育部召开临时教育会议，并规定教科书用审定制，高梦旦、庄俞、傅运森、谭廉、杜亚泉、凌昌焕等编辑"共和国教科书"，凡小学、中学、师范学校各科用书，无不齐备，各校纷纷采用。

闸北宝山路上海发行所新厦落成（开始发售学校用品仪器文具）。

7月，开教育成绩品展览会，先后三日而毕，商务征集各校成绩品70余件，各界参观者3000余人。

始用电镀铜版。

郑孝胥任董事长。

章锡琛（雪村）进馆。

1913年　42岁

首次使用自动铸字机。

开始经营原版西书。

派鲍咸昌等赴英、法、德、奥、美、日诸国考察。

4月，推曾任南京临时政府司法部总长的伍秩庸（廷芳）为董事会主席（董事长）。

股东会议决定增加股本至150万元。公司股本原定100万元，增加50万元，合计150万元，呈工商部注册。7月5日，经工商部批准颁发执照。

7月，作为上海总商会代表之一，出面请租界工部局派武装进驻闸北，驱逐反袁军。

蔡元培二次游欧，应聘为商务印书馆译书。

1914年　43岁

1月，董事会收回日本股份。商务资本达150万元，职工达750人，成为国内最大的集编辑、印刷、发行为一体的出版企业。

1月10日，在商务印书馆总发行所门口被刺客王庆瑞开枪暗杀。印有模（锡璋）继任总经理。

参考文献

包天笑：《钏影楼回忆录》，上海三联书店 2014 年版。

包天笑：《钏影楼回忆录·钏影楼回忆录续编》，三晋出版社 2014 年版。

陈原：《黄昏人语》，上海远东出版社 1996 年版。

[法] 戴仁：《上海商务印书馆（1897—1949)》，李桐实译，商务印书馆 2000 年版。

范军、何国梅：《商务印书馆企业制度研究（1897—1949)》，华中师范大学出版社 2014 年版。

方汉奇：《中国近代报刊史》，山西教育出版社 1981 年版。

费行简：《近代名人小传》，崇文书局 1918 年版。

复旦大学历史系编：《变化中的明清江南社会与文化》，复旦大学出版社 2016 年版。

胡君复编：《古今联语汇选初集》（第三册），商务印书馆 1917 年版。

胡维革主编：《中国传统文化荟要》(8)，吉林人民出版社 2005 年版。

柯灵、张海珊主编：《中国近代文学大系（1840—1919)》（第 6 集·第 19 卷·笔记文学集二），上海书店出版社 1995 年版。

孔令仁、李德征主编：《中国近代企业的开拓者》（下册），山东人民出版社 1991 年版。

乐正：《近代上海人社会心态（1860—1910)》，上海人民出版社 1991 年版。

李家驹：《商务印书馆与近代知识文化的传播》，商务印书馆 2005 年版。

《梁启超全集》（第三册），北京出版社 1999 年版。

刘骥、李瑞恩编著：《郭秉文——教育家、政治家、改革先驱》，上海远东出版社 2015 年版。

柳和城：《书里书外——张元济与现代中国出版》，上海交通大学出版社 2017 年版。

柳和城：《张元济传》，南京大学出版社 1996 年版。

卢仁龙：《中国出版家·张元济》，人民出版社 2017 年版。

鲁云奇：《一百名人家政史》，海左书局 1918 年版。

罗耀九主编：《严复年谱新编》，鹭江出版社 2004 年版。

罗元旭：《东成西就——七个华人基督教家族与中西交流百年》，生活·读书·新知三联书店 2014 年版。

吕达主编：《陆费逵教育论著选》，人民教育出版社 2000 年版。

孟悦：《人·历史·家园：文化批评三调》，人民文学出版社 2006 年版。

钱炳寰编：《中华书局大事纪要（1912—1984)》，中华书局 2002 年版。

钱仲联：《梦苕庵论集》，中华书局 1993 年版。

全国政协文史资料委员会编：《文史资料存稿选编》（第 23 卷），中国文史出版社 2002 年版。

全国政协文史资料委员会编：《昔年文教追忆》，中国文史出版社 2005 年版。

《商务印书馆 110 年大事记（1897—2007)》，商务印书馆 2007 年版。

《商务印书馆百年大事记》，商务印书馆 1997 年版。

《商务印书馆馆史资料》（新 1、2、3、4、5 期）。

《商务印书馆九十年》，商务印书馆 1987 年版。

《商务印书馆九十五年》，商务印书馆 1992 年版。

《商务印书馆一百年》，商务印书馆 1998 年版。

《商务印书馆一百一十年》，商务印书馆 2009 年版。

上海市档案馆编：《上海档案史料研究》（第十五辑），上海三联书店 2013 年版。

史春风：《商务印书馆与中国近代文化》，北京大学出版社 2006 年版。

宋原放主编，汪家熔辑注：《中国出版史料·近代部分》（第三卷），湖北教育出版社 2004 年版。

汤志钧、陈祖恩编：《中国近代教育史资料汇编：戊戌时期教育》，上海教育出版社 1993 年版。

汪家熔：《晴耕雨读集——出版史札记》，人民出版社 2015 年版。

汪家熔：《商务印书馆史及其他》，中国书籍出版社 1998 年版。

汪家熔：《中国近现代出版家列传·张元济》，上海辞书出版社 2012 年版。

汪家熔编著：《大变动时代的建设者——张元济传》，四川人民出版社 1985 年版。

汪敬虞主编：《中国近代经济史：1895—1927》，人民出版社 2000 年版。

汪耀华：《1843 年开始的上海出版故事》，上海人民出版社 2014 年版。

汪耀华编：《商务印书馆史料选编（1897—1950）》，上海书店出版社 2017 年版。

王建辉：《文化的商务》，商务印书馆 2000 年版。

王绍曾：《近代出版家张元济》，商务印书馆 1984 年版。

王栻主编：《严复集·书信》，中华书局 1986 年版。

王学哲、方鹏程：《商务印书馆百年经营史（1897—2007）》，华中师范大学出版社 2010 年版。

王志艳主编：《中华美德读本·理想·信念》，黑龙江人民出版社 2006 年版。

韦兰史、施济群、郑逸梅编：《金钢钻小说集》，上海金钢钻报馆 1932 年版。

温云荣等编：《中国老赢家秘籍》，中国发展出版社 1994 年版。

吴方：《仁智的山水——张元济传》，上海文艺出版社 1994 年版。

吴相：《从印刷作坊到出版重镇》，广西教育出版社 1999 年版。

吴永贵：《民国出版史》，福建人民出版社 2011 年版。

习辉编著：《新中国金融 60 年风云》，中国金融出版社 2010 年版。

项楚主编：《新国学》（第 7 卷），巴蜀书社 2008 年版。

许金生：《近代上海日资工业史（1884—1937）》，学林出版社 2009 年版。

杨扬：《商务印书馆：民间出版业的兴衰》，上海教育出版社 2000 年版。

叶宋曼瑛：《从翰林到出版学家——张元济的生平与事业》，张人凤、邹振环译，商务印书馆（香港）有限公司 1992 年版。

映芝：《书斋志异》，中国友谊出版公司 1984 年版。

于醒民、唐继无、高瑞泉：《宋氏家族第一人》，北方文艺出版社 1986 年版。

俞筱尧、刘彦捷编：《陆费逵与中华书局》，中华书局 2002 年版。

张静庐辑编：《中国近代出版史料初编》，湖北教育出版社 2004 年版。

张静庐辑注：《中国现代出版史料》（全 8 册），上海书店出版社 2003 年版。

张人凤、柳和城编著：《张元济年谱长编》（上卷），上海交通大学出版社 2011 年版。

张人凤：《智民之师·张元济》，山东画报出版社 1998 年版。

张荣华：《张元济评传》，百花洲文艺出版社 1997 年版。

张树年：《我的父亲张元济》，百花文艺出版社 2006 年版。

张树年主编：《张元济年谱》，商务印书馆 1991 年版。

张学继：《出版巨擘——张元济传》，浙江人民出版社 2003 年版。

《张元济诗文》，商务印书馆 1986 年版。

《张元济全集》（全 10 卷），商务印书馆 2007—2008 年版。

《张元济书札》，商务印书馆 1981 年版。

章克标：《文苑草木》，上海书店出版社 1996 年版。

[美] 赵俊迈：《典瑞流芳——民国大出版家夏瑞芳》，商务印书馆 2017 年版。

《中国近代史资料丛刊·戊戌变法》（四），上海人民出版社 1957 年版。

中国国家博物馆编，劳祖德整理：《郑孝胥日记》（全 5 册），中华书局 1993 年版。

中国近代现代出版史编纂组编：《中国近代现代出版史学术讨论会文集》，中国书籍出版社 1990 年版。

周武：《张元济：书卷人生》，上海教育出版社 1999 年版。

周武主编：《上海学》（第一辑），上海人民出版社 2015 年版。

庄玉惜：《印刷的故事——中华商务的历史与传承》，三联书店（香港）有限公司 2010 年版。

邹振环：《疏通知译史——中国近代的翻译出版》，上海人民出版社 2012 年版。

[日] 樽本照雄：《清末小说研究集稿》，齐鲁书社 2006 年版。

《20 世纪上海文史资料文库》（1），上海书店出版社 1999 年版。

《20 世纪上海文史资料文库》（6），上海书店出版社 1999 年版。

《东方杂志》、《警钟日报》、《申报》、《时报》、《同文沪报》、《外交报》、《月月小说》、《中外日报》

附录 1
商务印书馆董事会议章程[①]

（宣统元年四月十二日订）

第一条：董事局会议必须三人到场才能开议。

第二条：董事局会议应就董事中公推一人充主席，一人充副主席。

第三条：董事局会议主席、董事主议主席不到，由副主席代理，副主席亦不到，临时另举一人代理。

第四条：董事局会议所议之事有与董事一人之私事牵涉者，该董事应自行回避。

第五条：董事局会议时，每人有一决议之权。所谓决议之权者，指一人有一决事之权也。假如有五人在场，共议一事，则五人得有决事之五权。

第六条：董事局会议时，董事遇有事故未能到会者，应函告董事

---

① 周武、陈来虎整理：《新史料：商务印书馆董事会议录》（一），《上海学》（第一辑），上海人民出版社 2015 年版，第 274—275 页。

会，毋庸另举代表，所有议决事件作为默许。

第七条：董事局会议事件如有意见不同者，总以从众为决断，如董事在场共有五人，有三人以为可行，二人以为不可行，所议之事即从众照行，即由书记注明记事册内，由主席签字作准。

第八条：董事局会议时，如在场董事连主席共有六人会议一事，三人以为可行，三人以为不可行，则彼此议决之权相等。主席董事可加一议决之权，酌理以决定其事；若议决之权不相等，主席即不得加一议决之权。

第九条：董事局会议时，应就公司董事中选派一人充书记，将议决各事登记董事局会议记事册。

第十条：书记将议决各事登记会议记事册，候下次会议时，对众董事宣读，如无不合（专指誊写错误而言），即由主席签字作准。

第十一条：董事局每月逢第一星期二、日，第三星期二、日，赴公司总发行所会议，如有紧要事件，总、副经理可请董事局随时至公司会议酌夺。

第十二条：董事会议如有必要之时，得请股东或职员到会，征其意见，但不得加入会议之数。

第十三条：董事局遇有紧要事件，但有两人欲行会议者，可即定期举行特别会议。

第十四条：本公司日行寻常事件由总、副经理照章程办理，遇有重大事件应由总、副经理请董事局决议施行。

第十五条：关于重大事件如有：

（甲）房屋地产之买卖或建筑及变更。

（乙）各项之章之订定及改废。

（丙）分馆之设立或停止。

（丁）营业方针之变更。

（戊）银行钱庄之来往及存款借款等事。

（己）订立重要之契约及诉讼等事。

（庚）股票让售之承认。

（辛）公益、公积酬、公积之支用方法。

（壬）其他之关系重大事件。

第十六条：董事局会议议决之事，总、副经理及各司事人等必须遵行。

（抄自"商务印书馆上海办事处工会董事会议记录"，

第 12—16 页）

附录 2
"中华民国三年一月商务印书馆股东
非常会议"记录 ①

中华民国三年一月三十一日，阴历甲寅正月初六下午三句钟，为本公司特别股东会议之期。集议于爱而近路纱业公所。届时各股东先后到会。经会计员计算，以到会股东所得股已超过全额之半，按公司条例可以开会。遂振铃开会。推举郑苏戡为临时议长。议长宣言，今日开会系专为报告收回日本股份一事。请张菊生先生报告收回日股情形。

董事会关于收回日本股份报告

本公司创业于光绪二十三年，资本甚微。至光绪二十九年，有日商纠合资本来申开设书肆。本公司彼时编辑经验、印刷技术均甚幼稚，恐不能与外人相竞，乃与之合办。资本各居半数，即各得十万。

---

① 宋原放主编，汪家熔辑注：《中国出版史料·近代部分》（第三卷），湖北教育出版社 2004 年版，第 29—31 页。

并订明用人行政一归华人主持，所有日本股东均须遵守中国商律。资本既增，规模渐扩，利益与共，办事益力。自是以来，吾华人经验渐富，技术渐精。嗣后增加股份亦华人多而日人少。至民国二年（底），华人股份已居四分之三，日人股份仅得四分之一，即三千七百八十一股。日本股东对于公司毫无干涉，遇事亦无不协同维持。

收回之说本属自扰。但同业竞争甚烈，恒以本公司外股为藉口，诋排甚力，公司因大受障碍。即如前清学部编成中学书，发商承印，独不与本公司，谓其有日本股之故。近来竞争愈烈。如江西则登载广告，明肆攻击，湖南则有多数学界介绍华商自办某公司之图书，湖北则审查会以本馆有日本股，故扣其书不付审查。如此等事不一而足，此不过举其大概。每逢一次之抨击，办事人必费无数之疏通周旋，于精神上之苦痛不堪言喻。故由董事会议决，将日股收回。此事关系重大，本应召集股东会筹议办法。只因事机宜密宜速，故由董事会担负责任，先行议决。此事应请股东原谅。

夏总经理去年十月亲往日本与日股东商议办法。日股东顾全大局，情愿将股本让渡，特派代表福间甲松君就沪商议。十一月间开始谈判交涉，至月余始行议定。据日本股东之意，（民国）二年营业预计约二百八十万元，较之元年增加约一百万。其中尤以本馆出版各书所增最多，约比元年加至一倍。预算二年官利余利当倍于元年，每股官余利当在三分左右，每股本息应值百三十元。日本股东又以本公司开业十八年，编辑稿费八九十万元，仅作二万余元；厂屋机器原价六十八万元，仅作三十五万元；招牌信用所值尤巨。日本股东既将股票卖出，此项利益全为华人所有，要求增加。经十数次之谈判，每股增加十六元五角，以抵折扣及招牌之利益。并一切杂费，合计以股息抵过，约合八万余元。于三年一月六日签字，先付半价，其余于六个月内还清。此收回日股之大略也。

本公司收回日股需款甚巨，本拟将厂屋机器暂作押款，适值阴历年关，市面金融颇紧。又因公司正在发达，流动资金不能不格外多备，以为缓急之需。日本股份收回原为转售本国人之用。本公司信用素著，愿购股份者多纷至沓来。本公司正需款之时，未及候至特别股东会，先行收股。此事亦祈股东鉴原。现在收到新股已过半数，约二十万元。尚余十余万元，应俟报告完毕再行提议。惟尚有一言不能不预先说明：日本股东所说每股官余利可得三十元，原属预计之数。现在各分馆红账尚未寄到，俟到齐结清，方知真确数目。如官余利不及三分，则所贴补日本股东之数尚不止八万余元。其实在情形应俟股东常会再为报告。

此项收回日股均系夏总经理苦心经营，乃得达此目的。不意大功告成，本公司可免去同业倾轧最为有力之一题目，朝登广告而夏总经理即于是夕在公司门首遇害。此诚公司最不幸事，想众股东闻之亦必恻然者也。

附录 3
商务印书馆与日本金港堂终止合办合同^①

立合同　　夏瑞芳
商务印书馆日本股东公推代表　　福间甲松

今因为发展商务印书馆营业起见，愿将公司所有日本股东持有之股份总共叁千七百八十一股（下文统称曰该股份，其股份号数及股东私名附录于后），一律收买并归华人持有，而日本股东亦念向来情谊，承认公司之希望，允从其请，愿将该股份全数售让，特请福间甲松为全体代表。兹将夏瑞芳与福间甲松议定条件订立合同如下：

第一条　夏瑞芳应允收买，福间甲松应允出售，互相议定该股份之价，每股计墨银一百四十六元五角，总计墨银五十五万三千九百十六元五角。自签定本合同以后，所有民国二年及以后公司之一切利益、损害概与日本股东无涉。所有公司前与日本股东订立之契约等一概

---

① 《申报》1919 年 7 月 25 日第 1 版。

作废。

第二条　夏瑞芳于签定本合同之日，将该股份总额价款之半，即墨银二十七万六千九百五十八元二角五分，交付上海三井洋行之藤濑政次郎转交福间甲松转付日本股东，其余一半即墨银二十七万六千九百五十八元二角五分，夏瑞芳允于民国三年六月三十日或以前交付。

第三条　夏瑞芳应允自民国二年十二月一日至三年一月五日止，对于第一条所载该股份价款总额，即墨银五十五万三千九百十六元五角按长年八厘起息，计墨银四千三百七十元正，于签定本合同之日一并付与上海三井洋行之藤濑政次郎转付。

第四条　夏瑞芳允认民国三年一月六日银价比二年十一月十九日跌落，可照十一月十九日照该股份之价款总额电汇日本。市价补贴汇水计墨银一万四千四百七十七元五角，于签定本合同之日一并付与上海三井洋行之藤濑政次郎转付。

第五条　夏瑞芳应允于签定本合同之时照该股份价款总额墨银五十五万三千九百十六元五角以千分之五，即墨银二千七百六十九元五角八分，作为办费，付与藤濑政次郎转付。

第六条　夏瑞芳允认第二条所载未付之价款按长年九厘起息，于民国三年六月三十日随本金付清。

第七条　夏瑞芳自签定本合同之日起，随时交付第二条所载未付之价款若干。福间甲松当按每股以七十三元二角五分计算，并到期之利息，以足数之股票付夏瑞芳交割过户。所有已付之款即于付款之日停止利息。

第八条　夏瑞芳允认于民国三年六月三十日必将第二条所载未付之价款，即墨银二十七万六千九百五十八元二角五分付清，决不迟误。如夏瑞芳到期不论何因不能付清，福间甲松有权代表日本股东按外国银行规例先行通知，于两星期后任便将该股份之股票自行出售，归还未付之价款暨利息，并扣收夏瑞芳违背本合同商业习惯上所生一切亏果、缴费、汇费等损害。倘出售之价如有盈余，应付还夏瑞芳。如有不足，应由夏瑞芳补付。

第九条　福间甲松允认如于民国三年六月三十日或以前凡夏瑞芳按照本合同付给第二条所载未付之价款并利息，不论何因不能将足数之股票付与夏瑞芳交割过户，应照公司章程，将应交之股票报足注销，以便夏瑞芳向商务印书馆照数补领新股票。

第十条　商务印书馆董事因夏瑞芳与福间甲松订立本合同时，经董事会之议决，对夏瑞芳履行本合同所订条款一切行为由商务印书馆董事承认作为保证人。如夏瑞芳不履行本合同之一切行为，应由保证人担任实行并赔偿损失，并签名盖印为凭。

第十一条　藤濑政次郎因福间甲松与夏瑞芳订立本合同，对于福间甲松履行所订条款一切行为由藤濑政次郎承认作为保证人。如福间甲松不履行本合同之一切行为，应由保证人担任实行，并赔偿损失，并签名盖印为凭。

第十二条　本合同照式缮写四份。夏瑞芳与福间甲松各执一份。两边保证人各执一份。

夏瑞芳（印）

民国三年一月六日立合同

福间甲松（印）

保证人　商务印书馆有限公司董事伍廷芳（印）

保证人　商务印书馆有限公司董事夏瑞芳（印）

保证人　商务印书馆有限公司董事张元济（印）

保证人　商务印书馆有限公司董事印锡璋（印）

保证人　藤濑政次郎（印）

见议　三木是市（印）

见议　张国杰（印）

后　记

　　2017年接下《中国出版家·夏瑞芳》的写作任务，完稿时已近2019年岁末了。

　　为夏瑞芳这样一位出版先贤、商务印书馆的第一任总经理作传，心中不敢稍有轻慢。奈何与夏瑞芳有关的出版史料极少，想尽一切方法搜罗半年，所得寥寥，延宕许久，只好勉强拟就提纲开笔，边写边搜寻资料。在这样艰难的构思和写作过程中，对提纲和内容的取舍反复斟酌，多次推倒重来。每搜寻到一点可用资料，就是一次惊喜，惊喜之后再去改稿删稿，乐此不疲。关于传主夏瑞芳先生的功过是非，关于他被出版史的遗忘，以及后继出版人应该表达的敬意，都已在书中有所交代，不再多言。

　　成书质量如何，笔者不敢自矜。而该书写就之经过，经冬历春，几近三个寒暑，甘苦自知。后记中最该记上一笔的，是写作过程中众多师友、同事的帮助和提点。原华中师范大学出版社社长、现《华中师范大学学报》主编范军老师和武汉大学吴永贵教授不仅鼓励我承接了夏瑞芳的写作任务，还提供了很好的写作建议和资料线索，并对本书初稿提出了很多精当的指导意见。好友章雪峰是《中国出版家·章锡琛》的作者，他热心牵线助我接受夏瑞芳的写作任务，将满满一平板车自己珍藏的出版史资料亲自送上门，并始终关注书稿的写作，提出建议。资深出版史专家柳和城先生一直关心和帮助我的写作，给我惠寄资料，时时将自己新发现的相关史料转发给我，通过微信，我们频繁交流，从他这里我获益良多。卢仁龙先生在我接到写作任务之初，就借给我多册珍贵的商务印书馆馆史资料，并提出宝贵的建议，对书稿的写作多有帮助。书稿得以完成，还要感谢商务印书馆的肖启明书记、冯雪主任、韩芳老师的帮助；感谢著名学者周武先生、洪九来先生，我曾就写作疑难问题向他们当面请教；感谢张元济先生嫡孙张人凤老师数次告知他的建议；感谢夏瑞芳妹妹的孙子周平弟先生，我2018年探访夏瑞芳故居，他热情接待，并惠赠资料；感谢人民出版社公共事业编辑部贺畅编审，没有她的认可和督促，我不可能完成这本书；最后，特别要感谢家人的帮助和支持。

岁月不居，出版先贤的身影渐行渐远。在对前辈身影的仰望中，我们这一代出版人又行将老去。商务百年前的辉煌，老出版人的精神、抱负和担当，需要我们用心体悟，鼎力传承，才能期待在新的时代，迎来出版业新的辉煌。

另外，出于方便阅读、加强学术研究的目的，本书采用了一部分商务印书馆早期的图片、照片以及新近发现的合同、书信等，因缺乏联系方式取得授权，请相关图片著作权人予以支持和理解。若有异议，请与作者联系。作者联系邮箱：hs1803@126.com。

黄　嗣

2020年3月于武汉

统　　筹：贺　畅

责任编辑：周　颖　贺　畅

责任校对：刘　青

封面设计：肖　辉　姚　菲

版式设计：汪　莹

图书在版编目（CIP）数据

中国出版家.夏瑞芳/黄嗣 著. —北京：人民出版社，2021.8

（中国出版家丛书/柳斌杰主编）

ISBN 978－7－01－022497－8

I.①中… II.①黄… III.①夏瑞芳（1871~1914）－生平事迹 IV.① K825.42

中国版本图书馆 CIP 数据核字（2020）第 182532 号

中国出版家·夏瑞芳

ZHONGGUO CHUBANJIA XIA RUIFANG

黄　嗣　著

人民出版社 出版发行

（100706　北京市东城区隆福寺街 99 号）

北京新华印刷有限公司印刷　新华书店经销

2021 年 8 月第 1 版　2021 年 8 月北京第 1 次印刷

开本：710 毫米 ×1000 毫米 1/16　印张：25

字数：288 千字

ISBN 978－7－01－022497－8　定价：104.00 元

邮购地址 100706　北京市东城区隆福寺街 99 号

人民东方图书销售中心　电话（010）65250042　65289539